法華經講義

——第二十一輯

——平實導師 述

ISBN 978-986-96548-5-2

執著離念靈知心爲實相心而不肯捨棄者，即是畏懼解脫境界者，即是畏懼無我境界者，即是凡夫之人。謂離念靈知心正是意識心故，若離**俱有依**（意根、法塵、五色根），即不能現起故；若離**因緣**（如來藏所執持之覺知心種子），即不能現起故；復於眠熟位、滅盡定位、無想定位（含無想天中）、正死位、悶絕位等五位中，必定斷滅故。夜夜眠熟斷滅已，必須依於**因緣**、**俱有依**緣等法，方能再於次晨重新現起故；夜夜斷滅後，已無離念靈知心存在，成爲無法，無法則不能再自己現起故；由是故言**離念靈知心是緣起法**、**是生滅法**。不能現觀離念靈知心是緣起法者，即是未斷我見之凡夫；不願斷除**離念靈知心常住不壞之見解**者，即是恐懼解脫無我境界者，當知即是凡夫。

——**平實導師**——

一切誤計**意識心為常**者，皆是佛門中之常見外道，皆是凡夫之屬。意識心境界，依層次高低，可略分爲十：一、處於欲界中，常與五欲相觸之離念靈知；二、未到初禪地之未到地定中，暗無覺知而不與欲界五塵相觸之離念靈知，常處於不明白一切境界之暗昧狀態中之離念靈知；三、住於初禪等至定境中，不與香塵、味塵相觸之離念靈知；四、住於二禪等至定境中，不與五塵相觸之離念靈知；五、住於三禪等至定境中，不與五塵相觸之離念靈知；六、住於四禪等至定境中，不與五塵相觸之離念靈知；七、住於空無邊處等至定境中，不與五塵相觸之離念靈知；八、住於識無邊處等至定境中，不與五塵相觸之離念靈知；九、住於無所有處等至定境中，不與五塵相觸之離念靈知；十、住於非想非非想處等至定境中，不與五塵相觸之離念靈知。如是十種境界相中之覺知心，皆是意識心，計此爲常者，皆屬常見外道所知所見，名爲佛門中之常見外道，不因出家、在家而有不同。

——平實導師——

如《解深密經》、《楞伽經》等聖教所言，成佛之道以親證阿賴耶識心體（如來藏）爲因，《華嚴經》亦說**證得阿賴耶識者獲得本覺智**，則可證實：證得阿賴耶識者方是大乘宗門之開悟者，方是大乘佛菩提之眞見道者。經中、論中又說：證得阿賴耶識而轉依**識上所顯真實性**、**如如性**，能安忍而不退失者即是**證真如**、即是大乘賢聖，在二乘法解脱道中至少爲初果聖人。由此聖教，當知親證阿賴耶識而確認不疑時即是開悟眞見道也；除此以外，別無大乘宗門之眞見道。若別以他法作爲大乘見道者，或堅執**離念靈知**亦是實相心者（堅持意識覺知心離念時亦可作爲明心見道者），則成爲實相般若之見道內涵有多種，則成爲實相有多種，則違實相絕待之聖教也！故知宗門之悟唯有一種：親證第八識如來藏而轉依如來藏所顯眞如性，除此別無悟處。此理正眞，放諸往世、後世亦皆準，無人能否定之，則堅持離念靈知意識心是眞心者，其言誠屬妄語也。

——**平實導師**——

目次

自序……序01

第一輯：

〈經題略說〉……001

〈序品〉第一……089

第二輯：

〈序品〉第一……001

〈方便品〉第二……105

第三輯：

〈方便品〉第二……001

第四輯：

〈方便品〉第二……001

〈譬喻品〉第三……009

第五輯：

〈譬喻品〉第三……001

第六輯：

〈信解品〉第四……001

〈藥草喻品〉第五……267

第七輯：

〈藥草喻品〉第五……001

〈授記品〉第六……115

〈化城喻品〉第七……201

第八輯：

〈化城喻品〉第七……001

〈五百弟子受記品〉第八……269

第九輯：
〈五百弟子受記品〉第八……001
〈授學無學人記品〉第九……011
〈法師品〉第十……061
〈見寶塔品〉第十一……205
第十輯：
〈見寶塔品〉第十一……001
〈提婆達多品〉第十二……143
〈勸持品〉第十三……311
第十一輯：
〈勸持品〉第十三……001
〈安樂行品〉第十四……149
第十二輯：
〈安樂行品〉第十四……001

第十三輯：
〈安樂行品〉第十四……………………………………001
〈從地踊出品〉第十五……………………………………273
第十四輯：
〈從地踊出品〉第十五……………………………………001
第十五輯：
〈從地踊出品〉第十五……………………………………001
〈如來壽量品〉第十六……………………………………051
第十六輯：
〈如來壽量品〉第十六……………………………………001
〈分別功德品〉第十七……………………………………017
第十七輯：
〈隨喜功德品〉第十八……………………………………001
〈法師功德品〉第十九……………………………………127

第十八輯：

〈法師功德品〉第十九……001

第十九輯：

〈法師功德品〉第十九……001

〈常不輕菩薩品〉第二十……013

〈如來神力品〉第二十一……285

第二十輯：

〈如來神力品〉第二十一……001

〈囑累品〉第二十二……129

〈藥王菩薩本事品〉第二十三……227

第二十一輯：

〈藥王菩薩本事品〉第二十三……001

〈妙音菩薩來往品〉第二十四……353

第二十二輯：

〈妙音菩薩來往品〉第二十四……001

第二十三輯：

〈妙音菩薩來往品〉第二十四……001
〈觀世音菩薩普門品〉第二十五……013

第二十四輯：

〈觀世音菩薩普門品〉第二十五……001
〈陀羅尼品〉第二十六……139
〈妙莊嚴王本事品〉第二十七……217

第二十五輯：

〈妙莊嚴王本事品〉第二十七……001
〈普賢菩薩勸發品〉第二十八……035
〈法華大義〉……279

自序

大乘佛法勝妙極勝妙，深奧極深奧，廣大極廣大，富麗極富麗，謂此唯一佛乘妙法，意識思惟研究之所不解，非意識境界故，佛說爲不可思議之大乘解脫境界，名爲大乘菩提一切種智，函蓋大圓鏡智、成所作智、妙觀察智、平等性智；然而此等極勝妙乃至極富麗之佛果境界，要從因地之大乘眞見道始證，次第進修方得。然大乘見道依序有三個層次：眞見道、相見道、通達位。眞見道者位在第七住；相見道位始從第七住位之住心開始，終於第十迴向位滿心；通達位則是圓滿相見道位智慧與福德後，進修大乘慧解脫果，再依十無盡願的增上意樂而圓滿，名爲初地入地心菩薩。衆生對佛、法、僧等三寶修習信心，十信位滿心後進入初住位中，始修菩薩六度萬行，皆屬外門六度之行；逮至開悟明心證眞如時，方入眞見道位中；次第進修相見道位諸法以後，直到通達而得入地時，歷時一大阿僧祇劫，故說大乘見道之難，難可思議。

大乘眞見道之實證，即是證得第八識如來藏，能現觀其眞實而如如之自性，名為證眞如；此際始生根本無分別智，同時證得本來自性清淨涅槃。乃至證悟般若不退而繼續進修之第七住位始住菩薩，轉入相見道位中，歷經第一大阿僧祇劫中三十分之二十有四的長劫修行，同時觀行三界萬法悉由此如來藏之妙眞如性所生所顯，證實《華嚴經》所說「三界唯心、萬法唯識」正理；如是進修眞如後得無分別智，終能具足現觀非安立諦三品心而至十迴向位滿心，方始具足眞如後得無分別智，相見道位功德至此圓滿，然猶未入地。

此時思求入地而欲進階於大乘見道之通達位中，仍必須進修大乘四聖諦，現觀四諦十六品心及九品心後，要有本已修得之初禪或二禪定力作支持，方得相應於慧解脫果；或於此安立諦具足觀行之後發起初禪為驗，證實已經成就慧解脫果；此時已能取證有餘、無餘涅槃，方得與初地心相應，而猶未名初地。而後再依十大願起惑潤生，發起繼續受生於人間自度度他之無盡願，不畏後世長劫生死眾苦，於此十大無盡願生起增上意樂而得入地，方得名為大乘見道之通達位，眞入初地之入地心中，完成大乘見道位所應有之一切修證。此時已通達大乘見道位應證之眞如全部內涵，圓滿大乘見道通達位應有之無生法忍智慧，及慧解脫果與增上意樂，方證通達位之無生法忍果，方得名為始入初地心之菩薩。

然而觀乎如是大乘見道之初證眞如，發起眞如根本無分別智，得入第七住位，成爲眞見道菩薩摩訶薩；隨後轉入相見道位中繼續現觀眞如，實證非安立諦三品心而歷經十住、十行、十迴向位之長劫修行，具足眞如後得無分別智，生起初地無生法忍之初分，配合解脫果、廣大福德、增上意樂，名爲通達見道位眞如而得入地。如是諸多位階所證眞如，莫非第八識如來藏之眞實與如如二種自性，同屬證眞如者。依如是正理，故說未證眞如者，皆非大乘見道之人；證眞如者謂現觀如來藏運行中所顯示之眞實與如如自性故，實相般若智慧依如來藏之眞如法性建立故，萬法悉依如來藏之妙眞如性而生而顯故，本來自性清淨涅槃亦依如來藏之眞如法性建立故。

如是證眞如事，於眞藏傳佛教覺囊巴被達賴五世藉政治勢力消滅以後，由於時局紛亂不宜弘法故，善知識不得出世弘法，三百年間已經不行於人世。及至時局昇平人民安樂之現代，方又重新出現人間，得以繼續利樂有緣學人。然而，縱使末法時世受學此法而有實證之人，欲求入地實亦匪易，蓋因眞見道之證眞如已經極難親證，後再論及相見道位非安立諦三品心之久劫修行，而能一一教授弟子四眾者，更無其類；何況入地前所作加行之教授，而得具足實證大乘四聖諦等安立諦十六品心、九品心者？眞可謂：「善知識者出興世難，至其所難，得值遇難，得見知難，得親近難，得共住難，得其意難，得隨順難。」如是八難，具載於《華嚴經》中；徵之於末法時世之現代佛教，可謂誠言，眞實不虛。

縱使親値如是善知識已，長時一心受學之後，是否即得圓滿非安立諦三品心及安立諦十六品心、九品心而得入地？觀乎平實二十餘年度人所見，誠屬難事；殆因大乘見道實相智慧極難實證，何況通達？復因大乘慧解脫果並非隱居深山自修而可得者，如是證明初始見道證眞如已屬極難，更何況入地進修之後，所應親證之初地滿心猶如鏡像現觀，解脫於三界六塵之繫縛；二地滿心猶如光影之現觀，能依己意自定時程及範圍而轉變自己之內相分，令習氣種子隨於自己施設之進程而分分斷除；三地滿心前之無生法忍智慧，能轉變他人之內相分；以及滿心位之猶如谷響現觀，能觀見自己之意生身分處他方世界廣度眾生，而使無生法忍及福德更快速增長。至於四地心後之諸種現觀境界，更難令三賢位菩薩了知，何況未證謂證、未悟言悟之假名善知識，連第七住菩薩眞見道所證眞如都只能想像者？

雖然如此，縱使已得入地，而欲了知佛地究竟解脫、究竟智慧境界，亦仍無法望其項背，實因初地菩薩於諸如來不可思議解脫及智慧仍無能力臆測故。縱使已至第三大阿僧祇劫之修行——已得八地初心者，亦無法全部了知諸佛的境界，則無法了知佛法之全貌，如是而欲了知十方三世諸佛世界之關聯者，即無無其分。以是緣故，世尊欲令佛子四眾如實了知三世佛教之亙古久遠、未來無盡，以及十方虛空諸佛世界等佛教之廣袤無垠；亦欲令弟子眾了知世間萬法、出世間法及實相般若、一切種智無生法忍等智慧，悉皆歸於第八識如來藏妙眞如性者，則必於最後演述《妙法蓮華經》而圓滿一代時教；是故 世尊最後演述《法華經》時，一仍舊貫而如《金剛經》稱此第八識心爲「**此經**」，冀諸佛子醒悟此理而捨世間心、聲聞心，願意求證眞如之理，久後終能確實進入絕妙難思之大乘法中。斯則 世尊顧念吾人之大慈大悲所行，非諸凡愚之所能知。

然而法末之世，竟有身披大乘法衣之凡夫亦兼愚人，隨諸日本歐美專作學問之學者謬言，提倡六識論之邪見，以雷同常見、斷見外道之邪見主張，公開否定大乘諸經，謂非佛說，公然反佛聖教而宣稱「**大乘非佛說**」。甚且公然否定最原始結集之四大部阿含諸經中之聖教，妄判爲六識論之解脫道經典，公然貶抑四阿含諸經中之八識論正教，令同於常見外道之六識論邪見；全違 世尊依八識論而解說聲聞解脫道之本意，亦令聲聞解脫道同於斷見、常見外道所說之解脫，則無餘涅槃之境界即成爲斷滅空而無人能知、無人能證。如是住如來家，著如來衣，食如來食，藉其弘揚如來法之表相，極力推廣相似像法而取代聲聞解脫道正法，最後終究不免推翻如來正法；如斯之輩至今依然寄身佛門破壞佛法，而佛教界諸方大師仍多心存鄉愿，不願面對如是破壞佛教正法之嚴重事實，仍多託詞高唱和諧，而欲繼續與諸多破壞佛教正法者**和平共存**，以互相標榜而**維護名聞利養**。吾人若繼續坐令如是現象存在，則中國佛教復興，以及中國佛教文化之推廣，勢必阻力重重，難以達成；眼見如是怪象，平實不得不詳解《法華經》之眞實義，冀能藉此而挽狂瀾於萬一。

如今承蒙會中多位同修共同努力整理，已得成書，總有二十五輯，詳述《法華經》中 世尊宣示之眞實義，因名《法華經講義》，梓行於世，冀求廣大佛門四眾捐棄邪見，回歸大乘絕妙而廣大無垠之正法妙理，努力求證，共爲復興中國佛教文化、抵禦外國宗教文化之侵略而努力，則佛門四眾今世、後世幸甚，中國夢在文化層面即得實現。乃至繼續推廣弘傳數十年後，終能使中國成爲全球最高階層文化人士的歸依聖地、精神祖國；流風所及，百年之後遍於歐美社會各層面中廣爲弘傳，則中國不唯民富國強，更是全球唯一的文化大國。如是復興中國佛教文化之舉，盼能獲得廣大佛弟子四眾之普遍認同，乃至廣有眾人付諸實證終得廣爲弘傳，廣利人天，其樂何如。今以分輯梓行流通在即，因述如斯感慨及眞實義如上，即以爲序。

佛子　**平實**　謹序

公元二〇一五年初春　謹誌於竹桂山居

第二十一輯：

《妙法蓮華經》

〈藥王菩薩本事品〉第二十三（上承第二十輯同一品未完內容）

那麼話說回來，色界天有情中，就是有一些愚癡人看見欲界天的天人、人間的人類，都是一下子出生、一下子又死了；特別是看到人間，因為他們天壽很長，而人類一般而言以百歲為準，少出多減；這個少出多減是說，只有很少人出過於百歲，大部分人是少於百歲的；因此以色界天的壽命來看，不必一個早上，剛剛才看到誰出生了，在人間當了轉輪聖王轟轟烈烈，怎麼一會兒他就死了？所以他們認為自己是永生不死的。這就像那個愚癡的孩子說：「你看！蠶寶寶生了又死，但我還在啊！所以我是不死的。」所以就說自己叫作「永生」。

但永生兩個字就是個大問題，永生是不是曾經「有生」？既然得要生了才能叫作永生，一定是出生以後很長壽而不死，才能叫作永生。但問題來了，有生則必有滅，有生之法無不滅者，因此永生的背後就是必死。所以他們沒有智慧，就認爲說：我二禪天，我三禪、四禪天是永生不死的。這樣的見解造就了他們永生不死的邪見，這種邪見就是色界天人的「不善之闇」。

如果他們有智慧，就會知道：「我在這個地方安住，不是無生；因爲我曾經出生，所以今天住在這裡。然而有生則必有滅，我將來也會捨壽，因此我應當要繼續追尋如何達到不生不死的境界。」這才是色界天人應當有的善法智慧。可是一般色界天人是因爲修定而往生的，因此他們有「不善之闇」，誤以爲自己是永生不死的。所以遇到這一種外道來向 世尊求法時，世尊就會告訴他們：「上漏爲患。」欲界愛是下漏，色界愛是上漏；他們已經超脫於欲界愛，但是在這一種欲界之上的色界中，仍然是有「不善之闇」，因爲那只是修得的境界。所以色界的「不善之闇」，大家也應該要瞭解，否則的話，將來證得禪定以後，洋洋自得，自己就誇大口說他是證得涅槃，是阿羅漢了。那麼這樣一來，捨壽之後，未來無量世的果報堪憂啊！所以說色界也有他們的「不善之闇」。

色界還有一種「不善之闇」，就是在四禪天或者在人間證得第四禪以後，轉入無想定中；無想定又名無知定，在定中無知無覺，就好像睡著無夢時一樣，因爲意識等六識全都斷滅而不現前了；那麼他想：既然已經到了色界頂，接著要出離三界，就應該要把自我滅除，滅除以後就不是三界法，就是涅槃了；但他不知道第四禪的四天還不是色界頂，就自己這麼想。所以他在打坐的時候把覺知心意識滅掉，因爲四禪的定中只有意識存在，他把意識滅了，認爲這就是無餘涅槃，就是三界外的境界，那就是不生不死的境界了。但因爲他不曉得有「此經」第八識妙法蓮花，他恐怕色身如果也滅了就會成爲斷滅空，所以他把四禪天的色界天身留著不滅，就在自己的天宮中留著色身坐在那裡而把覺知心意識滅了，自以爲是入了無餘涅槃。

他不曉得在那個無想定中，或者說他生在無想天中仍然是有壽命的，那個壽命還是要依於他在四禪天中的無想天身，也依於他的四禪定力而有，更不曉得還有意根、如來藏都在，就這樣自以爲入了無餘涅槃，五百劫中就這樣住著。直到最後的半劫中，他的三界愛受生種子又流注出來了，因爲他的壽命即將終了，最後半劫心動的現象出現了，然後就有率爾初心，也就是意識的率爾初心現起，接著第二心、第三心隨後出現就了別完成：「原來我沒有住在無餘涅槃中，怎麼又離開涅槃了？」接下來人間的人類中陰或者畜生中陰就現前了，於是他就下墮於人間或畜生道中。這表示無想天中仍然是有「不善之闇」。而色界天從初禪、二禪、三禪、四禪到無想天的這一些「不善之闇」，只有妙法蓮花「此經」可以滅除；因爲如果他懂得妙法蓮花第八識心，才是永恆而常住不變的無餘涅槃本際，他就可以滅除色界的「不善之闇」。

那麼色界之後還有無色界，在人間，特別是現在的人間，假使有人證得第四禪，他可以號召的徒眾可能會比我們今天正覺同修會還多，因爲可以炫耀惑眾；但是只要他批判了正覺同修會，他的徒眾就會大量流失，因爲我們一定會評論而且證明他只是一個凡夫。但他如果不評論咱們，咱們也不說他；他就可以號召很多人，甚至可以公開宣布：「我可以一整年不吃不喝住在定中。」於是找了新聞媒體來，那些電子媒體可能不太相信，但終究會有一家說：「我就是試試看。」於是派個最不重要的攝影記者去拍攝他，沒想到一天、五天、一個月、五個月過去了，他還在定中，不吃不喝也不睡，於是開始轟動起來。

最近電視也有報導啊，好像印度吧？我看過就忘了。那麼世間人會覺得很奇特：「怎麼有人可以這樣子？」過了一年以後他出定了，就可以宣稱他是阿羅漢或是什麼天神，會有很多人信受的啊！然而他並不知道這種境界還不夠高，因爲還有比他更高的禪定境界，那就是四空定。而他對色界境界—也就是色界有—對他的色界五蘊還有所執著，所以捨不掉；但人家可以捨掉，就轉生到無色界天去。無色界天中沒有天的境界，因爲他們都沒有色法，只有受、想、行、識；他們的受、想、行都是四空定的境界，沒有色身，所以識陰—這時只剩下意識—就住於四空定的境界之中。無色界天本來不該稱爲天，但因爲他們的境界超過色界天，所以依舊稱爲無色界天。

那麼在四禪天的境界之中，是遠超過色界中的無想天人，因爲他們能把意識滅除，但色界天凡夫們的最高境界就是四禪的無想天；所以縱使有人可以這樣表演一入定之後息脈俱斷，在定中一年才出定，那仍然有色界天有情的「不善之闇」。等到有一天人家來告訴他：「你這個是對色界有的執著，更高的境界你就無法證得，所以你應該捨了色界身，要修習四空定。」於是教導他如何修學空無邊、識無邊、無所有、非想非非想定，教導了以後他也算聰明、肯受教，因此他證得四空定，但他可能因此就以爲證得涅槃出三界了，這也是他的「不善之闇」。因爲這個境界中依舊有壽命，從一萬大劫到八萬大劫不等，生命依舊有終了的時候，那時一樣是要下墮，這就是他的「不善之闇」。

如果有一天有個菩薩來了，告訴他說：「你這個境界還是不離三界生死，你應該求得眞正脫離生死的法。」他也肯受教，於是菩薩教他聲聞菩提，那麼他跟著修學；而菩薩爲了勸他修學聲聞菩提，一定會告訴他「上漏爲患、出要爲上」，也就是說，色界的境界是上漏而不是無漏，但無色界的境界也還是沒有眞正的出離三界生死，所以還是「出離爲要」，這個出離爲要才是最高無上的法，所以說「出要爲上」。他聽懂了，所以願意修學，於是菩薩告訴他五蘊的內涵、十八界的內涵、六入的內涵，然後告訴他：「這一些全部都是生滅有爲法，應該都要滅除，才能無生。」

但他心裡面有恐懼：「滅了以後不就是斷滅嗎？」所以他有恐懼啊！菩

薩教導他：「入滅以後，不是斷滅空，因爲無餘涅槃之中有本際，眞實、清涼、寂滅、常住不變。」他信受了，於是斷我見之後，第二天把五個下分結、上分結全部斷除，他就成爲俱解脫的阿羅漢，表示他已經滅掉了無色界的「不善之闇」。

可是俱解脫阿羅漢就沒有「不善之闇」嗎？不見得啊！俱解脫阿羅漢對世間人來說是沒有「不善之闇」了，但是從菩薩的智慧來看，依舊是有「不善之闇」。且不說菩薩，從辟支佛的智慧來看他，就說有「不善之闇」了，也就是說，他對於因緣法並不懂。對辟支佛來說，四聖諦、八正道就好像是一個總相智，辟支佛的因緣法才是解脫道的別相智，因爲所觀深妙微細啊！所以從菩薩的智慧來看時，俱解脫阿羅漢還是有「不善之闇」啊！他的「不善之闇」就是不知道「名色緣識」的道理，就是不知道「識緣名色而有流轉」的道理；因此菩薩就告訴他十二個因緣法。

但是教他順觀逆觀十二因緣法以後，他仍然無法成爲辟支佛，還要告訴他十個因緣法，告訴他說：「名色之所從來，是由於這個本識，過了這個本識就沒有任何一法存在，所以佛說『齊識而還，不能過彼』。」然後教他去觀行，把十因緣法的逆觀、順觀都觀行過了以後，他終於懂了：「喔！確實如此。」於是他的智慧比俱解脫阿羅漢的時候更勝妙。可是他仍然有「不善之闇」，因爲他有一天問菩薩說：「那如果我捨報的時候，把自己全部捨了；我的色蘊捨了，受、想、行、識也都捨了，十八界全都捨了，那裡面的境界叫作無餘涅槃，那無餘涅槃裡面到底是怎麼回事？」

這時菩薩告訴他說：「就是這麼回事啊！」他就追問：「那到底是怎麼回事？」菩薩依舊答他：「是這麼回事啊！」他想不通：「菩薩！您那麼慈悲，每次都很細心、很耐心，不斷地教導我，爲什麼今天不教我啦？」菩薩說：「我已經教你了，你爲什麼聽不懂？」但這個緣覺，他眞的不懂啊！他怎麼想也想不通，就說：「明明菩薩您只是告訴我說『就是這麼回事』，那我問您是怎麼回事，您又沒有說明，還是說『這麼回事』，我怎麼能懂呢？」這時菩薩就說：「你雖然身爲阿羅漢、緣覺，但你還是有『不善之闇』啊！因爲你自以爲這樣就是究竟的涅槃。可是涅槃裡面是怎麼回事，你要等上這麼多年才懂得來問我。而我現在爲你答覆了，幫你解說了，也顯現無餘涅槃裡面的境界給你看了，你還是看不見，所以你還是有愚癡啊！」

所以二乘聖者雖不名「凡」，猶名爲「愚」。不是凡夫了，但仍然是愚人啦！而菩薩不必入地，更不必到成佛時，只要有大善知識教導，在七住位就知道無餘涅槃裡面是什麼境界了。所以緣覺仍然有他的「不善之闇」，因爲對於無餘涅槃中的境界還不懂。那麼也許有人問：「那菩薩證悟了就沒有『不善之闇』嗎？」我說還是有啊！因爲證悟之後，在咱們同修會中早就說過：「當你明心以後，你就瞪著你的如來藏，看看祂的境界是怎麼回事，然後想想看：你把五陰十八界的自我全部排除掉，單單留下祂的時候是什麼境界？」只要這麼一提示，不必告訴他說那就是無餘涅槃的境界，他也會懂：「唉呀！原來這就是無餘涅槃的境界。」但是這種境界並非聲聞緣覺之所能知，所以聲聞緣覺依舊有他們的「不善之闇」。

但是話說回來，諸位菩薩！你們明心了，讀了我的書中這樣講過，已經能夠看見無餘涅槃中是怎麼回事了，依舊是有「不善之闇」；因爲若是再要問你說：「那麼十住菩薩的世界如幻觀，到底是怎麼回事？」對十住菩薩所證的世界身心如幻現觀，到底是怎麼回事，又只能想像了。有一天又問某師兄、某老師：「這佛性無形無相，沒有形色，那您怎麼可能在山河大地上看見自己的佛性？佛性在你身上，怎麼會在山河大地上看見？」欸！人家回答你說：「這不奇怪，本來就這樣；也無法解釋，本來如此。你也不必問，將來你看見時就知道了！」所以你說，明心之後現觀無餘涅槃境界，有這樣的智慧了，到底還有沒有「不善之闇」？還是有啊！

就這樣子次第往上，初地不知二地，二地不知三地，乃至妙覺菩薩不知諸佛如來境界，各自都有「不善之闇」。可是這一些「不善之闇」，都可以藉著「此經」妙法蓮花的實證，悟後次第修學、次第滅除，而在最後成佛時全部都滅除了。所以 世尊說：「『此經』亦復如是，能破一切『不善之闇』。」以前的人不相信這一句話，是因爲他們把這一部經的經文經卷當作是 世尊所說的「此經」宗旨；所以他們想：「我每天都課誦《妙法蓮華經》，我甚至於還拜經呢！結果我還是沒有滅掉所有『不善之闇』，何況是一切呢？」所以他心中懷疑，那是因爲他不是眞懂「此經」的意思。「此經」講的是這一朵妙法蓮花——能出生你蘊處界的如來藏妙眞如心，所以說祂眞的可以滅除一切「不善之闇」啊！次第滅除、次第滅盡了以後，成佛時，一切「不善之闇」就全部滅除了，也還是依於「此經」才修行成功的。

接下來說：「又如諸小王中，轉輪聖王最爲第一；『此經』亦復如是，於眾經中最爲其尊。」這就有理上和事上的說法差別。先來談轉輪王的事上差別，轉輪王有四種：金、銀、銅、鐵。三千大千世界之中，有百億須彌山，百億四大部洲，所以就有百億四王天，百億忉利天等等。那麼轉輪聖王以法治化，不以刑法；轉輪王最低的層次是鐵輪王，鐵輪王王於南瞻部洲，管不到其他的三大部洲。鐵輪王是因爲往世修了大福德，所以當國王以後，有一個十五日的夜晚明月當空時，他想：「我是不是轉輪王？若是，那我的七寶何在？」突然間有個很莊嚴的鐵輪飛了過來，他在城樓上看見了，心想：「這眞是我的鐵輪嗎？」於是他就開始作了一些試驗，證實果然是自己的鐵輪，才能夠讓他隨心所欲。

然後他又想：「既然我是輪王，我應該還有六件寶貝，所謂珠寶、主兵臣寶、主藏臣寶、玉女寶、象寶、馬寶。總共有七種，都在哪裡？」當珠寶出現時，他就把珠寶懸於城門頂上，照耀如同白天一樣，其餘的五種寶貝就全部都出現了。然後他就要開始試驗看看：「那麼我應該統領一大部洲。」這一大部洲裡面有好多的國家，他就說：「那我現在應該降伏什麼國家？請鐵輪帶著我與四兵一起前往。」於是這個鐵輪感應而攝持國王和他的象兵、馬兵、步兵等，飛空而去；到了某一個國家，那國王見了可就嚇死了，當然全心歸命，就要把國家奉獻給鐵輪王，鐵輪王說：「我接受你的奉獻，這個國家還是繼續由你來統領，但你不可以苛政擾民，要以王法治化。」

那個小國王就接受了，於是他又到第二個國家去，就這樣次第把整個南瞻部洲所有國家都降伏，這就是鐵輪王，但他只管得了南瞻部洲。威德更大的是銅輪王，管兩大部洲；再上去還有銀輪王，管三大部洲，金輪王管四大部洲。但人間只會有一位輪王出現，不會有四種輪王同時一起出現。金輪王把四大部洲全部都降伏了，有一天他想：「我應該到忉利天去看看。」到了忉利天，看見釋提桓因在善法堂說法，他這一去，釋提桓因趕快歡迎；唯有人間至高之金輪王，才有能力來到忉利天中，就分半座給他。如果這個金輪王有善心，也就沒事，可是如果起了不善心說：「我應該可以取代身旁這個釋提桓因，由我自己來當玉皇上帝。」當他心中決定要這樣作了，當場就下墮來人間，連金輪王的寶座也沒了！世尊曾說過這個故事，也說祂自己往昔無量劫前曾經當過金輪王，起了這個念頭的結果就是下墮回來人間。

那麼話說回來，當了金輪王是不是人間至尊？因爲人間一切的國王之中，轉輪聖王第一！因此轉輪王之中以金輪王爲第一，只要有一個輪王出現時，人間就不會有第二個輪王出現，所以人間只會有一種輪王存在，這種轉輪聖王當然是世間一切國王之中位階最高的第一人，所以說：「**又如諸小王中，轉輪聖王最爲第一；**」那麼同樣的道理，「**此經**」妙法蓮花也是如此，是「**眾經中最爲其尊**」。

爲什麼說「**最爲其尊**」？先從事上來說，因爲這一部 世尊演說的《妙法蓮華經》中，函蓋了世間、出世間法以外，並且函蓋了十方三世佛國的境界，也函蓋了因地到佛地的境界，所以說這一部《妙法蓮華經》所說的內涵，是諸經中「**最爲其尊**」。如果是從理上來看呢，二乘經典、大乘經典暫時不說，單說外道經典好了；外道經典之所從來，是怎麼來的？我們舉個例好了：例如《聖經》、《可蘭經》是怎麼來的？是因爲那兩兄弟奉祀了一個家神，是同一家兩個兄弟分家以前共同供奉的神祇；後來兄弟倆吵架結下仇恨，無法共住而分家了，大哥就說：「**我家拜的神才是眞神，你家裡拜的不是眞神，眞神在我這裡。**」二弟說：「**不！眞神跟我過來了，不在你那邊，你拜的是**

假神，我拜的才是真神。」那麼兄弟兩個人爲了自己的私心，互相爭執、鬥爭，藉著自己拜的是眞神、對方拜的是假神的名目，互相爭個沒完沒了，就這樣一代傳一代鬥爭下來。

後來雙方爲了取信於眾生，一定要擴大自己的勢力，才能不被對方所消滅，所以各自要擴大勢力，就開始傳教；傳教時要取信於人，就該撰寫經典啦！所以就各自把經典寫了下來傳教。那麼這類經典，現在且不說其中內容的荒誕、不荒誕，合理、不合理；現在就只討論那類經典是怎麼來的？是誰寫下來的？難道還是上帝自己寫的嗎？不！都是人類寫的。就是那兩兄弟思索了自己的神，各自編輯出來流通。那麼他們當年寫經典的時候，要不要五蘊十八界來運作？要！總不可能坐在這裡想著想著，經典就自己寫了、自己出現了。好！既是由兩兄弟他們的人類五蘊十八界運作寫出來的，那麼請問是不是要有如來藏在身中才能寫？如來藏離開就沒命了還能寫？那他們的五蘊十八界是從哪裡來的？還是從他們各自的如來藏來，你總不能叫一個死人寫經典啊！

所以，不論是《聖經》或者《可蘭經》，依舊是依「此經」第八識如來藏才能寫的，那是不是「此經」如來藏於外道眾經中「最爲其尊」呢？沒有錯啊！那麼回到佛法來說，三乘菩提之中，二乘菩提的演述，也得要 釋迦老爸來受生取得這個五蘊身而爲大家說法，然後二乘聖者去把它結集下來，才有二乘菩提經典——就是四阿含中的大部分經典；那麼 釋迦老爸爲我們說法，需不需要「此經」妙法蓮花與五蘊一起和合運作？（大眾回答：要！）要！二乘聖者結集四阿含經典，需不需要「此經」妙法蓮花？（大眾回答：要！）也要！同樣的道理，釋迦老子演說大乘經典，文殊菩薩邀請阿難尊者共同結集大乘經典，同樣都要「此經」妙法蓮花，所以說：「**『此經』亦復如是，於眾經中最爲其尊。**」

因爲如果沒有「此經」妙法蓮花，三乘經典都不可能存在，因爲不可能出生。那麼再來進一步探究三乘菩提所有經典之中所說，例如聲聞解脫道的所有諸經，如果不是有能夠出生名色的本識如來藏的存在，那麼二乘菩提的解脫道法義就只能同於斷見外道論，因爲一切緣起性空啊！緣起性空的結果就是斷滅空。所以詳細去探究四大部阿含中的二千餘部經典，莫不依「此經」妙法蓮花如來藏而說；如果摒除了「此經」妙法蓮花如來藏心，二乘菩提全部只能成爲戲論。然而我們看見二乘菩提諸經之中，所說的法義都依「此經」妙法蓮花本識之妙法而演述、鋪陳，而使大眾實證、獲得解脫，眞實不虛而非斷滅空。所以「此經」妙法蓮華如來藏心，確實是於二乘菩提諸經中「最爲其尊」。

那麼再回來看看咱們大乘法中，第二轉法輪諸經的般若系列經典中，不斷地告訴我們：要從「此經」妙法蓮花的自住境界來看待一切世間法，再從「此經」妙法蓮花的自住境界來看待出世間法，接著再同樣來看待大乘菩提成佛之道，然後說：「世間非世間，才是世間。」最後我們幫《般若經》作個結論說：「所謂般若即非般若，是名般若。」我們敢說這句大話。這個理，從過去諸佛、現在十方世界諸佛，一直到未來諸位成佛時，都不可推翻，但這些全都是在講「此經」妙法蓮花自己的境界。菩薩從這個境界來看待一切世間法、出世間法的時候，就是般若系列經典所說的內涵，將來讀《般若經》時就能讀通，所以說：『「此經」亦復如是，於眾經中最爲其尊。』因爲如果離了妙法蓮花如來藏心，就沒有般若可知可證。

以前我剛弘法時，正覺同修會還沒有成立，有一次陳履安說他讀完六百卷《大般若經》了，他自認爲有心得，想要跟大家報告，於是在中央信託局的禮堂中開講；那是誰叫他讀的？是孫春華小姐。據李敖的形容，說孫春華是個絕世美人；有一次我從電視新聞看見了她的照片，我沒有評論（大眾笑…）。好！結果他要去演講了，有人邀請我說：「他要來演講欸！你來不來？」我那時時間多的是，只要不是上課的日子，我每天可以早上坐四個鐘頭，下午再坐四個鐘頭，時間多的是，我就去聽；然而聽來聽去，也就是依文解義！而且講得零零落落、沒有系統；就是說他沒有一個中心主旨，當然就知道他讀了這六個月其實是無所得，不是如來藏「無智亦無得」的無所得，而是他對佛法無所得。也就是說，他外於「此經」妙法蓮花來讀般若系列諸經，怎麼讀都讀不通，只是成爲和印順法師一樣的「想像的般若」。

那麼 世尊考慮到後世學人能不能眞懂般若，所以有時講「無住心」。例如《金剛經》裡面說「應無所住而生其心」，於六塵境界都無所住，卻時時在運作著的這個心。也說「不念心」，又說「非心心」，還說「無心相心」，作了這麼多的提示，可是仍然有很多人不懂啊！原因就是他們沒有實證。如果實證了「此經」妙法蓮華，從這個實相心的境界來讀般若諸經時也就通了；

這表示「**此經**」妙法蓮花如來藏心，可以滅除二乘聖者對於實相法界無所知的「**不善之闇**」。

那麼菩薩藉著「**此經**」妙法蓮花的現觀，就可以進修而通達第二轉法輪經典，滿足三賢位應該要實證的般若別相智，也就是滿足般若智慧的後得無分別智。所以「**此經**」指的就是第八識妙法蓮花如來藏心，祂當然是第二轉法輪諸經之中「**最為其尊**」；因為所有二轉法輪的般若系列經典，所說的內涵都是在解說「**此經**」妙法蓮花，又怎麼可以說「**此經**」不是眾經中「**最為其尊**」呢？

再來看第三轉法輪諸經，一部又一部的經典被那些佛教研究學者說為唯識經典；但是這一系列的唯識經典，說來說去全部圍繞著「**此經**」妙法蓮花如來藏心而說，並且為了讓已完成三賢位智慧修證的菩薩們，可以快速增長智慧而獲得無生法忍，可以早日入地，明說了好多個名詞。在《大方等如來藏經》中，經名就告訴你叫作如來藏；《解深密經》中就說七轉識是從第八阿賴耶識中出生的，有的經中把阿賴耶識翻譯作「阿梨耶識」；在《入楞伽經》中還告訴你說：「**阿梨耶識者，名如來藏，而與無明七識共俱，如大海波常不斷絕，身俱生故。」

有的唯識經典又說，這個阿賴耶識又名阿陀那識；有的經典又說，這個阿賴耶識又名異熟識；有的經典還告訴你說，這個阿賴耶識又名庵摩羅識，或者叫作菴摩羅識；有的經典還告訴你說，這個識到了佛地就改名無垢識。這可不像般若系列經典講的名相那麼少了。般若經典中有時告訴你說這個心又名眞如，證得這個心的時候就是證眞如。因爲你證得這個不念心、非心心時，你就現前觀察出祂的眞實性與如如性，這就是證得眞如了，就說你看見眞如啦！於是禪宗就告訴大家：開悟就是證眞如。

那麼第三轉法輪的唯識諸經中，直接告訴你說這第八識有些什麼內涵；而這個識在不同的修證階段就有不同的名稱：當你捨了阿賴耶性，就叫作「滅阿賴耶識」，這個識就永遠不再被叫阿賴耶識了，從此以後就只能叫作異熟識，因爲不再有阿賴耶識集藏分段生死種子的自性了；等到所知障也全部斷盡了，就告訴你說，這叫作「滅異熟識」，因爲沒有異熟性了，就改名叫作「無垢識」。在第三轉法輪的諸經中直接告訴你，這一個心名爲無垢識、異熟識、阿賴耶識，跟七轉識之間有什麼關聯、有什麼互動等等，講了很多。

講到這裡，也許有人想：「好極了！我回去趕快去讀經，我就知道如來藏在哪裡了。」問題是你沒有先找到祂，你讀不懂啦！讀了也是白讀。就好像胃腸不好的人，吃了也是白吃（大眾笑…）。所以研究唯識學的經典是悟後的事，悟前怎麼研究都沒有用啊！那一些研究唯識學的教授們，遇見了我們在二〇〇三年退轉的楊先生時，都還講不過他呢！他們研究唯識學三十年有用嗎？沒用！

話說回來，大家看看第三轉法輪經典，如果把其中說的「此經」如來藏心拿掉，那些經典的內涵將會變成怎麼樣？你會發覺拿掉以後就變成不知所云了；就算你悟了，一樣會覺得其中不知所云；因爲就變成空洞而無實質，那正好符合印順老法師的判教，叫作「虛妄唯識」。可是他不懂的是唯識門有二門，雙具「眞實唯識」與「虛妄唯識」二門；而虛妄唯識門是依於眞實唯識門才能成立的，否則就全部變成戲論。那麼當你實證了「此經」如來藏以後，請出第三轉法輪的唯識系列經典一一詳讀，你會發覺這一些增上慧學妙義，都是諸地菩薩之所歸依，爲諸地菩薩修學時之所遵循；而這些內涵完全都要依於「此經」妙法蓮花，才可能瞭解、才可能實證、才可能進修，最後才可能成佛。因爲唯識系列的增上慧學諸經中，所說的都在說明「此經」妙法蓮花，這就是諸地道種智的根據，也是諸佛一切種智的根據。那麼這樣看來，「此經」妙法蓮花是不是最勝妙的第三轉法輪諸經中「最爲其尊」呢？當然是啊！

所以說，不論是外道經、正法中的經典，不論是淺如二乘菩提、深如第二轉法輪的般若諸經，乃至最深的第三轉法輪唯識諸經，莫不依於「此經」妙法蓮花如來藏心而演說、而鋪陳。菩薩就依於「此經」妙法蓮花作修證的理體，而從二乘菩提、大乘菩提、前後三轉法輪諸經的所說，次第修學、次第實證，最後乃至究竟成佛。所以 世尊說：「又如諸小王中，轉輪聖王最爲第一；『此經』亦復如是，於眾經中最爲其尊。」這是唯有實證了才能夠瞭解的道理啊！如果只是依文解義，咬嚼文字稻穀，一定消化不良，完全不能吸收。所以對《妙法蓮華經》的理解，一定要依於實證、依於其中所說的眞實義而理解，不能依文解義啊！

世尊又開示說：「又如帝釋於三十三天中王，『此經』亦復如是，諸經中王。」帝釋就是釋提桓因，就是道教說的玉皇上帝。有人說韋陀菩薩是玉皇上帝化身來擁護佛教，這個說法不能說沒有道理，因為釋提桓因是擁護佛教的，而 韋陀菩薩也是擁護佛教的。但我們不這樣認為，我們認為韋陀菩薩是賢劫千佛中的最後一佛，所以說他不是釋提桓因化身來護持正法。這也有經典中的根據，因為 佛有開示過，過無量無邊不可思議阿僧祇劫以前有佛，當時有轉輪聖王，他有一千個兒子幫助他統理四大部洲；後來他學佛了，這一千個兒子也跟著學佛；這一千個兒子裡面最小的兒子說：「願我所有的哥哥們先成佛，我要一尊佛又一尊佛、一位哥哥又一位哥哥，依著順序護持擁護他們弘傳的佛法。等所有的哥哥都成佛了，我最後才成佛。」那我們賢劫正好是一千佛，而韋陀菩薩來護持 釋迦如來的正法，這比較符合韋陀菩薩的大願，也符合經典中的記載。

現在拉回來說帝釋，帝釋就是釋提桓因。釋提桓因是忉利天的天主，跟我們人間很密切。我們人間是由四王天與忉利天所管轄的，因為四王天與忉利天是地居天，還不是空居天；而我們南瞻部洲是須彌山腳下的南邊一個大部洲；須彌山腳有許多夜叉與羅剎，都歸須彌山腰的四王天眾所管轄。而四王天分成四邊，就是東西南北四方，各管轄一大部洲，所以四王天就有東西南北四大天王。而這四王天的四大天王又都歸忉利天所管轄。

忉利天是欲界從人間往上算的第二天，在四王天之上；這忉利天總共有四方各八天，總共三十二天——東西南北各有八天，都歸中央的中天玉皇上帝所管轄；所以有時玉皇上帝出巡時貼出的告示有寫「中天玉皇上帝」，中天的名稱就是這麼來的。道教裡面有很多的上帝，對不對？保生大帝、關聖帝君、玄天上帝，還有什麼上帝？有很多的上帝。因爲忉利天分成四方，每一方各有八天，每一天各有一位上帝；八四三十二天，加上中天玉皇上帝，總共就是三十三天。那麼忉利天總共三十三天，中天的天主是玉皇上帝，佛經裡面說他的名字叫作釋提桓因，所以說「帝釋於三十三天中王」。

那麼「此經」妙法蓮花如來藏妙心，也像是如此，正是「諸經中王」啊！剛剛爲大家從二乘菩提說到般若系列第二轉法輪諸經，再談了第三轉法輪的唯識增上慧學諸經，全部都以「此經」妙法蓮花爲中心而說，那麼諸位當然可以瞭解「此經」妙法蓮花就是「諸經中王」，因爲諸經都依此而有的緣故！假使二乘菩提的四阿含諸經，把這個第八識抽離了，那麼二乘菩提的緣起性空諸法就沒有主體，就變成萬法無因唯緣、藉緣而起，那就成爲「無因論」

的外道緣起法，三界世間的因果律也就不可能存在了。釋印順就是落在這裡，所以他不信因果，不相信隨意月旦大乘經典會有因果感報，也因此而不相信有地獄道等有情。然而二乘菩提的《阿含經》中二千餘部經典，全都是依第八識「**此經**」妙法蓮花而演述出來的，我在《阿含正義》中已經列舉分明了；如果否定了「**此經**」，二乘菩提就成爲無因唯緣的外道緣起論，與斷見外道相同，可就全屬戲論而無實義了，因此說「**此經**」其實就是「**諸經中王**」。

二乘菩提的四阿含諸經如此，第二轉法輪的大乘菩提實相般若諸經，乃至第三轉法輪的唯識增上慧學諸經，莫不如是；因爲這三乘菩提諸經之所說，乃至於這一部《妙法蓮華經》的經卷中的文字之所說，都是在說明如來藏「**此經**」的妙法；既然所說的內涵都指向「**此經**」如來藏心，當然「**此經**」就是「**諸經中王**」。譬如有人寫了一本某某偉人一生的傳記，這部傳記的內涵，如果把那個主角—所謂的偉人—拿掉，它還能成爲某偉人的傳記嗎？就變成只說一些空幻無意義的言語，有一句成語叫作言不及義，或者虛有其言，我們佛法中叫作戲論。

不但如此，十方三世一切世界、一切有情，莫非因「此經」如來藏妙法蓮花而生死、而流轉、而解脫、而成佛；若離「此經」，莫說因果律，莫說三乘菩提，連三界世間都將不存，更何況能有人天善法與三界六道有情世間？同樣的道理，三乘菩提全都圍繞著「此經」妙法蓮花如來藏心而說，菩薩依止於三乘菩提諸經所說的去實修、去實證、去往上進修，也都是依於經中說的「此經」妙法蓮花如來藏心而修；如果把「此經」妙法蓮花抽離開來，諸經就變成言而無實，就全都不能成立了。所以「此經」妙法蓮花如來藏心，既然是諸經所說的主要內容，全都是依祂而說，那麼當然「此經」就是諸經中之主角，當然就是「諸經中王」。

接著說「又如大梵天王，一切眾生之父；『此經』亦復如是，一切賢聖學、無學及發菩薩心者之父。」剛才說過大梵天王被婆羅門稱為祖父，所以在《四吠陀》之中，也是這麼說：大梵天王就是造物主。那一神教說的造物主，其實是從《四吠陀》中剽竊來當作自己的教義，所以說他們也是盜法者；不是盜了佛法，而是盜了婆羅門教的法。有人研究說，耶穌從七歲到十三歲這幾年失蹤了，全都沒有行蹤記錄；身為創教的教主，一定每一年都會有人記錄下來，結果他那幾年都沒有行蹤記錄，完全失蹤了。有人考證的結果，說他那時候跑到印度去了，接觸到佛教的淨土法門，所以基督教徒們要祈禱，也要唸佛。

你們不信嗎？（大眾笑…）他們不是都說「阿門」？其實是從「阿彌達」轉化過來的，有人曾經這麼考證過。阿彌達是誰？就是「阿彌陀」啊！所以他們也要唸佛啊！因此也要用念珠。他們的修士都有一串念珠，每天晚上要作祈禱，然後就回來宣傳他的國，其實是一樣的，就是從佛教唸佛法門轉化出來的。那麼這個考證，諸位就姑妄聽之、姑妄信之。不必全信，所以叫作姑妄。這造物主是一切追求眞相的修行人所要探究的：到底我出生是從哪裡來的？我死後又要到哪裡去？可是外道們沒有智慧，探究的最後結果卻說：「**我的出生是由大梵天王生的，我死後還要歸於大梵天王。**」因此在世間宗教裡面，層次最高的宗教就是婆羅門教；他們說大梵天王就是一切眾生之父。現代一神教說上帝創造有情及萬物，亦是臆測常住不滅而創造有情萬物者，都只是妄想臆測之言，並非事實（編案：創造有情及萬物者究竟是誰？這是古來即一直存在外道中的事實，《楞伽經》……等契經中皆有如是記載）。那麼以這個作爲譬喻，說「此經」妙法蓮花如來藏心，是一切賢聖之中，不論是有學位或者無學位的人、以及發菩薩心者的父親。

「學、無學」是說有學與無學二種聖人，初學佛的人往往誤會了。以前曾經有人寫信給我，最後署名說「無學某某某」。（大眾笑…）他不是惡意，更不是大妄語，是因爲他還是初學所以不知道，用錯了名詞，其實是客氣自謙。他以爲無學就是完全不懂佛法，還沒有學習佛法，所以自稱無學。我不點破他這一點，而我還是很客氣、很詳盡地爲他回答疑問。「無學」是說於解脫之道無可再學了，因爲他已經有能力出離三界生死了。可是無學其實是有不同層次的：慧解脫阿羅漢可以自稱無學，但眞的無可再學了嗎？不然！佛說慧解脫阿羅漢仍然要再修禪定，雖然不稱爲「不放逸法」，還是不能放逸；也就是應該再去求證俱解脫，從「時解脫」轉變爲「非時解脫」。

那麼成爲非時解脫的俱解脫了，隨時可以入涅槃而不必待時了，是否就無可再學？不！還是可以再學，他可以學到最後成爲三明六通大解脫，所以三明六通的阿羅漢可以說是圓滿了解脫道中的無學之果。那麼如果是俱解脫與慧解脫，就還有一些解脫之法應該繼續修學；既然還沒有到達入無餘涅槃的時節，那麼閒著也是閒著，就應該繼續往上進修。所以眞要說無學，三明六通才能說是無學。至於三果以下通稱爲「有學」，有學就是說他已經有所實證、有所修學，但是還沒有到達無可再學的地步，所以稱爲「有學」。

可是三明六通的大解脫阿羅漢，遇見了菩薩時又變成有學了，因爲菩薩告訴他：「**我既無學，我無修也無證。**」阿羅漢說：「**奇怪？你這麼有智慧，說出來的般若實相智慧我都聽不懂，竟然說你沒有所學，好奇怪！**」喔！原來他聽不懂菩薩說的般若。因爲菩薩轉依背後的「此經」妙法蓮花，以妙法蓮花爲眞我，而這個五蘊是假我，那麼五蘊既然轉依於背後的妙法蓮花，那妙法蓮花從來無所學、從來無所修、從來無所證，所以菩薩悟後才是眞的無學啊！其實就是無所得、無智慧的如來藏境界。那二乘三明六通大解脫，從菩薩所證的實相心境界來看時還是有學，因爲那全部都是出生以後藉著意識心來修學、來實證的。而菩薩以背後的妙法蓮花如來藏心爲眞我的時候，「此經」妙法蓮花從來無學，從來無證，所以菩薩說：「**我無學，你有學。**」這大解脫阿羅漢也只能接受啊！

學與無學，在大乘法中又有不同的定義：未到佛地之前通稱爲有學，成佛了以後，一切佛菩提之道無可再學了，所以諸佛才是眞正的無學。這個學與無學之間，有這麼多相對而產生的不同層次，以前沒有人知道，我們現在就說給大家知道。所以三明六通大解脫的阿羅漢們，來到你面前自稱無學時，你說：「不！你是有學，我是無學。」爲什麼呢？因爲他眞的是憑著意識心努力去修學、去實證，才達成三明六通的大解脫啊！他們眞的是有學；雖然於大解脫已經無學了，可是這畢竟是後天修學而得來的。你就告訴他們：「可是我們菩薩是從來就無學，雖然我五蘊十八界很努力在學，可是我們所證的境界是『從來無學，未來也無學，本來就無學』的實相法界。」他們一定聽不懂。

既然聽不懂，那你就從他們的二乘菩提來講：「你是這樣學、這樣學、這樣學，然後證得解脫果，對麼？」他們說對，當然不能說不對，因爲他的經歷就是如此啊！然後你告訴他們：「我本來就無學啊！現在無學、未來無學、過去也無學；放諸於三世而皆無學，你能作到嗎？」他想：「我連聽都聽不懂，還能作到？」所以依菩薩來說，阿羅漢是有學。那麼這個學與無學，就可以分爲三乘賢聖的不同了；這個三乘賢聖的差異，以前也沒有人詳實演說出來，直到我們正覺弘法以後才開始演說，引起很多人的不滿；可是他們也無法推翻，因爲法界中的實相就是如此，佛菩提道中的眞相本來如此，可是今天時間又到了。

我們上週講「**一切賢聖學、無學及發菩薩心者之父**」，講完了沒？我們講了哪些，我都沒記下來。有沒有誰記錄我講到什麼？三乘差別？就講到這裡？那就是還沒開始講。

好，我們上一週《妙法蓮華經》，一百八十二頁第二段第七行：「『**此經**』**亦復如是，一切賢聖學、無學及發菩薩心者之父。**」也許有人想，這《法華經》就是大家的自心如來，就是第八識，然而這個心就是《金剛經》所說的「**此經**」，也是《法華經》所說的「**此經**」，這是菩薩之所證，爲什麼也會是二乘賢聖的「**學、無學**」聖者之父呢？這就是說，初果人之所以能成爲初果，有一個大前提：就是他知道五蘊十八界滅盡之後，並非斷滅空，他很清楚地先確定這一點。所以凡是眞正證得初果的聲聞須陀洹，他們都不可能是六識論者；因爲他們聽聞　佛說：將來出離三界的時候，稱爲入無餘涅槃，那是要滅掉名色的全部，也就是十八界法全部都要滅盡，不再有後世的十八界存在，這樣才是眞正的不受後有；不受後有才是眞正的證涅槃出三界，但不是斷滅空，還有涅槃的本際常住不變。

如果他不奉行八識論，而信受「人只有六個識：眼、耳、鼻、舌、身、意識」的邪見，那麼當他思惟到這六識虛妄，也現前觀察這六識夜夜都會斷滅，確實虛妄，當他想要斷除我見的時候，心中必定猶豫不決；因爲他會想到說：「斷我見就是把六個識全部否定，否定了以後將來不再受生，那就是空無所有，那時可就是斷滅空了。」所以他就會因此猶豫不決，無法下定決心認定說：「我這個意識心是生滅，是虛妄，不是眞我。」那他就無法斷我見啦！對自己觀行出來五陰全部生滅不住的事實，心中不能接受，也就是不能生忍，就不可能證得初果。

由此可見「此經」妙法蓮花——也就是第八識如來藏妙眞如心，是聲聞法中初果人之父。所以凡是不承認、不信受「此經」妙法蓮花如來藏實有而恆存的人，他一定不可能證初果。《法華經》一開始，舍利弗三請，所以 佛陀應請即將演說《法華經》時，當場有五千聲聞退席。五千聲聞人一起退席是很壯觀的喔！我們臺北四個講堂這樣坐滿了，加起來也只有一千兩百人啊！諸位想想看，那五千個人有多少？而且是當場離席，表示不信。那麼那一些聲聞人有沒有證果者？有沒有人證得初果？全都是凡夫啦！因爲《法華經》講到後來〈授學無學人記品〉時，不是有好多有學、無學被授記未來成佛嗎？那就是證果的人啊！他們迴心於菩薩道中，證得初果乃至阿羅漢果，所以被授記未來成佛。

那麼那一些凡夫位的聲聞人，不能信受有第八識如來藏，所以不相信「此經」妙法蓮花，因此退席表示無言的抗議。那麼再來把他們推究一下，爲何他們無法斷我見、證初果呢？正因爲不信「此經」妙法蓮花，不相信人有第八識常住永恆而能生萬法，所以恐懼墮於斷滅見中，因此不能證得初果。他們之中的大多數人都是如此，只有極少數人另有不同情況而說爲增上慢人，這就留到未來最後那幾品中再來說明。因爲他們怕落入斷滅空，不敢斷身見、不敢斷我見，那麼三縛結便具足存在。

再回頭來看那一些已經證得初果的聖者，他們後來被　佛陀授記未來成佛，雖然國土、世界、佛號、三乘弟子眾等都沒有授記出來，但是有一個總的授記——就是未來會成佛。那他們之所以能斷身見、斷三縛結而證初果，最根本的原因還是因爲信受有「此經」妙法蓮花是常恆不變，知道這其實就是未來入無餘涅槃以後，獨存不變永恆常住的心——就是無餘涅槃的本際。正因爲信受有這個第八識，是將來入無餘涅槃後的本際，所以他們敢眞斷身見、我見，毫無顧慮；由此可見這個第八識妙法蓮花，正是聲聞初果人之父。若不是這個妙法蓮花第八識眞如心，他們就不可能眞實斷我見而證初果，因爲他們若不是落入「因內有恐怖」之中，就會落入「因外有恐怖」之中。

那麼斷我見以後，依據聲聞解脫道之所應修者，就是要設法離開欲界；出離三界的首要、修道上的首要，就是離開欲界。然而想要離開欲界時也不是一時半刻就能作到的，除非是已經降伏欲界愛的修定者，由於發起初禪可以作爲證明；否則的話，他證初果之後，得要次第修行，在欲界五欲之中歷緣對境，去漸漸修除對欲界法的貪愛，就一定會先到達一個地步，叫作「薄貪瞋癡」——貪瞋癡淡薄了。這不是指對於實相法界的無明淡薄，而是對於欲界貪、色界瞋，對於無色界無明的淡薄；那麼貪瞋癡淡薄了，距離色界的境界就接近了，這時候就簡稱是「薄地」，在解脫道中說他叫作「斯陀含」，也就是薄貪瞋癡的境界。

那麼他斷我見以後，願意努力修除對欲界中五欲諸法的貪愛等，一心一意想要證得阿羅漢果、出離三界，原因是因爲他知道無餘涅槃的「不受後有」並不代表斷滅空；所以他願意設法把各種人間的享受、欲界的享受加以捨棄，雖然還不能成功，只到薄貪瞋癡的地步而成爲二果人，但他仍然願意繼續努力。而這個動機就是因爲將來確實可以入無餘涅槃而「不受後有」，也確實已經瞭解入無餘涅槃以後並非斷滅空，因爲無餘涅槃之中的本際就是「此經」妙法蓮花。這樣看來，二果人的實證，是要仰仗於「此經」妙法蓮花，所以「此經」也是二果人之父啊！

三果人已經離開了欲界愛，斷除欲界愛而離開欲界境界，所以他一定會發起初禪，這個人就簡稱爲「離地」，因爲已經遠離欲界愛了。那他努力進修捨棄了欲界的種種享受，目的也是爲了實證無餘涅槃，想要獲得四果人所證的有餘涅槃；他也是因爲知道涅槃之中不是斷滅空，所以「此經」妙法蓮花如來藏，也正是三果人之父。如果哪一天這個三果人被告知說：「入無餘涅槃以後是斷滅空，無所有。」而他也確定是這樣的時候，他就不願意再往四果前進，他就不願意取證有餘、無餘涅槃。同樣的道理，四果人確定自己可不受後有了，而仍然不退轉，確定捨壽之後不再接受後有，一定入無餘涅槃，也是因爲他確定入涅槃以後不是斷滅空，這時候就簡稱是「畢地」，也就是阿羅漢了。所以「**此經**」妙法蓮花正是三果人、四果人之父。

有時候說，人間不是有許多斷見外道嗎？他們口口聲聲、甚至於聲嘶力竭極力主張：死後無所有、一切都空。那不就是有人願意接受斷滅空嗎？然而諸位詳細去觀察他們，當他們聲嘶力竭與你爭論說「**死後一切滅盡**」時，不是正在堅持他的見取見嗎？他無論如何一定要跟你辯論到贏，絕對不肯輸給你；那他想要辯論到贏，是不是基於自我的存在而有喜樂？他是不是對自己的見解等等我所，仍然有非常嚴重的執著？當一個人有見取見、有我所執著的時候，他的我執就一定存在；而他的我執之所以存在，也一定是因爲他心中有我見；只是他被人家作了錯誤的教導，或者因爲自己的邪思惟而產生了斷滅空的見解；可是他的深心之中仍然是確定有後有，仍然是執著自己有後有。所以斷見論者，其實是植基於我見、常見而存在的。

那麼斷見論者死後，當他發現不是斷滅空，因爲有中陰身現起了，那時他會大大的歡喜：「原來死後不是斷滅！」這時也證明他的斷滅本質，其實還是依於「常見我」而存在的。所以在二乘法中，才會有「愛阿賴耶、樂阿賴耶、欣阿賴耶、喜阿賴耶」的說法存在。也就是說，不但「賢聖學、無學」皆以「此經」為父，乃至一切凡夫常見、斷見外道論者全部也都以「此經」為父，因為沒有人敢說他不喜歡「此經」妙法蓮花。只有一種人敢說，那個人叫作愚癡人，因為他不知道「此經」妙法蓮花是什麼。

假使有人開悟了，實證自己的「此經」妙法蓮花以後，他會發覺自己對「此經」其實愛得不得了；是在開悟前就愛得不得了，無始劫以來每一世的五陰都對「此經」妙法蓮花愛到無以復加。諸位如果還沒有證悟時聽到這一句話，你可以把我這一句話深深的烙印在你的腦海裡——假使你的腦中有海；然後等哪一天破參了，你再拿出來檢驗，看我說的正確不正確？那時你一定會認同我。

那麼聲聞菩提如是，在緣覺菩提裡面，「此經」妙法蓮花是否也是一切緣覺、獨覺之父呢？咱們來檢查一下當代佛教界，不論是北傳或者南傳，當代佛教界中大家都宣稱懂得因緣法，所以一旦談起因緣法來，大家說得頭頭是道；都會說：無明緣行，行緣識，識緣名色，一直講到生緣老病死、憂悲苦惱，那你叫他逆說、倒過來說，他們也能夠說得很清楚；可是問題來了！可以琅琅上口的因緣法，宣稱已經懂得了，為什麼不敢說是實證？為何沒人敢自稱是辟支佛？這就有問題存在了。

也就是說，他們不知道這因緣法是依「此經」妙法蓮花而存在、而建立、而觀行、而實證。所以我們禪淨班裡面，二十年來老師們一向這麼教，告訴你們十二因緣法的時候，一定會告訴大家：不論是三世的十二因緣或一念的十二因緣，背後都有一個如來藏心，叫作阿賴耶識。我們禪淨班教的這個因緣法，在佛教界中不曾看到，但是我們所有老師都這麼教導諸位。換句話說，如果沒有這個第八識妙法蓮花，緣覺法的修證就不可能成功。因為當他們所有大師瞭解到一切名色所相應的心所法，全都虛妄、全都是緣生緣滅以後，仍然不能理解「不受後有」才是解脫三界生死。

這話，不如說遠一點好了，在現代佛教界，正覺同修會開始弘法之前，不曾有人說過「意識虛妄」；也不曾有人說過「入無餘涅槃得要『不受後有』才行」。諸位想想看，我說的這兩句話，是不是事實啊？莫說二十年前，就說現在好了；我弘法二十年了，現在有哪一個大山頭出來公開說「意識是虛妄的」？你找不到一個道場。那麼再來檢查看看，我弘法二十年後的今天，有沒有一個大山頭出來說：「**阿羅漢捨壽入無餘涅槃就是『不受後有』，不再有後世的五蘊。**」有沒有呢？依舊沒有。不論是大乘佛教、小乘佛教都一樣啊！

那麼你要跟他們談十二因緣法的背後，必須要有一個阿賴耶識才可能建立和觀行，最後才可能實證；他們也不能信受啊！因爲他們弘法幾十年下來，如今騎虎難下了！可是其實，他們不論是騎馬、騎虎，都很容易下，因爲他們騎上的那一隻老虎，根本只是隻紙老虎，只要肯撕下顏面來，把眞面目顯示出來說：「**我以前悟錯了。**」然後現在痛下決心依「**此經**」如來藏去觀行，他就一定可以實證。但他們老把胯下的那一隻紙老虎當作是眞老虎，那就沒辦法了。所以後來我寫出了《阿含正義》，提出了十因緣及十二因緣之間的關聯，現在有許多法師從大山頭告假離開，寧可自己住在茅棚、住在小精舍裡面努力修行，他們倒反而願意接受十二因緣不能離開十因緣而修的正理；因爲他們胯下沒有那一隻紙老虎，所以無所顧忌。

那麼　世尊聖教中也爲我們開示得很清楚，說祂這一世示現開悟成佛時，在因緣觀上是怎麼修的：是先依十因緣法修，從生老病死去往前推，推到最後去推究名色從何所來？這是不是好像禪宗想要打破一件砂鍋，那一件砂鍋叫作「生從何來，死往何處」，是不是一樣？是一樣喔！可是，十因緣法的推斷成功，終究只是推斷，只是從理上確定一定有一個識出生了名色；這個識既然能出生名色，然後才會有一切法，那麼如果發覺到一切法因名色有，而名色因那個識而有，再往那個識之前去推斷時，竟無一法可得，所以推究到這裡時，就只好退回來了，因此 世尊開示了一句話，現在這八個字很有名，叫作：「齊識而還，不能過彼。」

這一句聖教印在《阿含經》中流傳了兩千多年，竟然沒有人去注意它，無人把它取出來講給大眾，眞的好奇怪！那些佛學的學術研究者，號稱是阿含專家，竟然也沒有注意到這八個字；那些「很有智慧」的阿含專家們，既然互相吹捧爲專家，應當對阿含的經義非常嫻熟，但他們竟然都沒有注意到阿羅漢證得無餘涅槃、有餘涅槃，全都是自知自作證；竟然也都沒有發覺到：入無餘涅槃是不受三界有——「不更受有」；竟然也沒有發覺到無餘涅槃中不是斷滅空，因爲有涅槃的本際；竟然也沒有發覺到這因緣法裡面 世尊說名色之所從來，就是「識」；而推究一切法到這個識時，就只能停止，不能超過這個識。

這一些都是《阿含經》中非常重要的教理，想要實證阿含解脫道的佛弟子們，都必須如實理解才有實證的可能，可是那一些阿含專家們沒有一個人知道，也眞的奇特呀！這個奇特究竟應該如何解釋？就是笨到無以形容。因爲這已經是白紙黑字流傳兩千五百多年了，特別是現代大藏經印出來很多，非常普及了。即使是我個人，都擁有一套《大正藏》啊！顯然已經很普及了，而他們竟然都忽略了。

那麼話說回來，這緣覺菩提的實證，一定要確認十八界法的背後，有一個本識如來藏；如果沒有這個本來就在的識，根本就不可能有名色，更不可能有名色相應的種種心所法；十二因緣法中名色緣六入，六入下面緣什麼？「觸」，是不是心所法？觸再緣什麼？「受」，是不是心所法？受下面緣什麼？緣「愛」啊！要先緣愛；「愛」是不是心所法？就是「貪」啊、「我慢」啊！愛又緣什麼？緣「取」，「取」是不是心所法運作出來的？其餘就不必談了。但如果沒有名色，就不可能有這一些心所法呀！沒有名色就不會有這一些法不斷地流轉啊！一旦有名色，就必然會有生老病死苦。

出生時有沒有很歡喜？你出生的時候有很歡喜嗎？出生的時候大部分人都哇哇大哭，因爲痛苦；假使他不顯示他的痛苦、哇哇大哭，醫生還要打到他哭。生眞的不是快樂的事啊！只是那個家庭很歡喜說：「唉呀！後繼有人，香火得傳。」嬰兒本身卻是痛苦的。生了一定會長大，小孩子唱說：「只要我長大，只要我長大……。」長大是好快樂的事，可是長大的過程很痛苦。而快樂本身就是開始老。還有人不生病的嗎？有人喜歡生病嗎？只有裝病的人喜歡病，沒有愛生病的人。那麼死的時候呢？愛別離啊！要別離這個身體，別離這一世的五陰，還要別離財產、別離名聲、別離眷屬啊！那麼這一些苦從何來，從名色來。所以滅苦的唯一方法就是滅除名色，很簡單！

可是簡單之中有不簡單，就是對於名色的內涵不具足瞭解。名色，有欲界中的名色，色界中的名色，無色界中的名色。那無色界中爲什麼要稱「名色」而不單稱爲「名」？因爲從廣義來說，他一念心動時，也可以化現到色界天中來，色法種子也還是存在的；只是平常不在，所以說「色種恆存」。但是依現象界的無色界來說，無色界只有名，沒有色；因爲只有受、想、行、識，沒有五色根、三色根。那麼對於這一些不如實知，即使想要斷我見也斷不了，因爲往往留下許多名色中的法，誤以爲不屬於名色所攝，就錯認爲是無餘涅槃中應該繼續存在的法，我見當然斷不了。

所以很多人稱說自己證得三果，還高聲宣揚說「捷徑之道」；那問題來了，當他自己稱說證得了「捷徑之道」的時候，他是不是宣稱他是三果人？他很聰明而不敢自稱四果，但他宣稱是三果人的時候，他對名色的內涵有具足瞭解嗎？沒有！因爲依舊斷不了意識我見啊！所以那個三果只能叫作「名字三果」，不是「實義三果」。名字三果就是說，只在語言上成立三果的果位，那其實就是因中說果啊！所以對名色的瞭解不具足，就會犯了大過失。

就好像釋印順自認爲成佛了，所以默許他的弟子把他的傳記取名爲《看見佛陀在人間》；可是他竟然連我見都沒有斷，因爲他主張細意識常住，這也是因爲害怕墮入斷滅空之中，所以他這麼主張。問題是細意識依舊是意識，既然所有意識都是因緣所生法，同樣要藉意根與法塵才能出生；那麼如果細意識是常住的，他就應該同時主張「意根與法塵亦復常住」，因意根與法塵都是意識的俱有依；可是他一生沒有主張過，由此可見他的佛法知見多麼粗糙，證明他對名色也沒有如實理解。

那麼由這裡來看緣覺菩提的修證，能不能修學成功的關鍵，在於懂不懂十因緣法。印順法師在他的書中也提過十二因緣與十因緣，但是他認爲十因緣與十二因緣的差別，只是因爲十因緣增說而成爲十二因緣，就好像十二因緣有時候變成十八因緣、二十幾因緣一樣。然而他大大錯會了，十二因緣可以引申到世間法來說，因爲生老病死過程中有愛有求、有欲有著，所以有守有護；有守有護便有刀杖棍棒互相襲擊，那是把十二因緣引申到世間法來，說明世間的痛苦。可是十因緣從來沒有增說，也不曾有減說，因爲十因緣一向是從老病死推到生，生推到有，有推到取，一直往前推到名色，名色再推過去就是識；然後 世尊說到這裡就特別強調：「齊識而還，不能過彼。」再把這個識緣於名色，而往下順觀到生緣於老病死憂悲苦惱的時候，都不再有任何增說，證明十因緣沒有被增說過，所以十二因緣不是十因緣的增說。

可是印順老法師終究不懂，而他自以爲懂的結果，就是無法斷我見、證初果，因此他才會去建立一個說法，叫作「細意識常住」；那麼細意識既然常住，眞如也不是斷滅法，那他的佛法知見中就是有兩個常住法了；那他究竟要怎麼樣互相聯結含攝呢？是否就有兩個實相法界了？他在這個部分無法判攝了，所以把三轉法輪的佛法，自行判攝爲所謂的「眞常唯心」、「性空唯名」、「虛妄唯識」等三系；縱使判攝得一塌糊塗，終究也是判攝了，可是對於眞如的常住，對於細意識的常住，這二法究竟是否同樣都是實相？既是常住不壞的，一定都是實相呀！但他終究不曾作過任何清楚的界定或闡釋，這兩個常住法也就繼續成爲兩個不相干的常住法，互不相干。因爲呢，他連想都沒有想到自己已經產生了這個問題，他從來沒看出自己存在著這個大問題。可是這個問題在他寫出那一套書的時候就已經存在了，他一生終老卻都視而不見。當他視而不見的時候，他的師父太虛法師卻看得很清楚，公開指責他說：「**我這個徒弟釋印順，把佛法割裂到支離破碎了！**」所以十二因緣法並不是十因緣的增說，釋印順是不懂的。

也就是說，因緣法一定是要依於「**此經**」妙法蓮花，才有可能觀修成功；因緣觀之所以能成功，則是因爲具足瞭解十因緣與十二因緣；而十二因緣所斷的無明，當代佛教界竟沒有人知道。一般總是說：之所以會有名色，是因爲有往世的行；往世的身口意行不斷熏習的結果，產生更多的無明；由於無明所以產生了下一世的身口意行，因此就會入胎而出生了名色，然後就有六入等等，就會有生老病死等痛苦。但那個無明到底是指什麼？無明的內涵是什麼？也沒見過佛教界那一些大師們說明。

假使有人說過了，最多也只是告訴你說：「所謂無明就是不懂得四聖諦、八正道、十二因緣。」那麼問題來了：「十二因緣涵蓋了無明，你怎麼可以說不懂十二因緣叫作無明？那你懂十二因緣的時候，無明還是在那裡面啊！那無明的內涵到底是什麼？你不能拿我的問題來回答我啊！你又不是禪師。」所以無明的內涵究竟是什麼？佛教界竟然沒有人加以說明。而我們在《阿含正義》中就告訴大家，最大的無明是因爲不懂得「齊識而還，不能過彼」的眞義，這是最大的無明。如果這個無明打破了，不管是理上的破或者實證上的破，只要打破了，然後對名色—也就是五蘊十八界的內涵—具足瞭解了，那麼十二因緣的無明內涵就打破了！所以不懂十因緣法，就是十二因緣的無明之一。

那麼那個無明剩下的一半，就是對於五陰十八界、六入、十二處的生滅，以及蘊處界入的全部內涵有所不知，這就是另一個無明；這兩個無明如果滅盡了，一定證緣覺果。那麼由這個道理來看，那十因緣裡面說的「名色從識生」，那個「識」難道會是名色所函蓋的意識心嗎？豈不成了自己生自己？天下沒這個道理。那個識既是能出生名色的心，當然不是含攝在名色中的意識心，不論意識是粗是細，全都一樣。所以那個識叫作妙法蓮花如來藏，就是第八識妙眞如心，那祂是不是一切緣覺無學聖者之父呢？當然是。

假使他不信受名色滅盡之後，仍然有這個本識存在而不是斷滅空，他就無法實證十二因緣法，因爲十二因緣法中的無明他還沒有滅除啊！縱使他已經如實觀察五蘊、六入、十二處、十八界全部生滅、虛妄而無我，但他的無明仍然尚未滅盡，所以因緣觀就無法實證；如果他能夠確定有一個根本識出生了名色，所以有十二因緣、有十因緣的顯現，從十因緣觀就可以確定必然有能生名色的本識恆存不滅，那他剩下的一半無明也就滅盡了，這時他才能成就緣覺果。由此來看，「此經」妙法蓮花如來藏當然也是緣覺菩提的這一些聖人之父啊！

那麼再來看菩薩，在正覺同修會弘法以前，好多人自稱在行菩薩道，說自己是菩薩，可是一旦有人問到他們說：「那你們行菩薩道是以什麼爲宗旨？」他們都說：「要以慈悲爲宗旨啊！」那你如果問他們說：「基督教沒有慈悲嗎？道教沒有慈悲嗎？其他宗教沒有慈悲嗎？」他們只能從事相上告訴你說：「基督教的慈悲喔？不能說沒有啦！但是他們也很殘暴，因爲十字軍東征殺掉多少異教徒。」「好！不然咱們不談中古時代的基督教，只談現代好了，現代基督教有在殺人嗎？有在殺異教徒嗎？沒有啊！也努力在救護眾生，到處去募款行善啊！例如非洲，人家不願意去的地方，他們也去呀！難道他們沒有慈悲啊？」這下不敢答腔了。因爲不能說人家沒有慈悲呀！連他自己都不願意去非洲行善啊！人家可是也到非洲去救濟那一些貧困的眾生的。

那咱們只好問他說：「那基督教也有慈悲嘛！是不是？」欸！他默然承認了，那我們就要問他：「那你行菩薩道跟基督教是不是一樣？」是一樣了。「那麼基督教去救濟貧窮也是行菩薩道了？那你們佛教跟基督教是不是一樣？」因爲他們不知道菩薩道的中心內涵是什麼？只看行善的表相。而我們出來弘法以後，我們說菩薩道的實證是要證眞如，也就是要證如來藏，這個只是見道，要從這裡入手，然後慈濟眾生時，親見三輪體空而無礙於悲願。

可是佛教界好多人不服氣，隨著他們不斷的質疑，我們就一本書又一本書寫出來一一說明。以前佛教界還有人說：禪宗是禪宗，唯識宗是唯識宗，律宗是律宗，互不相干。也有人說：南傳佛法跟北傳佛法是不一樣的。也有人說：「密宗跟顯教是不一樣的。」那我說：「這幾種說法中的最後一樣，他們說對了，其他的都說錯了。」

都因爲不知道菩薩道的中心主旨是什麼，不瞭解菩薩道歷盡無量無數劫修道的依憑是什麼？只能跟著瞎眼大師人云亦云、亦步亦趨，一步步走向泥濘。「泥濘」知道嗎？因爲全都是未證言證，犯下了大妄語業，還不知道自己的大妄語業是如何造成的；甚至於害人家犯下大妄語業的大師，也不知道自己是怎麼害人家犯了這個大妄語業，原因都是因爲不懂得佛菩提道的內涵。自從正覺同修會開始弘法以後，打出一個鮮明的旗幟：「菩薩的見道就是開悟明心、親證眞如。」於是我們招來好多道場的攻擊，笨的人寫文章出來罵，聰明的人只在口頭上講，同樣都說我們是邪魔外道等等。

其中最聰明的一個道場不敢說我們是邪魔外道，因爲他們知道謗法的因果可畏，所以他們只說「正覺不如法」；這算是最客氣的評論，他們只說正覺同修會不如法。然而這個「不如法」的正覺同修會寫出了好多書，並且後來還評論了他們，他們也不敢稍作回應。因爲正覺同修會很清楚三乘菩提的內涵，一一加以鋪陳之後，全部都以「此經」妙法蓮花而縱攝連橫，因此沒有錯謬之處可以供他們提出來攻擊。這就是說，佛菩提道的入門是要開悟明心，而開悟明心的實證標的就是「此經」妙法蓮花，外於「此經」妙法蓮花妙眞如心的實證而說證道、見道、修道，都是因中說果。

我們也用事實來證明，證得「此經」如來藏才能夠發起般若實相智慧，經由「此經」如來藏的現觀可以通達三乘菩提，而沒有矛盾衝突之處；我們同修會已經這樣實際上證明了，所以不管什麼人來否定都沒有用。這幾天我們官網開始貼文章，談到大陸有一個自稱「悲智」的人，他的本名似乎叫作王志剛，他在網站上貼文把我們指控爲邪教，與其他的邪教並列在一起；其實我們很早就覆文給他了，然而他讀不懂；就自信滿滿在他的網站上，把質疑的文章貼了出來，所以我們就開始在官網上正式回應了。我們先貼了第一部分的辨正文章回應以後，接下來每逢初一、十五都會再貼上後續的辨正文章作回應。我們不要一次全部貼出來，分期付款才會有表面張力呀！那麼他背後的一些內幕，咱們就不談它；大家想想看，在會裡由我指導而親證如來藏了，這樣的人都無法推翻我們了，何況他是完全不懂的人，如何能推翻如來藏正法道場？

所以說佛菩提道的見道——入門，就是要證眞如；而三界一切法界中沒有一法具有眞如法性，只有「**此經**」妙法蓮花才是永遠眞實、永遠如如，所以證眞如之法就是要實證「**此經**」妙法蓮花——親證第八識如來藏妙眞如心。因此，實證大乘菩提是以親證「**此經**」妙法蓮花作爲標的，祂是佛法中實證之標的，而不是修學的方法或法門；法門容有八萬四千，但八萬四千法門之所要實證的佛菩提內涵就是「**此經**」妙法蓮花——第八識如來藏。

那麼菩薩道的實證——見道，雖然只是三賢位中的第七住位，還談不上聖人，可是由於實證「**此經**」妙法蓮花的緣故，一定會比對出來：五陰的每一法，六入、十二處、十八界的每一法，全部都是生滅法，所以我見不得不斷除。那麼這樣看來，大乘見道而成爲菩薩摩訶薩，也是要依「**此經**」妙法蓮花的實證才能成功，可見「**此經**」也是大乘有學位菩薩之父。如果沒有實證「**此經**」妙法蓮花而說他開悟明心了，那他就是大妄語人，因爲他一定不能現觀眞如，沒有證眞如而說他開悟了，必然是未證謂證的大妄語業。

見道明心者是這樣，那麼還沒有見道的人呢？看見菩薩摩訶薩開悟明心以後就問他說：「那你開悟是悟個什麼呢？」他說：「我也沒悟個什麼啦！我不過就是懂得吃飯而已。」不知道的人就說：「啊？你開悟以後才懂得吃飯？」沒想到人家竟然說：「對啊！我現在才懂得吃飯啊！可是你知道嗎？你還眞的不懂吃飯呢。」他聽了氣憤塡膺：「笑話！我活到今年五十歲了，你竟然敢說我不懂吃飯。」一氣起來就說：「你這個小毛頭，才二十來歲，老子吃的鹽比你吃的飯還多，竟然還罵我不懂吃飯。」沒想到這個毛毛頭小菩薩告訴他說：「老伯！三十年後把這件現代公案告訴家裡人吧！」後來發憤圖強努力用功，也許三十年後八十歲時讀到了《鈍鳥與靈龜》，裡面明說著：默照禪的天童宏智正覺也是悟得如來藏，大慧宗杲的看話禪開悟時也是證悟如來藏；「可是，所悟同樣是如來藏，這事情跟我會不會吃飯有什麼關聯？不管了！既然是這樣，我努力去修學這個法，先求證如來藏再說吧！」等到努力五、六年後悟了，才知道說：「啊！原來我現在才眞的懂吃飯，以前還眞不懂。」可是他才剛懂沒幾年，也就死了；都八十好幾了，在正法中眞的作不了什麼，不如換個身子再來，好爲眾生作事。

那我們同修會就這樣爲大眾證明，證得「此經」妙法蓮花如來藏以後，通禪宗、通唯識宗、通律宗、通淨土宗、通二乘菩提俱舍宗；管他什麼南傳、北傳佛法，來到我這裡，我用如來藏「此經」妙法蓮花一以貫之；「吾道一以貫之」，我才是眞正的一貫道（大眾笑⋯）；都不會有矛盾衝突，全部都貫通，那一貫道卻依舊是五貫道，五家之法全都無法一以貫之。那我們若是要談世間法也通啊！我們就這樣子證明成功了。所以臺灣正統佛教那些大山頭們如今不再罵正覺了，因爲我們證明了這才是了義而且究竟的佛法；他們如今也知道罵一句就是一句的口業，而這個口業不是世間法中的毀謗口業，這是謗法、謗賢聖也是謗佛的口業；因果到底是眞有還是假有呢，他們也不敢否定啊！但我們證明因果確實存在，因爲凡所造作的一切業種，全都留存在各人自己的如來藏心中，一件也跑不掉。

如今臺灣就只剩下附佛法外道的密宗喇嘛們，爲了名聞利養與女色，所以要繼續罵正覺。那我們已經這樣證明了說：實證的菩薩入門了，也就是開悟明心了，這在佛法中才只是剛剛入門而已。在還沒有證悟以前，其實都還是在外門轉，進不了佛法內門的。其餘尚未明心的人看見說，某某菩薩開悟明心證得「此經」妙法蓮花以後，智慧橫生，妙慧無邊，不斷地為大家說出勝妙法，於是想起一句話說「見賢思齊」，現在可以改個字，叫作「見聖思齊」。雖然明心的時候不過是三賢位的賢人，可是這個智慧以及解脫的正受，遠超過聲聞初果人；聲聞初果人就叫作聖人了，所以菩薩摩訶薩也是聖人；當然，這只是依通教、依三藏教來說是聖人；可是依佛法菩薩道來說，還只是在賢位之中，猶不及聖。

那麼一般凡夫菩薩這樣子看到人家從凡夫位，突然間擠入聖位之中，心嚮往之！那就要問：「菩薩！請問您哪！之所以能有今天這樣的智慧勃發，來為我們說法，是根源於什麼？」菩薩就告訴他：「根源於我所證的真如。」「那麼真如是什麼？」「真如叫作真實而如如。」「什麼是真實而如如？」「『此經』妙法蓮花。」「『此經』妙法蓮花怎麼會是真實而如如？」菩薩便告訴他說：「妙法蓮花亦名如來藏，亦名阿賴耶識，亦名異熟識，亦名無垢識，通稱之為第八識。在《金剛經》、《法華經》中都稱之為『此經』。」「喔！我知道了！原來要證得這個第八識才能通達經教。好！那我就知道路頭了，我就跟著你學這個法啊！」於是他心心念念想的就是如何證眞如，關於證眞如所應該先修習的法與種種次法，他就全部願意去努力修行。

如果沒有「此經」妙法蓮花的永恆、常住、能生萬法等眞實性，如果沒有第八識妙法蓮華的眞實如如自性，那麼當他學到四聖諦八正道以後，發覺一切都是緣生緣滅之法，心想：「那麼死後不受後有時不就是斷滅了嗎？我還學什麼佛菩提道？而且還要三大阿僧祇劫才能成佛。死後斷滅都去不到下一世了，怎麼可能再修三大阿僧祇劫以後而成佛？」正因爲有「此經」妙法蓮花，所以三大阿僧祇劫的成佛之道可以如實修行，最後終究可以成佛。所以發菩薩心者也是要依於「此經」妙法蓮花來修學才能成就，因此才說「此經」妙法蓮花也是「發菩薩心者之父」。

那如果受了菩薩戒努力行菩薩道，可是他不信有「此經」妙法蓮花，那麼他對於佛菩提道的實修能不能成功呢？他只能祈禱：「祈禱驢年趕快來，我就能成功。」因爲他的師父告訴他說：「你不相信有『此經』妙法蓮花，那你的開悟就要等到驢年到來！」所以聰明人就能夠判別：所謂眞正的行菩薩道，並不是他受了菩薩戒就能眞實行菩薩道。因爲好多人受了菩薩戒以後，不瞭解菩薩戒的眞實內涵，枉受、枉持、枉修菩薩道。菩薩戒的攝善法戒裡面已經告訴我們：不依於二乘典籍，要依於大乘經典法教而修；如果背棄了大乘經律，就喪失了菩薩戒體。

然而至今還好多人受菩薩戒以後，一天到晚在私底下主張「大乘非佛說」，那他們究竟受的是什麼菩薩戒？菩薩戒是大乘法才有的啊！依大乘法、大乘律而傳授、而得戒，但他卻在否定大乘，那他究竟是受什麼菩薩戒？被那樣的戒師教導而受菩薩戒，其實他們都是「**有受而不得戒**」，根本都還不是菩薩，卻自稱爲菩薩。那麼這樣看來，就知道說：「**『此經』亦復如是，一切賢聖學、無學及發菩薩心者之父。**」

至於菩薩證道之後，悟後起修而通達了；乃至進入修道位中，歷經兩大阿僧祇劫的實修，亦復如是，全都要依「**此經**」而修，這就不必再提，因爲連見道都是要依此而修了。如果見道不是依此而修而證，將來修道位中是要修什麼？總不能夠見道是修一種，修道是修另一種，那就變成兩個不相干的法了。所以 世尊這麼開示，完全是如實語、不二語、不誑語、眞實語。世尊這兩句話的開示是不可改變的、不可推翻的；而過去一切諸佛，現在一切諸佛，乃至未來諸位成佛的時候，一樣不可推翻；諸位未來成佛講《法華經》的時候一樣會是這麼講。

接下來說：「又如一切凡夫人中，須陀洹、斯陀含、阿那含、阿羅漢、辟支佛爲第一；『此經』亦復如是，一切如來所說、若菩薩所說、若聲聞所說諸經法中，最爲第一。」這就是作另外一種譬喻：就譬如在一切凡夫之人裡面，初果、二果、三果、四果以及辟支佛最爲第一；因爲所有一切人都是凡夫，凡夫之中如果有個初果聖人，他就是第一了。

這個說法，可能有的人沒什麼感覺，那我們可以再作個說明；譬如很多人崇拜他們的神，崇拜他們的教主，可是他們都沒注意到一個問題：他們的神——不論他們叫作什麼神，他們的教主——不論哪一個人，不曾有一個人懂得自己的名色是虛妄的。然而初果人，假使遇見了他們的神、他們的教主，可以告訴他們說：「你們的名色是虛妄的，事實上是無我的。」而這樣的開示，那一些教主、那一些天神、天主都還聽不懂的；因爲那一些所謂的天主其實不是眞的天主，只是信徒等人類奉祀冊封的天主。

諸位想想看，那些天主們是不是很貪眷屬？是不是動輒怒氣衝天？「假

使異教徒不信我，要崇拜偶像，我使降下大水淹死他們，就降下天火燒死他們。」那是不是眷屬欲很強、瞋火很重？我們回頭來看欲界天中層次最低的天主，從四王天開始：四大天王是不是都以慈心善目來看待眾生，來保護人間眾生？所以叫作「護國天王」等等。可是四王天的境界還只是欲界六天中的最低層次，那麼你用這個標準來看看那一些所謂的天主——不管他是哪個宗教，那一些天主有沒有資格去擔任四王天的天王職務？都還沒有資格。

四王天的四大天王們絕對不會一念起瞋說：「**這些眾生不信我，我就用大水淹死他們，我就降下天火燒死他們。**」絕對不會。那麼忉利天中三十三天的天主們更不會，更何況是以上的天主，當然不可能起這種心行。那麼諸位從這裡來看，就知道那一神教的天主是人類冊封的。話說回來，這些人類所封的天主，不過是鬼神一類；你們去看看，他們的經中所說的那一些所謂的聖教，當他們奉祀、祭祀他們的天主時，是用素食的供養物嗎？還是要殺牛宰羊呀！顯然他們的天主只是愛吃血食的鬼神嘛！你就看看他們被奉祀的時候，他們《聖經》中說的供物是什麼就夠了，已經足以證明那些所謂的天主們，依舊只是凡夫位的鬼神一類啊！

縱使眞正是天上的天主，也仍然是凡夫；即使有人見到了他的祖父，也就是婆羅門教的信徒見到了大梵天王，那大梵天王一樣不懂自己的名色是生滅無常的；那麼初果人見了他，就告訴他說：「你的名色無常，不能久住，應當修學解脫之道。」那天主一樣也聽不懂名色到底是什麼。所以說須陀洹是一切凡夫人中最爲第一。須陀洹如是，那麼斯陀含、阿那含、阿羅漢、辟支佛更加如此，當然是一切凡夫中之第一啊！以這個作譬喻來說明「此經」亦復如是，說「此經」妙法蓮花也像是這個樣子，舉凡一切如來所說諸經，或者菩薩們所說、聲聞聖者所說的種種論典之中，或是於一切諸法之中，「此經」妙法蓮花也是最爲第一。

也許有人想：「如果是佛菩薩所說，這話我信得過；這裡說聲聞聖者所說諸論中，也是以『此經』妙法蓮花最爲第一，我認爲講得有一點超過。」這就是因爲他心中有疑，其實我們今晚再度加以解說了以後，他心中的疑惑現在應該已經不存在了。因爲我們很詳細說明過了：聲聞法跟緣覺法都同樣要確定在八識論的基礎上，才能建立、才能修習、才能實證。假使沒有「此經」妙法蓮花如來藏性如金剛、永不可壞而常住不滅，那麼所有阿羅漢們一定不願意斷盡我執，因爲他們一定會想：「我斷盡了我執以後，死後不再受生、不受後有以後，就會成爲斷滅空。」

人家說「好死不如賴活」，痛苦地活著終究勝過斷滅空；至少正在痛苦的時候可以感覺到自己存在：「我正在痛苦，所以我還存在啊！可是斷滅空呢，卻是一無所有，永遠不再有我存在了。」他馬上會想起小時候祖父有告訴他：「人生不管多麼苦，好死不如賴活。」他就不願意滅盡自我，不樂於「不受後有」，那他就不是阿羅漢，因爲不想進入涅槃無我的境界中了；三果人也是如此，下至初果人亦復如是，那麼二乘菩提就不可能建立，涅槃也就成爲空談的戲論了。

然而不會這樣，因爲初果人已經知道全部名色不可久住、不可依恃、確實無我；可是假使親證無我而要變成斷滅空，他也不能接受啊！當他不接受的時候，就一定會從五蘊當中去執取全部或者執取一部分，當作眞實不壞法，於是不免落入常見外道見中，那他就不可能是聲聞初果人了。這樣來看，聲聞人不管是初果人乃至阿羅漢之所說，同樣是要依於「此經」妙法蓮花而修、而證、而演說。如果外於「此經」妙法蓮花，連他的名色都不可能出生，也不可能存在，那他就不可能實證阿羅漢果下至初果；所以說，即使是聲聞所說經法之中，「此經」亦復「最為第一」。

那麼如果是菩薩所說，我就不必講太多，免得諸位耳朵生繭，我以簡單幾句話說：「**我們正覺同修會出來弘揚菩薩道，自始至終不改宗旨，永遠都是要證這個第八識如來藏。**」我們從一開始最淺的書《無相念佛》、《念佛三昧修學次第》、《禪—悟前與悟後》；然後寫了《眞實如來藏》，一直到今天，說法容有不同層次的千變萬化，可是萬變不離其宗，全都是依「此經」妙法蓮花如來藏而說、而弘傳、而教人實證。我們以這個妙法蓮花妙眞如心來貫通三乘菩提，從來沒有遮障、沒有矛盾，也沒有哲學界所說自律背反的問題，所以菩薩所說之一切經法中，也是以「此經」「最為第一」。

以我們正覺同修會的實證以及顯現，足夠證明菩薩所說仍然是以「此經」妙法蓮花最為第一。我們正覺同修會不是個大道場，因為硬體不大，信眾也不是最多的，可是我們立足於佛教界，在佛教界的所有老修行人之中，大家一聽到正覺同修會，就只有四個字可以形容，叫作「如雷貫耳」。你們以前在別處道場的同修們，有一天遇到你們的時候問說：「你為什麼這幾年變得這麼有智慧，我好像才三年沒見你。」你說：「我在正覺同修會學法。」「喔！是正覺喔！」好多人是這樣反應的，對不對！這表示什麼呢？表示我們正覺已經證實 世尊所說的：「一切菩薩所說諸法，以『此經』最爲第一。」

我們正覺同修會二十年來的狀況有很多的變化，但我們說法時也不會千篇一律，有時候講這個，有時候講那個，然而統統是依「此經」妙法蓮花而說，從來沒有改變過。我們不必像某一些道場，正覺評論了什麼，他們就改變；然後正覺看見他們改變後的說法時又加以評論，他們的說法又作了改變。但我們的法義永遠不變，不但現在不變，未來不變，一直到成佛以後也不改變；不但在地球上不變，在整個娑婆世界也不變，乃至放諸於十方諸佛世界亦復不變。所以菩薩之所說仍然以「此經」「最爲第一」。

接著說：「『此經』亦復如是，一切如來所說……諸經法中，最爲第一。」一切如來之所以能成佛，就是依於證眞如，眞如就是「此經」妙法蓮花的法性；一切如來在因地時，也是依「此經」的實證，然後次第進修最後成佛，所以一切如來之所說當然一樣是以「此經」妙法蓮花最爲第一啊！我們有時候講這一部經，有時候講那一部論，永遠都是依於「此經」妙法蓮花而說。

以前大多數人講經時各執一詞，其中也有人「以此非彼、以彼非此」；當然他們也曾經非議咱們正覺，可是最後證明的結果是：正覺之法通於三乘諸經，從無矛盾、從無牴觸而不可推翻。

所以臺灣佛教界的聰明人都不惹正覺，正覺也不會故意去招惹人家；可是壞法、破法的人，正覺一定會加以評論；因為這會影響到眾生的法身慧命，影響到正法能否久住；正法若不能久住，廣大的人天就充滿了憂愁，特別是四王天與忉利天的天眾。因為他們看見正法不得久住的時候，修羅道眾生將會不斷增長；可是一旦正法久住了，修羅道眾生就不再增長，增長的是菩薩眾，他們在天界也就跟著安隱無憂，所以人天歡喜。

而一切諸經之所說，莫非依於「此經」妙法蓮花而說，所以十方如來，包括諸位未來佛將來成佛之後的所說，以及成為菩薩尚未成佛之前的所說，全部也都是依「此經」妙法蓮花來說；因為如果不是依「此經」妙法蓮花而說，那麼所說的一切經法必然會產生一個現象，就是雜亂無章而且前後矛盾、自相牴觸。達賴喇嘛在陳履安開的出版社所流通的書裡面，公開指責說：「佛陀說法前後矛盾。」這兩個人還是佛弟子嗎？可是依我們實證「此經」

以後來看、來說、來檢查，完全沒有矛盾或牴觸之處啊！只有淺深差別、廣狹有異，並沒有矛盾與衝突之處啊！所以「此經」妙法蓮花於「一切如來所說」的諸經法中一樣是「最爲第一」啊！世尊這個說法眞是如實語。那麼能夠受持「此經」的人，又怎麼樣呢？時間到了，只好等候下回分解。

《妙法蓮華經》上週講到一百八十二頁第二段倒數第三行：「有能受持是經典者，亦復如是，於一切眾生中亦爲第一。」是說「此經」妙法蓮花是一切如來所說、或者菩薩所說、或者聲聞聖者所說的一切經法之中「最爲第一」；如果有人能夠受持「此經」妙法蓮花，他同樣也是第一，因此他在一切眾生之中就是「最爲第一」。那麼也許有人想：「只要找到了『此經』妙法蓮花而能夠受持，就是一切眾生中『最爲第一』，這個說法到底有沒有符合事實？」我想一定有一些人心裡面想：「幾年前我就已經證得『此經』了，可是我沒有覺得我是眾生之中『最爲第一』啊！」但是，他其實是落入世間法來看自己是否爲眾生中最爲第一，才會這樣想。如果不依世間法來看，而依一切有情眾生之中來看的話，也就是依於解脫智慧的標準來衡量的話，他其實是眾生中「最爲第一」。

每一次法會之中，一定有一個項目排在最後面，叫作「三歸依」；歸依佛最後那一句是什麼？是希望眾生發起無上心，也就是希望眾生將來都可以成佛，要有這個發心；那麼「歸依法」就是想要大家智慧如海，最後一個歸依僧，希望三寶弟子「一切無礙」，就是成為「眾中尊」；那麼「歸依僧竟」到底是什麼道理？大家應該要去探究啊！因為大家都只從事相上看，就說現在已經歸依三寶了。然而什麼是歸依佛？難道是歸依兩千五百年前應身的釋迦牟尼佛嗎？但那時應身示現的 釋迦牟尼佛已經過去了，那你現在歸依佛，到底歸依什麼？豈非是歸依一個名詞的 釋迦牟尼佛？當然不是！所以歸依於佛的時候一定要有所探究：什麼是歸依於佛？

釋迦牟尼佛在兩千五百多年前過去了，那我們現在依舊歸依，一方面固然是由於 釋迦牟尼佛常常關照著我們、憐念著我們，所以我們還常常可以感應到，但是最究竟的道理是歸依於「法身佛」；同樣的道理，歸依於法，不是在五蘊諸法上面作歸依，而是歸依於究竟之法，仍然要歸結到「**法身如來藏**」；因為所謂的三乘菩提，我們上週講過：聲聞、緣覺、菩薩的所證，是有層次差別廣狹不同的，卻是都要依於法身如來藏才能成就，否則三乘菩提之中連一法都不能成就。所以我們歸依於法時，是歸依於大乘法而函蓋了二乘法；但是我們歸依的大乘法，實質仍然是在法身如來藏上面。

那麼你證得這個法身如來藏以後，說你是菩薩摩訶薩，諸位就來衡量一下：菩薩摩訶薩是不是比阿羅漢、比辟支佛更尊貴？是呀！大家對這一點都沒意見！爲什麼？因爲即使是三明六通大解脫的阿羅漢，依於他心通而知道他的弟子發菩薩心，想著將來要行菩薩道，就不敢讓他揹行李了，趕快搶過來自己揹。經中也說：度一個人發菩提心，勝過度非常非常多的人成爲阿羅漢；那個發菩提心的菩薩依舊在凡夫位中，已經勝過那麼多的阿羅漢；那麼現在有一個菩薩證得法身如來藏，被稱爲菩薩摩訶薩了，他是不是眞正的僧？（有人答：是。）爲何答那麼小聲呢？爲什麼稱之爲「僧」？因爲他的智慧超過阿羅漢，先不談心量；阿羅漢說菩薩摩訶薩的般若智慧不可思議、不能思量，而菩薩所證的心是出三界家的心，不是三界中法，但這個心非阿羅漢之所能知，所以這位菩薩摩訶薩雖然還在三賢位中，甚至於只住在第七住位不退，都已經夠格稱之爲僧；即使她留著長頭髮還燙了頭髮、點了胭脂，她一樣是僧，因爲這是大乘法中的勝義僧。

那麼依這樣的實相境界安住不退，實相般若生起了，他才算是眞正的歸依僧，因爲他已經如實證知大乘僧的眞義了。這不是在表相僧寶的歸依上面來說，而是歸依於實義僧寶的本質。因爲他所證的是法身如來藏，所以歸依於這樣的如來藏時，他本身就是勝義僧，而且不是聲聞僧，因此他是眞正的歸依僧。「歸依僧，眾中尊」，既然是眾中尊，當然是一切有情之中最尊貴的人。

可是探究起來，他這個歸依僧是依什麼而成爲實義的歸依僧，而不是表相上的歸依僧？因爲他歸依於「此經」妙法蓮花實相心。這個實義上的歸依，使他成爲大乘勝義僧，所以他在眾生之中「亦爲第一」。如果不作這樣的比較，有些人可能不會如實理解到爲何受持這一部《妙法蓮華經》妙眞如心的人，會是「一切眾生中亦爲第一」，所以眞實的歸依以及表相的歸依是不一樣的。

一般人所謂的歸依都只是表相的，去到寺院中，某某師父爲他作了三歸依的儀式，他認爲自己已經是歸依三寶了，所以走過廟門口時知道那是道教的神祇，他心裡面想著：「我是『歸依僧、眾中尊』，我幹嘛還要跟你問訊、禮拜！」所以瞧都不瞧就走過去了，這樣反而不如世俗人哪！世俗人或許走過廟門口時合個掌、點個頭，或者舉個手招呼一下，最差的也許看也不看直接走過去，但是心裡面不會有那種傲慢的想法。可是他成爲三寶弟子以後，心中有個傲慢的想法，人家廟裡那尊神可是會感應到的，因爲他們都有五通啊！他們心裡面會想：「說是在學佛，看來三寶弟子還不如世俗人。」那麼這個人將來縱使實證了佛法出來弘法，那一尊神跟他座下的鬼神們，也就不會成爲他的信徒，未來世更不會成爲他的弟子。

所以你們要像我一樣養成一個習慣，不管他們是道教、回教、基督教的，反正我如果有因緣進去，一定會對他們的神合掌說：「阿彌陀佛！」讓他聽一句也好。人家說伸手不打笑臉人，我們客客氣氣對他們合個掌，他們也只好跟你點個頭吧。就算他們再怎麼傲慢，至少不會給你火眼金睛、怒目而視吧？跟他們結個好緣，未來世他們離開鬼神道而不再當神了，投生到人間來了，你正在弘法時，他們可就是你的弟子啊！所以一般初機學人不瞭解，心裡想：「我現在是三寶弟子了，你不過是個外道。」心中想著、想著，不知道都已經被人家聽了去。因爲那一些初機學人都沒有無相念佛功夫，不懂得思惟觀的功夫，所以人家天神都聽得清清楚楚他心裡在講什麼。

但咱們不這樣看，咱們歸依於眞實僧、眞實法、眞實佛，也就是「此經」妙法蓮花如來藏，這時雖然知道自己已是勝義僧，而且是大乘法中的勝義僧，可是慢心無從生起；因爲假使那個天神示現到你面前來，你一看就說：「欸！如來藏有情。」自己雖然實證了，不也和他一樣是如來藏有情嗎？難道會是如來藏無情嗎？所以依這樣實義的歸依僧來看，能夠受持「此經」妙法蓮花的人，確實是一切眾生之中「最爲第一」，因爲連阿羅漢、辟支佛都不知道這個法界實相呢。

那麼接著再來說：「一切聲聞、辟支佛中，菩薩爲第一；『此經』亦復如是，於一切諸經法中最爲第一。」在人間可以看得見的有情之中，沒有人能超越聲聞、辟支佛、菩薩；假使有人貴爲國王、皇帝，最多只能自稱天子；古時的中國皇帝都喜歡自稱天子，然而天子的意思是什麼呢？就是天帝的兒子。那麼探究一下是哪一天天帝的兒子？不會是四王天，也不會是夜摩天，最多就是忉利天帝的兒子。既是忉利天主的兒子，意思是說他是釋提桓因的兒子。那麼請問：釋提桓因是阿羅漢嗎？他是辟支佛嗎？他是菩薩摩訶薩嗎？既然都不是，這位皇帝是釋提桓因的兒子，而釋提桓因遠遠不如阿羅漢，那麼這位皇帝天子的層次有多高呢？如此看來就很低了。

所以遇見了天子，禪師們都把他看透透的；天子找了禪師去是想要幹嘛？禪師們心中都很清楚。那些天子們想：**「我貴為天子，貴為皇帝，你這個禪師，我若是想要砍你的頭，還可以砍掉。那你究竟是悟個什麼，總得告訴我吧！」**沒想到禪師們不吃這一套，所以有的皇帝居心不良，故意把禪師請入宮中奉養；名為奉養，恭恭敬敬奉侍食衣住等，卻沒有供養『行』的所需，其實就是軟禁。一直要到什麼時候才會放人？要等到皇帝開悟了。禪師當然知道，可是禪師不吃這一套；你如果是好好受持佛法、護持佛法、行弟子之道，不是用你的威權想要逼迫禪師傳法，那麼禪師總會指導他的。可是皇帝大多不來這一套，表面上客客氣氣恭恭敬敬，也自稱弟子，可就把禪師軟禁著；雖然四事供養無缺，禪師可就是沒辦法出去弘法。於是禪師也不肯把法傳給他，所以他依舊是天子，永遠當不了菩薩。

大家如果把這事情的本質看清楚了，對皇帝就不會有什麼特別的尊重，因為他的層次不過爾爾。可是說到阿羅漢這些聲聞人等等，皇帝可是不論怎麼想都想不通的。以前臺灣有假名善知識公開說：清朝的皇帝都是菩薩再來。這時可就有個大問題來了，清朝這些皇帝們統統都在修雙身法；最有名的是雍正，他還把登基以前當王爺時的宅邸奉獻給喇嘛，就是現在的雍和宮；那裡面到現在都還擺著很多的雙身像，所以人家拍電影時也會把它拍出來。也有電影以雍正修雙身法的內容作主題，說明他怎麼樣修雙身法等，是香港的電影公司拍攝的。像那樣的皇帝而說是菩薩再來，這能講得通嗎？

而且清朝幾乎所有皇帝都是崇奉喇嘛教的，都是抵制如來藏正法的，他們能夠說是菩薩再來嗎？所以有些善知識眞的是糊塗了，我們只能說他們是老糊塗，是越老越糊塗的假善知識。他們年輕時出家學了四聖諦、八正道、十二因緣，倒也還算不錯；年老了去認同密宗，然後說清朝的皇帝都是菩薩再來，因爲他們後來都信受雙身法、信奉喇嘛教，這眞是糊塗透頂了！應該說是糊塗透底啦！

那麼清朝這一些皇帝自稱爲天子，其實從眞正的佛法來說，根本就不入流；因爲佛法中說，聲聞人中修證層次最低的初果人稱爲「入流」，已經說是「預入」聖者之流，都還不能算是眞正進入聖者之流中，更何況清朝這些皇帝，他們各個都落入識陰的我所裡面，追求樂空雙運的有爲境界，連我所都沒辦法遠離，何況能實證無我？所以他們都該被叫作不入流者，連聲聞初果都談不上。可是你看雍正即位以後，盡其一生都在打擊如來藏妙法，佛法中會有這樣的菩薩嗎？所以說他們全都是假名菩薩啦！

那麼雍正尚且連初果都無法證得，更別說辟支佛果了，因爲辟支佛果，或者獨覺、或者緣覺，全都超過阿羅漢；然而即使是阿羅漢、辟支佛，依舊還是要遵從菩薩的法教，沒有人敢否定菩薩演述的法教，所以三乘聖者之中「菩薩爲第一」。即使是剛明心的菩薩都遠勝過聲聞、緣覺，因爲他的智慧是現前解脫的，稱爲「不可思議解脫」，這不是三明六通大阿羅漢或者辟支佛所能理解的，所以說：「一切聲聞、辟支佛中，菩薩爲第一。」

那麼就以這個譬喻來說：「『此經』亦復如是，於一切諸經法中最爲第一。」「此經」妙法蓮花——實相心如來藏，在一切諸經所說的諸法之中也是最爲第一，就如同菩薩在聲聞緣覺中最爲第一。也許有人想：「爲什麼『此經』如來藏在一切諸經法中最爲第一？」那麼先從表相上來探究看看：佛陀來人間示現前後三轉法輪，以哪一轉法輪的法義層次最高呢？是第三轉法輪諸經。因為第三轉法輪之中宣揚了一切種智，最後以《無量義經》的法教說明眞實心如來藏這一個法具有無量義，是以一法而顯無量義；然後用《法華經》總其成，來含攝三乘菩提前後三轉法輪一切經法，而《法華經》說的主旨就是「**此經**」如來藏啊！

這樣子由事相上，也就是由三乘經典的事相上來看，就已經知道第三轉法輪所說的如來藏妙法，才是「**於一切諸經法中最為第一**」。因為第二轉法輪、第三轉法輪的所有經典之中，所說的也全部都是在演述「**此經**」如來藏；如來藏就是《法華經》中所說的「**此經**」，就是《金剛經》說的「**此經**」，也就是依於「**此經**」妙法蓮花實相心來演說實相般若。這樣宣演了二十二年以後，一切迴小向大的大阿羅漢們都已經完成了三賢位的別相智，可以入地了，於是開始了第三轉法輪的演述，為大眾直接說明八識心王的種種妙法。於是大家依於 世尊的教誨，一一隨聞入觀，當場去驗證自己所證的如來藏，依著 佛陀的圓滿教法，當時就可以現觀第三轉法輪諸經所說的境界，因此或者入初地、或者入二地、或者入三地、或者入四地，各各不等。然而這第三轉法輪諸經說的全部都是「**此經**」妙法蓮花，以及祂所生的色、心諸法等種種法；而第二轉法輪般若系列諸經所說的，也都是這個妙法蓮花如來藏心的各種不同面相、不同層面的自性，所以諸經法中當然是「此經」如來藏最爲第一。因爲二、三轉法輪的一切諸經都是圍繞著「此經」妙法蓮花而說的。

那麼也許有人以前修學南傳佛法，今晚初來乍到，第一次進入正覺講堂聽經，或許基於以前所接受的教導，心裡面想：「**那四大部的阿含諸經中沒有講第八識如來藏，都是在教導我們怎麼樣可以證得解脫，出離三界生死。**」那麼我們說，他這樣的想法也是正常的；因爲這樣的講法從日本的學術界流傳出來，而且在臺灣已經流傳了幾十年；所以如果有人被日本學術界作了那樣錯誤的教導而信受了，也算是正常的事情，不需要大驚小怪。可是我在《阿含正義》裡面很清楚地舉證：《阿含經》中所說的解脫之道，不論是聲聞或緣覺的解脫之道，有許多地方都具體證明是依「此經」第八識妙法蓮花而說的。如果把「此經」妙法蓮花如來藏否定了，那麼二乘之法的解脫道就會成爲斷滅見的緣起性空，那不是 佛陀所說的眞正的緣起性空。

何況我們還舉出了許多證據，證明 世尊在阿含諸經中有許多地方已經很清楚指出：聲聞、緣覺的解脫道，都是依於「此經」如來藏而說的，只是他們自己智慧不夠而讀不懂。既然四阿含諸經所說的聲聞、緣覺解脫之道，全都要依於「此經」妙法蓮花為理論基礎才能實證，比聲聞、緣覺解脫之道更高層次的菩薩所證的實相般若，所謂的中道觀行以及諸地菩薩所修證的第三轉法輪唯識增上慧學諸經，也莫不如是在演述「此經」妙法蓮花等妙義。所以「此經」妙法蓮花如來藏心，其實正是「一切諸經法中最為第一」啊！破參明心後在增上班繼續熏習修學，在增上班中聽課時可以隨聞入觀；隨著我對《瑜伽師地論》所解說的內涵，一面聽聞、一面反觀自己的「此經」妙法蓮花，證實完全符合而不差絲毫。這樣子再來觀察前後三轉法輪諸經，如果把「此經」妙法蓮花否定了以後，看看這三轉法輪的諸經聖教還能不能存在？答案是都不可能存在了。只要否定了妙法蓮花如來藏心，三轉法輪一切經典全部都會成為戲論，不再是義學了；那麼由此就可以證明「此經」如來藏心是「一切諸經法中最為第一」。

接著說：「如佛為諸法王，『此經』亦復如是，諸經中王。」佛陀才是法王，密宗自封的什麼四大法王，其實都要稱為「四大凡夫」。因為他們是最具足、最正牌、最大號的凡夫；當凡夫應該大還是小比較好？是越小越好嘛！

凡夫性要越小越好，千萬不要大，但他們是具足的大凡夫啊！因爲具足一切我見、常見，並且被五蘊的「我所」樂觸所拘束而不得解脫，還被戒禁取見牢牢地綁死了脫不得身；而他們對於佛菩提以及聲聞、緣覺菩提的疑見，是根深柢固根本除不掉啊！所以密宗四大派法王正是四大凡夫。

人家當凡夫，也許未來十世、百世以後就可以證得初果，脫離凡夫之數；但密宗四大假法王可得要十劫、百劫以後重新回來人間時，才有可能證得初果——我說才只是「可能」，不是必定可證。他們那樣自稱法王，《楞嚴經》裡面早就講過了，說那叫作凡夫「自取誅滅」。這事情，世尊在《楞嚴經》中早就說過了。明明只是凡夫，而且還是天下最具足凡夫本質的人，還敢自稱法王，捨壽以後他們才會知道，現在他們是什麼都不信的。

那麼法王是說於一切法究竟通達，才能稱之爲「法王」。如果於一切法有所證而未究竟通達，也只能稱爲妙覺、等覺或者十地、九地菩薩；如果是於諸法初步通達了，就稱之爲初地菩薩；如果於諸法有所實證而未通達，只能稱爲三賢位的菩薩。所以一般的學佛人只能稱爲凡夫，連通達都還不可能，更別說是究竟的通達；所以只有究竟通達的諸佛才能稱爲法王。諸佛是諸法之王，因爲是諸法之王，所以不涉入世間法中，因此在佛法的戒律之中，出家了就不許參與政治。可是基督教在歐洲中古世紀的政治之中大攪渾水，一直都擺脫不了政治；乃至於到了現代，他們依舊擺脫不了政治；最明顯的就是舊教，稱爲天主教，現在他們都還有教皇呢。

也許有人想：「咱們不要講他啦！至少他還跟我們臺灣維持邦交。」然而那是不得不然，你們都不必感激；因爲假使海峽對岸哪一天說要跟他建交，讓他們在大陸指定主教及公開傳教，他們馬上就棄臺灣而去了。他們那是什麼想法呢？是世間法的想法。他們在全世界推廣福音，各地區的主教都要由他們指派，完全是一種政治性的行爲。但佛教是要利樂人天的，不是要來人間從事政治活動的。

所以自古以來中國皇帝管宗教，但是禪師們不會讓他眞正證得佛法。禪師想：「我既然來這裡受生成爲人，有個人身就得歸你管，可是我的法不歸你管，你想要強逼於我而要得法，絕對不可能！你可以剝奪我的僧衣，銷毀我的戒牒，但我的心仍然是出家人，仍然是菩薩，你管不著。你管得到的就只有我這個身體。」所以中國古來的皇帝們，對這一些證悟的禪師們既愛又恨；愛與恨的是：「我是人間至高無上的人，可是在佛法的層面，我永遠不如禪師們。我威勢權力這麼大，就是無法威逼禪師把他們所悟的告訴我。」威逼是不能成就的，因爲他如果想以砍頭來威脅的話，禪師才聽到說要砍頭，馬上把脖子伸出去：「請下手！」皇帝又不敢了！因爲怕砍了禪師的頭，未來無量世不曉得要怎麼過。

可是眞想要央求禪師指導他時，禪師看著說：「你這個皇帝一天到晚作威作福，你的菩薩性還不夠，我怎麼能幫你開悟呢。」幫他開悟了以後，他人王當足了還要當法王，到時候所有禪師豈不都要被他捏死了？雍正皇帝不就是這樣嗎？而且他還錯悟了，竟想要當法王；所以寫了什麼《揀魔辨異錄》，極力排斥證悟的禪師們。他自己是魔，還說人家是魔；他自己才是邪道異見，還說禪師是邪道異見。所以說，想要成爲眞正的法王，可眞的不容易。

那麼基督教，不管是新教、舊教，爲什麼一直都跟政治扯不清？因爲他們雖不稱爲法王，卻又自稱爲王，說是天國來的王，那麼世間的人王怎麼可能接受？所以他們就用思想，想要控制世間的人王；但世間的人王考量的是他們的權位，於是跟教皇就有許多勾心鬥角、權力鬥爭，凡是稍微瞭解一點歐洲中古歷史的人都知道這一點。可是 佛陀爲法王，從來不涉入政治；咱們就是要效法這一點，不要涉入政治。所以不管我們辦什麼活動，哪個政治人物想要來參加，我們都歡迎，但就只是一般的信眾，不是以他們的政治身分來參加。所以我們不接受什麼政治人物在我們法會中上臺致詞，我們不想跟政治有所涉入。

四百年前在西藏，我們那時眞的叫作成也政治、敗也政治！國王支持我們的如來藏妙法，我們可以順利弘傳；但是後來那個國王失敗了，我們也就被人家來打打殺殺，最後也就被趕出西藏。現在正好是民主時代，咱們可以選擇，而我們不涉入政治，我們純粹只就法義的是非來說，純粹只就善良風俗以及法律層面來說，不想談政治。那麼基督教就是因爲涉入政治，老是與政治糾纏不清；他們在人間也要稱王，卻又不是法王，所以就跟各國的國王或皇帝有許多的糾葛不清，冤枉多少善良的人們死於非命。然而諸佛是法王，於一切諸法之中爲王；既是諸法之王，不涉入世間權力之中，所以各國國王學佛時只有歸命而無恐懼；不會擔心說：「**佛陀這個法王，哪一天會不**

會搶了我的國家去？」人王難免會這樣想。

例如阿闍世王殺了他的父王，還想殺了他的母后，後來不是大病突然發作了嗎？所有的大臣們束手無策，最後有一個大臣因爲是佛弟子，勸他去面見佛陀懺悔滅罪，大病就可以消失。勸了好久，他終於相信了，「那麼何時去見佛陀比較方便？明天啊？明天太晚了，我都快死了！好，那就現在吧！」現在就去，出發才走不一會兒，他心裡面又想：「佛陀會不會跟我這個大臣串聯，合謀要殺害我？」他又想要回宮裡去了。於是這個大臣又告訴他佛陀的功德，如何的慈悲、清淨離欲、究竟解脫等等，終於又信了。就這樣反悔了又勸，前進了又反悔，反悔了又勸，最後終於來到佛陀的園林中。

才剛進入園林：「怎麼靜悄悄的？都沒聽到人聲，佛陀不是有很多弟子嗎？是不是個個都埋伏起來要對付我了？」就是這樣子疑心生暗鬼，這就是人王。後來終於看見佛陀了，那可是大臣好好勸他，好好說明：「佛法之中是修學寂靜法的，都是很安靜的，從來都不喧嚣，大家各自安靜地努力用功修行，所以你聽不到吵雜聲音。」他才聽進去，終於見到佛陀，佛陀爲他說法，使他得到無根信，連初果都證不到。因爲他幹了大惡業，殺害父王還想殺母后，又聯合提婆達多來害佛；但是 佛陀慈悲，終究讓他大病痊癒。

所以人王的想法不同於法王，法王是諸法之王，於三乘菩提諸法究竟通達、究竟圓滿，也了知一切世間法，卻沒有任何世間法中的欲望，這才是法王！密宗那些所謂的法王都在世間法中貪著和用心，根本不是法王。那麼「如佛為諸法王」，究竟是依據什麼而成為法王？諸位當然知道，就是依據「此經」妙法蓮花妙眞如心；如果不是「此經」妙法蓮花，連聲聞初果都無法證得，更別說成為諸法之王的 佛陀。而我們前面所說的也已經夠多了：如果不是「此經」妙法蓮花能生一切法，就不可能有聲聞菩提、緣覺菩提、佛菩提，更別說依之修行而證得三乘的果位。

這是從世間法或者世出世間法來說，咱們不妨換一個角度，從世間法來說。世間法這個層面，假使沒有「此經」妙法蓮花，就不可能完成人們死後入胎的這一件事情；因為如果沒有「此經」妙法蓮花，在死後出生了中陰身，意識等六個心是無法去投胎的，那麼所有人就都不能去到未來世；色身壞了自身的六塵就不見了，那麼誰能成就入胎的事情？因為所謂入胎並不是只有入胎，還要能住胎；住胎之後還要能增長色身，有誰能增長色身？是意識嗎？

當然不是，因爲意識那時還不存在呢！

這時也許有人想：「蕭老師！您漏說一個識了，意根啊！」好！咱們談談看意根，看意根能不能入胎而住？意根是心，心不觸色法呀！意根如果入胎了，從前面進去就會後背出去了。因爲意根是心，碰不到物質色法，也就無法住胎呀！當然就會從左邊進入母胎時，立刻就從右邊出離母胎了；若是從母親的頭頂進去，又會從腳底出去了，因爲意根接觸不到物質，如何能夠住胎呢？所以意根辦不到。

假使有人不信，咱們再說明一下，如果是意根入胎而住，那入胎而住的心要幹什麼呢？要從母體的血液中攝取地水火風四大來製造身體呀！請問：你時時作主、處處作主的意根末那識，你這個恆審思量的末那識，能不能回想一下幾十年前住在母胎中，是不是由你作主的意根決定說，今天要長兩根頭髮、後天要長十根；今天要製造一根手指頭，下一週再造另一根手指頭，有沒有這樣？都沒有啊。你完全無知啊！所以意根不可能住胎製造你這個身體的。那麼眼等六識心又無法到下一世去，那又怎麼能夠入胎住胎呢？所以就只剩下一個心，叫作「妙法蓮華經」，也就是如來藏妙眞如心，才能夠入胎住胎製造你這個身體；這是所有已經明心的菩薩們可以現觀及比量推知的。

那麼也許有人想：「既然是你們唯證乃知，我們又憑什麼相信你？」說得有道理，那咱們就從聖教量上面來看：第三轉法輪諸經 世尊說的很清楚，就是這一個心製造了我們色身與覺知心的，第二轉法輪般若諸經也如此，乃至於初轉法輪的四阿含諸經中也如是說。所以在《阿含經》中 世尊說：「阿難啊！這個識如果不入母胎，能有名色嗎？」阿難回答說：「不能！」世尊又說：「這個識入了母胎以後，如果就離開了，能有名色嗎？」阿難說：「不能！」世尊又問：「這個識入了母胎以後，名色還沒有完全生長完成，這個識在中途就離開了，那麼會有名色出生嗎？」阿難說：「不會！」那麼 世尊又說：「這個識入了母胎，名色生長完成而出生了，然後這個識又離開了，嬰兒的名色能繼續存在嗎？」阿難也說：「不能！」

「名」中已經函蓋七個識了，因爲十八界裡面的意根就是第七識，這時識陰六識界加上意根可就是七個識了，這就是「名」。「名」有七個識，但有另一個識入母胎而出生了「名」與色，那個識難道會是七識之一嗎？當然不可能！所以阿含聖教中，已經很清楚爲大家說明確實有「此經」妙法蓮花，稱之爲如來藏心，在四阿含諸經中都只說是「識」，這已經證明不是由意根來入胎、住胎就能生長名色的，當然是第八識如來藏「妙法蓮華」。

那麼諸佛都是法王，依 佛陀在上面舉述的《阿含經》中所說，如果沒有「此經」妙法蓮花，能夠出生五蘊嗎？如果連五蘊都沒有還能夠修行嗎？所以「如佛爲諸法王，『此經』亦復如是，諸經中王」。不只是三乘菩提諸經中王，也是《新約》、《舊約》聖經中王，也是《道德經》中王，也是《古蘭經》中王。不管面對是外道的什麼經，「此經」全都是經王。因爲外道那一些經也得要依「此經」如來藏才能有，如果沒有「此經」如來藏，連外道都不存在了，還能有外道經嗎？

而「此經」妙法蓮花如來藏心就是一切萬法的根源，包括外道法也是從「此經」而生。因爲那一些外道知見偏邪，作了許多的邪思惟；有時被邪師作了許多的邪教導，因此就寫出了許多的邪經邪論；可是推究眞相的結果，其實那一些邪經邪論也都是從他們的「此經」妙法蓮花而出生的；因爲那一些外道經、外道論，也都是由他們的名色所造作出來的；而他們的名色則是由「此經」妙法蓮花出生的，並且還得要「此經」妙法蓮花的一切種子流注出來，他們才能夠造作那一些外道經論；所以你不要說：「『此經』妙法蓮花只是一切佛經中王。」不！包括外道經論中王。

這樣說明了，大家就會瞭解《華嚴經》中說的「三界唯心，萬法唯識」，那是不可移易的正理啊！有一句話說：放諸四海而皆準。那可說得太客氣了，我們要說：放諸十方三世無量億不可思議、不可思議恆河沙數阿僧祇劫之前之後，全都不可移易啊！所以你只要證了以後，用比量推究一下：「我發願死後要去極樂世界，那我上品上生去到那邊，立刻看到阿彌陀佛的時候，祂是否也是『此經』如來藏所化現？」你馬上就會下一個答案：「是！」再換個方向來作比量推究：「我從極樂世界回到娑婆而不停留，再往東方去，去到藥師佛那邊看看。當我見到了藥師佛，祂是否也是『此經』妙法蓮花所化現？」馬上又下一個答案：「是！」東方、西方都比量推究過了，那麼南方、北方、上方、下方、西北、西南、東北、東南，十方世界諸佛是否都是如此？馬上又會下一個結論：「是！」沒辦法推翻的。所以你一定會信受世尊開示的這一段聖教：「如佛為諸法王，『此經』亦復如是，諸經中王。」

那麼談到這裡，〈藥王菩薩本事品〉請大家來看看，他為什麼稱為　藥王菩薩？他的前身是什麼？是一切眾生喜見菩薩；他什麼時候布施過藥給人家？是什麼時候？並沒有啊！然而他為什麼叫作　藥王菩薩？因為他布施了好多專治生死病的藥給人家。把治一切生死病的藥不斷布施出去了，布施很多了才是藥王。去買好多的藥品送人家，那在佛法中連藥童子都還談不上，連藥小兒都還談不上，何況能稱為藥王？那　藥王菩薩憑什麼成為　藥王菩薩？正是憑「此經」妙法蓮花，所以說：「『此經』亦復如是，諸經中王。」眞實不虛。好！再來聽　世尊的開示：

經文：【「宿王華！『此經』能救一切眾生者，『此經』能令一切眾生離諸苦惱，『此經』能大饒益一切眾生，充滿其願。如清涼池，能滿一切諸渴乏者，如寒者得火，如裸者得衣，如商人得主，如子得母，如渡得船，如病得醫，如闇得燈，如貧得寶，如民得王，如賈客得海，如炬除闇；此《法華經》亦復如是，能令眾生離一切苦一切病痛，能解一切生死之縛。若人得聞此《法華經》，若自書，若使人書，所得功德，以佛智慧籌量多少，不得其邊。若書是經卷，華、香、瓔珞、燒香、末香、塗香，幡蓋、衣服，種種之燈：酥燈、油燈、諸香油燈、瞻蔔油燈、須曼那油燈、波羅羅油燈、婆利師迦油燈、那婆摩利油燈供養，所得功德，亦復無量。」】

語譯：世尊開示說：【「宿王華！『此經』是能夠救護一切眾生的，是什麼原因呢？是因爲『此經』能夠使一切眾生遠離種種的苦惱，『此經』可以大大饒益一切眾生，使一切眾生的心願可以充滿。猶如清涼池，能夠滿足一切既渴又乏劣的有情，就好比寒冷的人得到火的溫暖，猶如赤裸者得到了衣服可以遮體，猶如商人得到了領導人，猶如孩子得到了母親，猶如渡水之人得到船筏，猶如痛病之人得到了醫治，猶如黑暗中的人得到了明燈，猶如貧窮人得到了寶貝，猶如失怙的民眾得到了國王，猶如貿易買販之商客得到了大海，猶如火炬除去了黑暗；這《妙法蓮華經》也像是這樣子，能夠使一切眾生遠離一切苦、一切病痛，能夠解除一切生死上的繫縛。如果有人能夠聽聞到這部《法華經》，或者自己書寫，或者勸導別人書寫，所得到的功德，以佛的智慧來籌量究竟有多少呢？結果是不得其邊啊！如果書寫了這部《法華經》的經卷，用華、香、瓔珞、燒香、末香、塗香來供養，又用幡蓋、衣服，和種種的燈：譬如酥燈、油燈、種種香油燈、黃色香花煉製成的油燈、灌木類的黃白色的悅意花製油來點燃的燈、重生花油燈、雨生花油燈、雜花油燈來供養，所得到的功德，也同樣是無量的。」】

講義：這裡先提出來說，《妙法蓮華經》能夠救護一切眾生。到底是什麼原因能救護一切眾生？答案是這一部《妙法蓮華經》可以使一切眾生離開種種苦惱，而且這部《妙法蓮華經》能夠大大的饒益一切眾生；不但饒益，而且「**充滿其願**」。在這一段開示中有三個地方說到「此經」，現在先不論它，後面再來說。「**此經**」是講如來藏心，在這一部經文裡面稱之為「**妙法蓮華**」。「**這一部經**」能夠救護一切眾生，說出來以後一定要提出原因，不能只是說了就算數。那麼 世尊說出了兩個原因：第一就是「**能令一切眾生離諸苦惱**」。

為什麼「此經」能令一切眾生離諸苦惱？初學佛的人不能理解「此經」的意涵，心裡面想：「**大概是因為我每天課誦『此經』，或者禮拜『此經』，因此我就可以得到佛菩薩庇祐，家庭和樂事業成功，就不會有煩惱，沒煩惱就沒痛苦了。**」佛教界幾十年來，或者說兩、三百年來，不都是這樣解釋的嗎？何曾聽誰講過說「此經」妙法蓮花就是如來藏，又有誰講過如來藏能使人離諸苦惱呢？然而當她們那樣講過或想過一段時間，若是有一些事緣使她在寺中不順遂或家庭不和樂，於是就怪「此經」：「這部經典沒有保佑我啊！我每天課誦、我每天拜這部經，都沒有保佑我，還說什麼『能令一切眾生離諸苦惱』？」也許再過個一、兩年，經濟環境不好了，所以她先生的公司營運也變得很差，快要關門了，她也怪起來：「『此經』都是騙人嘛！我每天唸經誦經，也沒有保佑我先生事業成功。我每天都這樣祈禱，都沒有實現，還說什麼『充滿其願』？」又怪起來了。

可是從實證者所讀的「此經」來說，她那個見怪眞的沒道理；因為佛說的「此經」妙法蓮花是講如來藏，不是講這部經典的經卷；而且她對這經卷中的義理並沒有如實理解，那她拜經、讀經怎麼會有大功德來「離諸苦惱」呢？所以一定要先弄清楚「此經」兩個字到底指什麼。那麼諸位既然知道「此經」這兩個字講的就是我們的第八識「妙法蓮花」了，因爲已經瞭解到我們的第八識就像蓮花一樣：在淤泥之中卻是自身清淨的，又能生五蘊等諸法，所以就是第八識如來藏妙眞如心。

那麼在我們實證「此經」之後，就開始轉依了；轉依「此經」妙法蓮花以後，在世間法上的計較就開始減少了；以前常常想要得到非分之財，現在不想了；以前常常想要得到一些不如法的事情或者財物，現在也不想了；以前打妄想說：「我開悟了以後就成爲聖人，大家都要禮拜我、供養我，連我老媽老爸都要供養我。」現在也不想了。爲什麼不想呢？因爲發覺：「不單單是我有『此經』，我老爸老媽也有啊！」這樣一想就說：「憑什麼要我老爸老媽供養我？我生爲人子人女，是應該孝順他們才對呀！」所以本來想著說：「老爸應該分一些財產給我吧！等到他死後，那要等到什麼時候？」現在想：「不對呀！從『此經』來看，正當得了的時候，眞我的境界中根本也沒得啊！從現象界來看，我這個五陰得了財產也就這麼幾十年，一樣會過去，一樣要失去。」想一想，以前那一些煩惱起得沒道理，所以那些煩惱就把它滅了，這不就「離諸苦惱」了嗎？

在皇宮裡面最大的禁忌是什麼？就是太子開始結黨了，皇帝馬上要處理他。因爲他一旦結黨，接著就會篡位，不等老爸死了，他就先把老爸趕下來，甚至弑父。那我們會裡面要不要這樣想說：「現在哪個老師在結黨了，我得要趕快把他砍頭？」都不需要！因爲若是眞的有人要來接我這個位子，我可樂得輕鬆，本來就買好家鄉的地，預備著要歸隱山林了；不是歸隱山林，應該叫作歸隱田園。可是沒有機會，不是我不想歸隱，是這些慈悲的老師們心腸「不好」，想要我繼續利樂大眾而不讓我回家，一個個把我扯住；只要稍微漏一點口風，談到什麼「歸隱」兩個字，大家馬上就來電話了，沒有一個准我退隱。所以只有我們這裡不需要處理，因爲在會裡結黨的人，只會失去更多老師、同修們的支持，是自外於更多的同修們，在法上和地位上都得不償失。

就好像　佛陀帶領著僧團時，佛陀根本沒有想要當領導人；但提婆達多一天到晚說：「佛陀！您應該要退位，讓我來領導僧團。」有哪一個阿羅漢想要聽他？他一個凡夫而想要領導阿羅漢僧團和菩薩僧團，有誰會同意？可是世間法裡面就不是這樣，世間法裡面勾心鬥角處處提防，那煩惱當然是一大堆，而且好像樹根一樣糾結在一起，理也理不清。可是當你證得「此經」妙法蓮華的時候，看一看這些事情，根本不需要去爭執。所以我心裡面想：希望我下一世再來的時候同修會還在，那麼我也進入同修會，就當一個小老師就好；大師給大家去幹，我帶一個禪淨班教下去就行了！沒有人知道我是誰最好，這樣最輕鬆，反正大家都可以承擔起來了，我強出頭幹嘛？不是自尋煩惱嗎？眞的是自尋煩惱。

以前寫書，一年半載出個一本就覺得說，這樣行了。現在每兩個月要出一本，然後電子郵件剛開始每天一封、兩封，一天開兩次信箱就行了。現在信箱一打開就是八封、十封，回信回完已經一個鐘頭；正要關起來回到寫書的另一臺電腦去，郵件又來了，又開始回信；回完要關起來時，前面回掉的信件人家又寄回來說事情了。最近這一週平均一天三十封，三十封不是問題，問題是有的信一來就附帶一篇文章「絡絡長（臺語）」；有的一封信來時附帶三篇小品文，有時附帶電子報的稿子，那麼一封信要處理幾天？有時一天、有時要兩天，而其他的信還會一直寄過來。所以我一部《實相經宗通》整理到一半就停下來，已經停止進度一個多月了，直到昨天才全部處理完，終於又回到《實相經宗通》來趕稿。唉呀！你說這不是煩惱嗎？好在咱們沒有痛苦，所以不叫苦惱，只稱爲煩惱：這一些事情忙個沒完沒了。

所以下一世我回到同修會的時候，什麼都不要講；看哪一位親教師要當我的老師，我就跟他學；學好了可以出來教學，那我就繼續教學；該作什麼我就作什麼，都不要出頭，讓他們去出頭，這樣我就輕鬆了。但前提是我們這一世要把基礎打好，打好了我來世就可以輕鬆了。至於能輕鬆幾世呢？就看我們這一世有多努力，就看諸位多麼幫忙。如果我很努力，諸位很肯幫忙，那我未來可能十世以內都不必再出頭，可以很輕鬆過菩薩的日子，這樣就沒什麼煩惱啊！

一心想要出頭，要營造大道場，那都是苦惱啦！不只是煩惱，那是很苦的欸！就好像正覺寺現在周邊還有好些地都沒買好，他們都拉很高的價錢獅子大開口，咱們乾脆暫停不建，種松樹，慢慢來談土地。就先把松樹種了再說，暫時不蓋了；等到他們看我們不蓋了，願意照行情價賣了，我們再買來蓋，不急。我現在倒是先擔心著，到時候動工起來，我又得累死了；未來可要多找幾個人來幫忙，不然三天兩頭要跑工地，那會累死人的，而且我現在有年紀了，又好多稿子要趕著整理出來印書流通，眞的是煩惱。

可是煩惱的是誰呢？煩惱的是五蘊，就只是應該把它處理好，但沒有苦惱，因爲是願力所在而必須去作。所以在這些事情當中不斷地忙著，在辛苦的時候心中無苦，因爲轉依了「此經」，心中也就沒有煩惱了；該作的就去作，也就沒什麼好苦惱的。正因為「此經」的緣故，如果有一天被冤枉了，要去坐牢時就去牢裡坐啊！進去裡面正好修定，我今生已經沒機會進修了，這時候修定最好，因為在那裡面誰都不會來打擾：不會有電話，不會有e-mail，不會有任何打擾，最清淨了。但我為什麼能夠這樣想？因為轉依「此經」成功了！

既然轉依了「此經」妙眞如心，看看「此經」這個眞我，祂完全沒有煩惱，祂才是眞我啊！再從「此經」來看待一切法，可都不重要了；然後再依於「此經」的境界，來看「此經」壽命無量無盡，而咱們五蘊一生只有百歲，少出多減，相較於「此經」來說，不就是那一句成語嗎：「猶如白駒過隙。」就好像一匹白馬跑得很快，你看著地上這一條縫，牠經過那一條縫，需要多少的時間？從如來藏的壽命來看——假設如來藏有壽命——從祂的壽命來看人之一生百年，就好像白馬奔過那一條縫的時間一樣短，是那麼快就過去了，那又計較什麼？

所以若是眞要計較，當然是眾生的法身慧命以及正法能否久住，是正法能否純清而不雜邪穢，是正法能否廣利人天；不計較自己有什麼利益，因此就離開一切的苦惱了！一定有人想：「你蕭老師講得這麼好聽，我才不信。」這也正常，我也接受這樣的想法，畢竟各人的心量不一；我的想法、我的所見是如此，所以我才會成爲當代佛教界的異類呀！當代佛教界有誰出來弘法時不收錢財、不收供養的？沒有嘛！縱使有，也是已經收了供養，後來聽說正覺的蕭平實都不受供養，然後才轉而捐給道場，何曾有誰一開始就點滴不收的？

那我出來住持正法，不求名不求利，我爲的是什麼？不爲什麼，就是爲眾生的法身慧命，爲正法能否久住、能否廣利人天而已。可是並非大家都能想像我的心境，所以有人懷疑我，也都是正常的。因爲　佛早就說了：「**佛看眾生時眾生是佛，可是眾生看佛時，佛只是眾生。**」這本來就很正常呀！但是我相信諸位有一天一定會體會到我這樣的心境，這是離諸苦惱的；當你有一天永伏性障如阿羅漢，或者說有一天你實證了阿羅漢果而迴心菩薩道，你自然就會瞭解。那麼由此來證明說「**此經**」能令一切眾生離諸苦惱，眞是如實語啊！

接著說「**此經**」能「**大饒益一切眾生，充滿其願**」。也許有人又想：「**眞**

的嗎？我想要獲得一百億元臺幣，能充滿我願嗎？」我說：「能。」但你不要只看這一世，「此經」價值何止一百億元臺幣？不要太小看祂了！不說長遠的，單說眼前好了，假使有人說：「我出一百億元臺幣，買你的『此經』，你賣不賣？你賣不賣？」你若是賣了，馬上沒命，有錢也用不著欸！這倒讓我想起一部西洋名著，說是用自己的靈魂跟撒旦交易，大約是一樣的道理。其實他們所謂的靈魂都只是中陰身，但他們不知道自己所定義、所期待的靈魂功能，其實就是我們說的如來藏；只是他們不懂，對於靈魂只成爲一種想像，說是一個有影像的東西，其實就只是中陰身。

那麼以一百億元買你的「此經」，這個事情且不談它，就來談談如何能「充滿其願」；在佛法中，世尊說過往昔無量劫前，曾經供養了辟支佛一餐飲食，所以無量劫中世世都當轉輪聖王。當轉輪聖王時所擁有的財產，會只有臺幣一百億元嗎？想想看：鐵輪王王於南瞻部洲，那是多少財產？至於銅輪、銀輪、金輪王，且就不談它。如果你身爲實證的菩薩，捨報後有一個國家需要你去治理，所以要你去那個國王的皇宮裡投胎當太子，你可不可以去？可以！願不願意去？不願意！爲什麼呢？因爲你悟了之後，看看說：「我下一世如果去那裡當了國王，我的道業是不是要退步？」是了！所以不願意去。

但是如果爲了護法的因緣，你必須要借用將來那個國王的職務身分，那你就得去王宮裡投胎當太子去。你去當了國王，整個國家歸你所有，何止臺幣一百億元？這樣是不是「充滿其願」？是啊！至於其他的，以此類推就知道了。所以你只要實證了「此經」，未來世有這個功德，你要往生到何處去，全都由著你，別人都得讓你；除非來個上位菩薩同樣要使用那個母胎，你得要讓他，否則一切眾生都不能與你爭執，因爲你有功德在身啊！所以只要證得「此經」，一定可以「充滿其願」。好，今天講到這裡。

《妙法蓮華經》今天要從一百八十二頁最後一行繼續說起：「如清涼池，能滿一切諸渴乏者，」這句的前一句經文，是說這一部《妙法蓮華經》如來藏，是「能救一切眾生者」，也「能令一切眾生離諸苦惱」，還能夠「大饒益一切眾生，充滿其願」；接著下來用一連串的譬喻來作說明：「猶如清涼池，能夠滿足一切口渴以及疲乏的人。」譬如一個旅人在旅途中來往，已經一個早上或一個下午了，正好又是炎熱的天氣，他既口渴又疲乏，四處都是大太陽，他想要找一個休息處，那得要有一個清涼池才能休歇。

這個譬喻在天竺雪山山腳下，都是很適切的，因爲天竺除了十一月、十二月稍微沒那麼熱，其餘時間都很熱。如果是五、六、七月，是既熱又濕，不像我們這裡既冷又濕。臺灣最近是既冷又濕，眞要下雪了倒不怎麼冷，因爲不濕；這幾天溼度計都是八十四到八十五，除濕機不斷地轉，每一個房間每天都有五公升的水，所以希望的是暖暖的陽光；但是在天竺，大部分時間都很熱。一九八九年我們去天竺朝禮聖地時，因爲太熱，所以就不穿內衣，把藍色外衣直接穿上去；到晚上回到旅館要休息時脫下來，衣服上面都已經畫上地圖了；因爲乾了又濕，濕了又乾，上面鹽分分布時就好像地圖一樣。

所以天竺那麼熱的天氣，你在外行走，假使中途有一個池子，水是乾淨的，池子周遭也都有樹木時，這就叫作「清涼池」，這才好休歇；否則一路上那麼炎熱，地面上的熱氣熏上來，你沒辦法休息的，只能繼續往前走；如果一個長途旅行的人，中路遇到清涼池就太好了，既解決了口渴，還可以用水把身子沖一沖，可以解掉暑氣了。可是「此經」爲什麼能夠使人解除渴乏？這是一個必須要正視的題目啊！因爲經中之所說絕對有它的意涵，譬如人間，大家最渴乏的是什麼？無非兩種：就是財物以及親屬間的感情。如果沒有財物，連生存都有困難；如果有財物，可是眷屬一個一個離去，爹娘不疼，子女不孝，配偶也怒目相向，他就會很痛苦。

又如一個圓滿的家庭，突然間大家開始疏遠他，他就會很痛苦，所以世間最渴求的無非是這兩樣；這兩樣滿足了，才會再去追求名聲、地位等等。至於生活的藝術——所謂禪的生活，這些都是其次又其次了。如果在這上面有所渴乏，每天一大早就出門奔波，每天要到很晚才能回到家，洗個澡塡飽肚子就得要上床休息，明天又是一大早出門，這可眞是渴乏者。如果遇到了個貴人，往世欠了他的情，今天來報恩了，他就不再渴乏；不再渴乏時身心就安頓下來，於是說：「現在好快樂、好快樂。」因爲由儉入奢易。

那麼在佛法中修學的菩薩們亦復如是，十年、二十年、三十年；也有人學佛四十年，學那麼久了，始終不得其門而入；每天跟好同學、好同修相聚時就是感嘆：「三藏十二部經浩如煙海，無從下手！」眞的啊！浩如煙海，盡其一生都讀不完啦！有的人也許想：「哼！此說不然。想那雲林老人《大正藏》也曾讀了六遍，怎麼會讀不完？」但我還是說讀不完，想想看，成佛三大阿僧祇劫，這還是有佛菩薩指導，才能在短短三大阿僧祇劫成佛；那他成佛的時候就表示過去至少讀「此經」已經三大阿僧祇劫了，短短一世怎能讀得完？要這樣來瞭解「此經」。

且不談「此經」，就說三藏十二部經的經卷；縱使從頭到最後，讀上十百千遍，依舊是讀不懂，因爲眞的浩如煙海啊！好像煙、好像海一般，他怎麼會讀清楚？大海廣闊無垠，海面又籠罩著很多的煙雨，怎麼讀得清楚？當然也就讀不完。可是一旦進了正覺同修會，打過了禪三，找到了如來藏又不斷地磨練考驗，過五關、斬六將，終於拿到金剛寶印了，這時你眞的就像渴乏者遇到了清涼池，所以心中感動莫名！感動於誰呀？感動於「此經」如來藏啊！

以前學佛三十年、四十年，也曾被大法師印證過開悟了，沒想到回到家三藏十二部經依舊讀不懂；且不說那十二部經，單單禪宗禪師開悟的公案請了出來，一翻兩瞪眼，互相對看，誰也不理誰，全無交集。但這回終於通了：「唉呀！原來如此！」這時腳踏實地，一點都不虛，所以心中本有的熱惱全都消失了，這不就是「消除渴乏」了嗎？因爲從此開始有個眞正的歸依處，心中踏實得很，身心也就不乏了。接著讀經時，每天有無盡的法乳可以喝，再也不渴了。所以說「此經」「如清涼池，能滿一切諸渴乏者」。可是尋找清涼池的時候可要留意，有時人家也會模仿清涼池，弄個水池種了樹，等你渴乏的時候走過來，沒想到喝了以後卻是中毒；那水裡有毒，所以連池邊樹上長出來的果子也不能碰，因爲同樣有毒；所以這個「清涼池」有一定的定義，裡面所裝的全部都是兩種甘露法門的妙法法乳，這才可以喝。

接著說「如寒者得火」。假使天寒地凍，孤身行腳在外，偏又沒有衣服可以添；即使找到一個能夠阻絕強風的背風處，休歇了下來，但是衣服穿得太少，還是冷啊！想方設法無計可施，這時最希望的就是向火，有個火可以讓你面對身體烘一烘、手烘一烘，可就太棒了。學佛時也是一樣，諸位都聽過一種說法：「念佛一年，佛在心田；念佛兩年，佛在眼前；念佛三年，佛在西天。」何以如此？因爲無法淨念相繼而沒個把握，無可依憑。有的人學佛五年、十年以後，跟他剛學佛時完全不同；剛學佛那前幾年，熱心到不得了，道場所有的義工執事無役不與，每天都在道場裡幫忙。到了第五年時開始鬆懈，第六年時每週去幫忙一趟，第七年以後是過年過節才去參訪，第八年、第九年以後完全回到世間法中，連一句佛號都不唸了。緣何如此？因爲他心裡面覺得虛，最後就寒心了！於是離開佛法，而且全家都投入世間法中，再也沒有一個人願意學佛了。爲什麼如此呢？因爲心已經寒了！大和尚告訴他說：「這樣就是證得佛法。」大和尚印證他說：「這樣就是開悟。」可是他後來發覺根本不是這回事，付出那麼多的財物護持，加上一家老小那麼努力去作事護持，結果被矇騙了。然後去請問師父說：「人家說我們這樣不對，我聽人家說得有道理，那師父您爲什麼不提出來解釋一下：您這樣爲何是正確的開悟？」那師父說：「不要管人家說我們對不對，我們自己認爲對就是了！」可是他回家以後再三思考、再三檢查，都發覺是不對，因爲師父教給他所謂的實相念佛，其實跟外道那一些宗教的境界一樣，同樣都是在意識之中。再怎麼問，師父還是這麼答，最後心寒，於是就離開了，連佛號都不唸了。

這種寒心的現象並不是少數人，其實是有不少人。那問題是他比較初機，所以不斷碰壁以後，心寒也就退轉了；但諸位不一樣，有的人福氣好，是因爲往世修得的福德，所以一開始學佛就走進正覺同修會來；不管人家怎麼樣罵說：「那是在家居士，那是邪魔外道。」就是不理會，因爲自己經過很多方面的檢驗、比較、衡量，所以心得決定，毫不猶豫。但有的人可不一樣，他們走過好多道場，只要什麼地方有道場說是開悟了，就去求悟；我們也有同修曾經去打過兩個七七四十九天的禪七，被大和尚印證開悟以後回到家裡，滿心歡喜，就把祖師的公案請了出來，心想：「這回一定讀懂了。」沒想到才一讀，依舊是兩兩相望，沒有交集：他看著公案，公案看著他，雙方沒有交集，依舊讀不懂。

最後看到我們的公案拈提，找到同修會，一頭闖了進來，證悟之後心想：「我這一回，回家再看公案，不知懂不懂？」回到家裡請出來一讀，唉呀！有交集了，原來公案跟自己是好朋友，講的都是家裡自己底事啊！這時不再心寒，因爲他得到了智慧之火，照明了一切黑暗；滿屋子的黑暗雖然已經暗了一千年，這一把智慧之火點了出來，既溫暖又光明，屋子裡的黑暗與陰寒之氣全部消失了，這不就是「如寒者得火」嗎？

可是千萬要小心，看見了邪火、鬼火時，可千萬不要靠近！當然諸位都知道什麼叫鬼火、邪火；看見人家供奉的唐卡，不管畫的是單身或雙身的佛像，那火焰好猛烈，有沒有？渾身周遭都是猛火，千萬不要靠近；雖然身體極寒，你也不要靠近；因爲從極寒突然到了極熱，你會被燒焦了，法身慧命就別提了，因爲佛菩提種會被它燒壞，所以還是得小心。

可是當你證得「此經」的時候，從「此經」如來藏來看時：果然清淨猶如蓮花，能生萬法。這時讓自己生起智慧之火，滅除寒冷與黑暗，也就是滅除無明。這時再也不心寒了，以前有時抱怨說：「我每天供佛，每天求佛，每天求觀世音菩薩加持我，讓我遇見善知識。一求就求了二十年，都沒遇見。」開始心寒了，每天上供時心裡面總是有一個很大的問號：「佛菩薩爲什麼不幫我指引，都不理我？」心中的寒氣越積越重啊！等到有一天找到「此經」了就說：「啊！原來如此，因緣沒有成熟的時候，佛菩薩能怎麼安排我遇見善知識？」眞的沒辦法安排。

譬如有的人，佛菩薩幫他安排了善知識，一年之中給他見到六、七次，也對談過了，但他卻想：「唉呀！你這個人沒什麼名氣，又沒什麼大道場，這算什麼善知識？我還要跟你學嗎？而且你講的法跟人家大山頭大和尚講的都不一樣，這應該不是佛法。」於是再也不跟善知識見面了，那你說，佛菩薩能奈何他嗎？所以他只能不斷地心寒下去。後來遇到一個失散十幾年的好朋友，聽說這位好朋友也在學佛，這一談起來，可眞不得了，這位好朋友智慧這麼高，心想：「他講的是什麼勝妙法，我竟然聽不懂。可是他講的都有道理，我又無法推翻他。」終於低下心來請問：「請問，你這幾年來到底是怎麼學的？」對方說：「也沒什麼，我就只是每週去上一次課而已。」「這麼簡單啊？不然你幫我報個名。」「好啦！半年後有班，你可以來，我先幫你報名。」半年後來了一看：「原來是正覺。（大眾笑⋯）我就不想來這裡學啊！怎麼又跑到這裡來？」也好啦！後來總算也可以開悟，這也不錯嘛！

所以本來已經是很心寒的，但是後來經由種種因緣而可以走進正覺的大門，就表示他有眞正覺悟的希望；如果一直拒絕走進來，那他等於把自己覺悟的希望給封閉了，那心頭的寒就永遠無法消除，只好每天抱怨佛菩薩不太照顧他；於是每天一早上供時就拖拖拉拉，不太情願地拖到十點以後才上供；再過一年拖到十二點了才上供，再過三年則是拖到晚上才不情不願去上供，然後再過幾年總是常常忘了上供，也覺得沒什麼。這就是他心頭寒氣很重，覺得佛菩薩不照顧他。但問題不在佛菩薩，而在他自己啊！所以如「寒者得火」的事，也得要有智慧去判斷，人云亦云就會走錯路，永遠沒有機會遇到溫暖的火堆了。

那麼接著說：「如裸者得衣。」不曉得你們有沒有作過一種夢：有時候夢中渾身光溜溜，一絲不掛走在路上，就覺得「怎麼辦、怎麼辦？」沒地方躲，對不對？欸！可怪喔！我作過幾次這個夢，但我都不躲人，很坦然就在路上走著：「欸！你好！你好！你好！」（大眾笑…）這有什麼可以覺得羞赧？沒有呀！很坦然啊！應該如此。你如果覺得羞赧，就落在五陰裡面，那是你用意識在檢擇說：「唉呀！不好意思見人。」不好意思，就是用意識在檢擇了。但是走著、走著，你心中想：「不過是一場人生大夢啊！對啊！就是夢！」然後你就可以醒過來了。

但一般人都是在赤裸的時候覺得很不好意思，難以見人，那時如果給他一件衣服遮身，他就會覺得很安心，一般人都是如此。同樣的道理，有的人學佛二十幾年、三十幾年，有的人出家二、三十年，遇到親朋好友開口問：「您學佛這麼久了，很有智慧了，」因為學佛就是修學智慧，「那您開悟了喔？都已經學這麼久了。」因為世俗人不知道開悟很難，他們想說，出家人是專業修行人，只要年資夠了就可以開悟。是算年資的，所以你如果學佛三年就開悟，沒有人會相信你。如果你學佛五十年後，一直謙辭說：「唉呀！別讚歎我，我還沒有開悟。」人家也會說你開悟了，因爲你都學佛五十年了。那麼開悟的時候就好像「裸者得衣」，人家問起來說：「你開悟了？」你說：「欸！還好、還好。」有一句話叫作什麼？「沾光、沾光」，心中不再覺得羞赧。

以前我們同修會還沒有成立時，我在三個地方說法；有一回除夕的前一天，也就是小除夕，有位法師他們寺裡在那一天禪七結束，他請張老師作引薦人，找上門來，說是要請法，我跟張老師說：「如果是要來作說客，那就免了。小除夕，大家都很忙。如果他是要請法，可以答應他來。」結果說是請法，來了以後講了差不多半個鐘頭，我看並不是請法，我就問：「你今天不是來請法的，那你目的是什麼，能不能告訴我？」於是才提出來說：「師父說了，你很喜歡弘法幫助大家，所以請你來我們全省各個道場巡迴去說法。」我心裡面想：「有什麼條件？」一定是有條件的，結果是叫我那一本《念佛三昧修學次第》不要出版。那時並不是這個書名，那時預定要出版的名稱叫作「念佛法要」。這是因爲我們在中央信託局講的錄音帶，第二天就會去到他們那裡去；他們聽到我說：「虛空粉碎不是開悟，大地落沉也不是開悟，那都只是定境。」恐怕出版了會影響他們的聲譽，要求我不要出版作爲條件。

我當場婉轉地回絕，因爲他們所謂的開悟是意識心想著放下一切；是意識心打坐時，坐到沒有妄想，心花朵朵開，說這樣叫見性。但那都是意識境界。咱們指導人家是證得第八識如來藏的境界，那我若是應邀到他們全省各個分處去巡迴說法時，我要說哪一種法？我是要說我所悟的如來藏呢？或者要說他們所講的意識境界而說是佛法？我如果說了如來藏的妙義，他們能接受嗎？一定不會接受！隨即就會找我去洗我的臉；如果我用他們的意識境界去講佛法，那我將來捨壽要不要被 佛陀敲腦袋？一定要！這是兩難的事啊！所以我只好婉轉拒絕了。

此時這位法師就說出他心裡的話：「你們都說半年就明心又見性，」因爲那時我們眞的半年就明心、見性兩關一起過，後來當然發覺其中有好多人見性是沒有看見的，這且不談它，「我啊！只要三十年可以開悟明心就很高興了，不敢談什麼見性啦。」當時我就像 克勤大師那樣，手舉起來就這麼一個手刀砍下去說：「好！就給你三十年後開悟明心！」然後我說：「佛法的實證是一念相應慧，不在於時間的長短；你修一年後若是開悟了，也是一念相應；修三十年後開悟時，也是一念相應。不是像修定一樣漸漸累積起來的，你怎麼會這樣妄想。」可是他聽不進去，於是後來不了了之。

所以一般學佛人的想法很奇怪。你學很久了開悟，大家就會承認；你如果像蕭平實今生學佛前後五年（其實不滿五年），就說他明心又見性了，其誰能信？可是學佛並不是只有看這一世呀！是要看過往的無量世累積下來的。所以假使學佛三十年、甚至於出家三十年，都還不知道佛法是怎麼回事，那他會覺得羞於見人；羞於見人又沒辦法解決時，他想出一個好辦法來解決，就說：「唉呀！末法時代談什麼開悟，那是聖人們的事。」以前我們去杭州南路見一位大法師，專門教持名唸佛的大師，現在跑去大陸很有名了，他就是這麼講的，意思是說：「開悟是聖人們的事，你如果是聖人再來才可以開悟，凡夫永遠不能開悟。」這還能叫作佛法嗎？那麼依他的意思，凡夫就永遠是凡夫了，菩薩永遠是菩薩。那就好像一神教的教義一樣啊！

一神教說上帝永遠是上帝，本來就是上帝，而上帝所牧養的羔羊永遠就是羔羊，要是什麼時候被上帝宰了吃了，也只能自嘆命薄，是不是？因爲上帝吃肉啊！怪不得那位去大陸弘法的大法師，去年也會跟著一神教外道一樣對大家說：「世界末日要來了！」這還能叫作佛門的法師喔？三千大千世界成住壞空的道理，他到底懂不懂？所以大陸政府說他擾亂民心，就封殺他了。這眞是沒智慧的人，虧他跟著牟宗三學哲學；哲學家都不講世界末日了，他一個佛門的法師，竟然跟著外道這麼講。

可是假使有一天終於證悟了，出家四十年、五十年，再也不怕人家問了。當人家說：「您出家這麼久也該悟了吧？修學佛法那麼久也該親證、實證了吧？」這時再也不會覺得慚愧，眞可說是「無慚無愧」。爲什麼我說是「無慚無愧」呢？因爲妙法蓮花眞如境界中本來就無慚也無愧，有慚有愧的是意識心的境界啊！這才是眞正具足慚愧心所法的聖者。此時他就敢開口說：「對啊！我最近才終於證實了：佛法確實是可以實證的。」他就敢說了，看來好像變得沒有慚愧了，對不對！然而眞正懂得涅槃實際中的境界是永遠都沒有慚愧的人，才是眞慚愧啊！

所以當人家輾轉聽到說：「這某某法師，名不見經傳，竟然敢自稱開悟了，無慚無愧。」人家話傳過來說：「欸！某某大師說你無慚無愧。」沒想到他竟然回應說：「對啊！我本來就無慚無愧。」「你怎麼學佛學到這麼久以後還變成無慚無愧？」「對啊！因爲我這個五蘊是假的，眞正的我是無慚無愧的，因爲祂無慚無愧，我現在才懂得什麼是眞正的無慚無愧，然後才能夠有智慧，你想要問的佛法我可以爲你解答，這樣才是眞正的有慚有愧。」對方不信邪，問將過來，一個問題又一個問題，輕易都解答了；他這時還需要覺得慚愧嗎？不必了！豈非「如裸者得衣」？

本來就沒有實證的，人家都看得清清楚楚說：「即使出口成章引經據典講出來，也還是意識境界。」所以他在講臺上一面講、另一面腳底下虛虛的，於是就覺得慚愧。可是有一天實證了，就好像赤裸的人終於有衣服穿了，大街南北都可以走得，於是不需要見了人就羞赧，這就是「如裸者得衣」。可是現在佛教界有很多人羞恥於無所修證，於是心想：「唉呀！大乘佛法已經不可能實證了，不然我就學南傳佛法去吧。」他們如今學了南傳佛法，已經落在我很久以前的預記之中。

我出來弘法不到五年就說過：「佛教界很多人將來會走南傳佛法的路，因為他們不信這個蕭平實講的法，更不相信可以實證，未來他們只好往南傳佛法去求。」果不其然，好多人走入南傳佛法中。當他們走入南傳佛法一、兩年後，我又說：「再過不久，他們遲早又會走到密宗去。」果不其然，他們又跟著走去密宗裡了。可是他們沒想到的是，當他們走入南傳佛法以後，我開始公開說：「現在南洋佛教沒有阿羅漢，連初果人都沒有。」他們心裡面氣憤塡膺，出口破罵：「哼！蕭平實好狂妄！」結果呢，後來不是已經證實我說的正確了嗎？

這是因為南傳佛教都不讀《尼柯耶》，又讀不懂漢傳的四大部阿含諸經，他們只讀覺音論師寫的《清淨道論》。可是覺音論師寫的《清淨道論》中，連如何證初果、如何斷三縛結的理論和實務都沒寫出來，因為他自己都不懂。他本身就沒有證初果，那他寫的論能幫人實證初果嗎？不可能嘛！連初果都不能實證，又如何能證阿羅漢？於是最後證明那些所謂的阿羅漢，什麼阿迦曼、阿姜查，還有朗波田，還有一行禪師、葛印卡，全都是凡夫嘛！他們的書籍等等，已經證明他們都沒有斷我見。這一下沒得走了，只好再轉個彎，於是一轉便轉到密宗去了。

不轉倒也還好，頂多是當個凡夫，後世繼續輪轉生死；這一轉可不只是死胡同而已，而是掉下懸崖去了，萬劫不復。可是他們沒想到的是，當他們即將走入密宗的時候，我已經策劃著要寫《狂密與眞密》了。所以他們到最後一無所成以外，還犯下惡業，幫助了密宗擴大聲勢而成就共同壞法的大惡業。結果最後，還是得要偷偷回來買蕭平實的書，晚上安板以後關起門來，把窗戶也關起來，窗簾拉好了，開了檯燈在那邊讀。可憐不可憐？可憐啊！但問題出在哪裡？問題出在知見錯誤，又有慢心而不服人。

他們老是認爲說：「啊呀！那個蕭平實，學佛前後才五年就自稱開悟了，他懂什麼！」於是不信邪，就一直在網路上貼文質問。他們剛開始說：「他只懂禪啦！他不懂中觀啦。」「他只懂禪，他不懂唯識啦！」就這樣一直講出來，但他們每講一種，我就寫一種；現在好像他們講過的我都有寫了，因爲現在《金剛經宗通》也出版了，中觀、般若也有講了。

所以說，錯誤的觀念會導致法身慧命出生時節的延宕，甚至於破壞自己親證佛法的因緣。他們不懂：實證佛法不在於此世修學佛法時間的長短。假使過去多劫已經修過了，這一世只是重新再來悟一次；是因爲還沒有離開胎昧，胎昧所障所以得要重新再悟一次，但是所悟的仍然是過去世所證的。除非過了三地心而不再有胎昧了，甚至有人要到四地、五地才離開隔陰之迷。除非離開了胎昧，受生到人間時才不必重新參禪再悟一次，否則都得學佛以後重新再悟一次，世世都是如此。那麼如果你往世所悟的品質是很好的，你的證量是比較圓滿的，雖然此世有胎昧，而且不幸的是被人家誤導到相反方向去了，但你重新學法，把別人教的捨棄以後，還是可以自己證悟的，與此世學佛時間的長短無關，應當要這樣想。

但是證悟的時候也只是那一剎那間，跟此世學佛多久也是無關的；因爲禪宗的禪是般若而不是禪定；這是智慧而不是禪定，所以不是像修學禪定那樣，要每天打坐累積定力。因此實相般若在實證的時候，同樣都是一念之間，經中才會說這是一念相應慧，因此經中有時說到某菩薩證悟時，會說「一念慧相應」而證悟般若。但是三地滿心以前，大家都還沒有離開胎昧，並不知道自己往世已經修學多久了，所以每一世剛遇到佛法時，都還是要重新再悟一次，然後漸漸把往世的所學逐漸回復過來，才能圓滿利樂學人。既然有很多人是往世已經悟過的，所以大家都不必妄自菲薄。

為了預防慢心障道，當然可以看待自己是學佛以來不過是幾十劫，但也許自己往世學佛已經幾百劫、幾千劫、幾萬劫了，這可不一定。所以如果懂得這個道理，就可以冷靜而不落入情執之中，去依實際的正理加以研判，來產生自己在法上的抉擇分，然後可以有抉擇的智慧，去抉擇此後自己決定應該修學什麼法。當你用抉擇分去抉擇之後走對了路，那麼實證就是遲早的事；一旦實證了就「如裸者得衣」，再也不怕人家問說：「師父啊！您出家這麼久，為什麼還悟不了？」都不怕人家質問，心中很坦然。因為此時如摩尼珠在掌，胡來胡現、漢來漢現，沒什麼值得恐懼的地方。

可是有個問題，就是在大乘佛法中自以為開悟了，被人家辨正了以後知道自己其實是悟錯了，於是改到南傳佛法去學；在南傳佛法裡面認為真的有證果者可以追隨，結果又被證明都是沒有實證者，他心裡覺得很羞恥：「我出家幾十年了，不該一直都在外門轉來轉去、始終轉不進去，那我到底出的什麼家？」於是就好像人家說的饑不擇食，每天被人家看透透：「我只要有這衣服可以穿就行了。」好了，終於有一個穿紅衣服的人來了，給他一件紅衣穿，他拿了馬上就穿，還很高興說：「唉呀！我即身成佛了。」沒想到那一件衣服裡裡外外都是毒，他們就這樣被毒死法身慧命了！所以，即使正當赤裸無衣時，想要求得一件遮體之衣，也得要審愼抉擇。人家是有企圖心的，他一時不查，拿來就穿，渾身都紅腫了以後還說：「你看我現在好健壯。」還不知道是中毒紅腫起來的，多冤枉！所以還是謹愼小心選擇正法與善知識，確定實證了，才能夠「如裸者得衣」。

接著來說「如商人得主」。在佛法中大小乘經典都談到說，天竺古人出外經商通常是五百個人結集成一個團隊，一個人作一個行業，就這樣出去營商，大家集體行動，免得被盜賊劫奪，人多勢眾比較沒有恐怖。但是人多，有時遇到勢力大的盜賊時也是無可奈何，依舊被搶。有時候人多，可是經營的路線錯誤，時機也不對，於是慘賠而歸，也是所在多有。因此他們得要找一位商主，這一出去，一隊人出去營商時就請他帶頭，我們現在叫作領隊。經中說這個人就叫作商主，也就是經商者的主人，大家以他爲主，然後大家跟隨於他。

「如商人得主」就是說，當大家意見不一、莫衷一是，如果有一個商主很有智慧，他來為大家分析策畫，大家就沒意見；然後出去營商時就很順利，大家都可以滿載而歸，這人便叫作商主。假使大家如同一盆散沙，在經商的過程中是非很多，往往也會耽誤了獲利的時機，所以出去經商一定要有一個精通的人來當領隊。同樣的道理，在三乘菩提中想要如法修學，特別是大乘菩提，不可能是極少數人關起門來自修就能悟得。除非戰亂連綿，善知識觀察因緣不恰當，所以沒出來弘法，那就只好關起門來收幾個入室弟子傳授正法，如此也就算了。如果時機是可以弘揚的，善知識是應該出來弘揚的，雖然他本身不一定有那個意願，但時機良好、社會安定，而且政治局面是民主的，那麼善知識一定會被拱出來，於是道場就建立了。

像這樣的善知識，就如同有智慧的商主一樣，可以帶領大家在道業上一步一步向前邁進，不會有差錯；就如同經商一樣，有一個智慧超群的領隊，大家都可以獲利。可是在法上，諸位可以從這幾百年來的佛教界看到一個現象：各大山頭都是越弄越大，動不動就是幾百億元臺幣，規模越來越大，最後都在追求國際化，大家都在追求各種不同方面的第一。經商是應該國際化，否則自我限縮，未來就會漸漸沒落，可是了義的、究竟的、極深妙的佛法需要國際化嗎？這種佛法不是可以普遍化的，只可以把這種佛法的正知見加以普遍化，實證方面卻是無法國際化的；因為眞正了義究竟的佛法是講實證的法，不可能普遍。

但是可以廣開方便門，同時把人天乘的法也傳出去，再把聲聞乘、緣覺乘的法也傳下去，叫作三根普被；那麼這樣子就函蓋了初機學人，可以從人天乘轉過來入門而與三寶結緣，種下未來世實地修學佛法的因緣。這是可以的，但不需要搞道場的國際化。因為在法上應該觀察的是誰有因緣、誰無因緣實證，如果去美國把實證的法義廣為弘傳，結果會怎麼樣？美國人最喜歡說的是民主、個人自由，幫他們開悟以後也許主張說：「眞理應該公布給大家知道，不應該一人獨享。」他或許就寫書，或許在網路上公布：「佛教的開悟聖者是悟到這個……，這就是絕對的眞理，誰都不可推翻。」

於是整個實相般若的密意公開洩漏了，那時大家都知道佛教開悟是悟什麼，大家都不必參禪也不必學佛了，那麼次法以及應有的定力都付諸闕如，導致他們的智慧全都起不來，更無法轉依。最後大家說：「不必參禪啦！開悟就是這個東西，我們全都知道。」然後我見也沒有斷，眞如的智慧也起不來，更不可能轉依，一點點功德受用都沒有。從此以後，沒有人要再學佛了，於是佛法的正法命脈到此結束，末法時期終了的時節也就提早到來。

所以要看誰有因緣誰得法，而誰是還沒有因緣，才能順利弘法的。因此了義法不是可以普遍廣傳的，未來佛法的滅沒不是因爲密意的失傳，而是密意廣被洩漏，但是沒有人瞭解這一點。當密意廣被洩漏的時候，那密意就不叫密意了，那已經變成「相似像法」了。相似於佛法、很像佛法，其實已經不是佛法，因爲大家知道了密意，可是並沒有佛法的智慧生起啊！沒有中道的智慧，也沒有解脫的智慧，那不是佛法了，只能叫作「相似像法」。

所以當很多山頭在搞國際化的時候，你就知道那一群佛法中的商人得到的一位主人，他們所歸命的那位主人是個平庸愚癡的人，不能帶領他們在佛法上面獲得絲毫的利益。所以一定要去作抉擇：「我學佛的目的是什麼？我是信佛、還是學佛？我是學佛、還是學羅漢？」都弄清楚以後，大家可以各取所需；有的人說：「我只要信佛就好了，只要佛菩薩保我平安就夠了，我不想學佛，所以實證與否，都跟我無關。」那我們也是隨喜啊！畢竟總比在世間求個人的享樂要好很多。

有的人說：「我只要學羅漢就好，人生太痛苦了，我要求解脫。」我們也尊重啊！有人覺得：「我學聲聞法，不能滿足，我還要當緣覺。」我們也隨喜，也教授。但我最歡迎的就是像諸位這樣：「我將來要成佛，永遠都不入無餘涅槃。」阿羅漢們聽到這句話都怕死了：「成佛得要三大阿僧祇劫欸！那要承受多少的痛苦！你們膽子這麼大！」他們口中不會講出來，但心裡面會這樣想啊：「唉呀！真夠大心。佩服！佩服！我是不敢的。」所以才一聽到人家前來傳話說：「世尊已經入滅了，請您趕快回來，我們要一起結集經典。」阿羅漢竟然說：「抱歉！我不去了，我現在就要入涅槃。」他當下就走人了，他很怕生死啊！

我們開個正覺黃金雜貨店，什麼都賣，只是不賣一般的貨。你來我這裡要買米，我賣你黃金米；你來我這裡要買拖鞋，我賣給你黃金拖鞋；你來我這裡要買金塊，我賣給你純金的金塊；你要買黃金雕成的金龍，我也賣你這個金龍；你要黃金打造成的輝煌宮殿，我也賣你。我這個正覺黃金雜貨店裡什麼都有，但都是黃金作的，要這樣子才能說是佛法中說的五百人大商主啊！如果說，你只懂禪而不懂聲聞解脫道，那你這個雜貨鋪的營業額一定很低；人家來說：「我要來這裡學學看，是不是能讓我安定身心，我要學著怎樣說好話、作好事、當好人。」你說：「我也有啊！」可是一旦問到別的高層次產品時，又沒有了，那你的營生就受到侷限了。

因爲他們賣的那一些東西，或者用草織成的，或者用麻繩織起來的，即使號稱是一條金龍，也只是麻繩編好以後用金漆噴一噴而已，觀賞是勉強可以的，但不能去把它摸一摸，不然它就會掉漆，那麼這樣子不就欺騙眾生嗎？那他就沒辦法當「五百人大商主」啊！但我們不管什麼物品，全部都是純金打造，你要買什麼樣的黃金產品，我就賣給你什麼樣的黃金產品，都是純金的精美產品，這個才叫作「大商主」。

所以經商失敗的人，渴求的就是這樣的大商主；因爲不管從事哪一個行業，只要跟著他出去作，都會成功。但是問題來了，當大家想要大賺佛法七聖財的時候，全都賺不到，也不該心急；一定要冷靜下來好好去看，有哪個地方可以幫我們在法財上實際得利。什麼叫作在法財上獲得利益？就是「實證三乘菩提」。如果他能夠幫你賺得一點點法財，那只能叫作「人天善法」；如果能夠幫你賺得稍微多一點的法財，那叫作「聲聞法」解脫道；如果再多一點點，那叫作緣覺道，依舊是解脫道。如果機緣很好遇到個五百人大商主，讓你這一賺就是滿山滿谷的黃金，那叫作佛菩提道的實證與弘傳者。

可是怎麼樣叫作賺到？就是要實證，若沒有實證，就不是眞的賺到。但是《法華經》主要在講佛菩提啊！佛菩提的實證是能夠讓你如同經商百般失意的情況下，還可以得到一個大商主，讓你心中很歡喜、很安定，而且確定可以滿載而歸；他是要實證什麼才能夠猶如獲得大商主一樣？就是證得「此經」。「此經」叫作如來藏，又名《金剛經》、《妙法蓮華經》，也就是清淨無染而能出生名色等萬法的「妙法蓮華」；正因爲祂出污泥而不染，並且能出生萬法，所以叫作妙法蓮花。

可是一定要先把抉擇分拿出來用，千萬不要說：「唉呀！我聽說正覺學法很辛苦，我想輕鬆一點，然後又可以很快就實證。」打聽來打聽去，聽到說某一個山頭也有在教人家實證如來藏的，那就趕快去了；去了以後呢，他所謂的如來藏是用觀想的：從頂輪到海底輪觀想出一個細細的、中空的管子叫作中脈，再觀想中脈裡有一顆光光亮亮的明點，說那就是如來藏。他滿心歡喜說：「我得到一個大商主了。」結果那個大商主只是一個邪法之主。

後來眞相大白，原來那不是眞正的實證如來藏，於是他有一個好朋友，聽說某個大山頭也有教人家證如來藏，於是他就去了；去了以後學了好多年，就只是要每天數呼吸，說要數到「數而不數」，就會證得如來藏；最後告訴他說：「如來藏只是一個方便施設，沒有如來藏可證。只要你一念不生了，就等於證得如來藏。」唉呀！原來被騙了，遇到一個愚迷之主。

這類事情在臺灣佛教界很常見哪！到處都看得到呀！因爲現在臺灣佛教界與大陸佛教界都一樣，只要開口說他那裡沒有證如來藏、沒有證第八識，人家就會說：「那裡沒有實證的人。」都不去親近。於是現在大家都說：「我們有在教人家證如來藏。」問題是他們說的如來藏，到底是不是眞的第八識如來藏？那就大有探究的餘地了。所以如果沒有抉擇分，自己亂抉擇，結果「如商人得主」時，卻是得到一個愚迷之主，親近了一個愚癡又迷惑的商主；或者得到一個邪惡之主，引導大家走到密宗那個黑山鬼窟裡去了。

接著說「如子得母」。孩子走失了哇哇大哭，一直叫著：「媽媽、媽媽……」當他遠遠看見媽媽的時候，心中是何等激動歡喜，整個不安就消除了，剩下的就只是激動；你們當媽媽的人有沒有捉弄過孩子？有沒有？當孩子不聽話時就告訴他：「我不理你了，我要離開家了，你自己過生活。」於是偷偷去躲起來，躲在暗處看他怎麼辦。是不是哇哇大哭？是啊！不知道該怎麼辦啊！後來你不忍心跑出來說：「媽媽在這裡，別怕！但是以後要聽話喔！」「嗯！好！聽話。」他就乖乖聽話了，這可以想見，對一個小孩子來講，母親是何等重要。

話說回來，在佛法中的母親是什麼？就是「此經」妙法蓮花如來藏——第八識妙眞如心。修學佛菩提道而否定了「此經」如來藏，他其實是遺棄了母親哪！可是他自己又沒有謀生能力，於是只好過著困苦的日子——年年都只能摸索佛法而終究沒有入手處。就好像有一個家庭，非常的富有，每一個房間都鎖著非常多的寶物；並且還有一個大倉庫，什麼樣的美好食物都有，但是那些鎖匙全都在媽媽手裡。有一天，他竟然不承認媽媽，開口說：「我不要妳了，妳離開好了。」於是，他再也無法進去所有的房間裡面，連裝食物的倉庫都進不去，一天到晚在客廳裡面憂愁莫展。

這還算是聰明的呢，如果是愚笨的人，看到客廳裡面有少少幾樣東西，他就很滿足了：「欸，我已經擁有了家裡的所有財寶。」有一天人家來告訴他說：「你這個所謂的財寶，不是眞正的財寶，這些都是朽木雕成的，都是虛假的，你家眞正的財寶在那一些房間裡面。」就把那些房間裡面的所有寶物內容全都告訴他，他想：「唉呀！那怎麼辦？怎麼辦？媽媽不在，怎麼辦？但我還是不想要媽媽，因爲聽人家說我媽媽是假的，我看見的只是一個影像，實際上不存在。」於是不願意去把媽媽找回來，最後窮途潦倒、無以爲繼，日子過不下去了。

最後他該怎麼辦？依舊是要去把媽媽找回家裡來。於是開始辛苦的旅途，這個辛苦的旅途叫作什麼？正是十信位修集對三寶的信心，然後是初住位努力修學布施，二住位精勤修學持戒，三住位好好修忍辱行，乃至一直到六住位熏修正確的般若；修完這六度，已是經過很多、很多劫了，眞的叫作千百萬劫，你想這個旅途辛苦不辛苦？有的人都想：「這一世好苦，如果早一點死掉倒也不錯。」才活幾十年，他都還嫌太久；可是他想要找到他這個母親，也就是要找到他自己的如來藏妙法蓮花，可得要先過千百萬劫、無量億劫努力去修，有一天才終於能夠找到。

然而有人找到了以後，他又想：「這可能不是我媽媽。」因爲他太久沒遇見媽媽了，不認得了，所以就說：「這不是我媽媽。」這表示什麼？表示他不能承擔而退轉了。找到媽媽而不敢承認，因爲他根本就不認識。然後人家又告訴他：「你媽媽長什麼模樣，她是什麼樣的個性。」等等，講了很多，終於過了好幾劫以後又遇見了，這下終於肯認了：「這才是我媽媽，我以前怎麼把她否認了呢？」這一承擔下來說：「對！這就是我媽媽！」他終於承認找到的這個就是如來藏，於是他試著用這把如來藏鑰匙，去把房間打開看看：「喔！原來這房間裡有這麼多寶物。」然後又去另一個房間再打開看看，就這樣一一去接收家中本來就有的財物。

所以找到了「此經」如來藏，就「如子得母」一樣，整個大寶宮殿裡面每一個房間的寶物，全都歸他所有。但他也無法一時間全部用得上，他就慢慢去瞭解、慢慢去應用，所以找到如來藏時就是「如子得母」！從此以後開始知道了：「我家是這麼富有。」人家問說：「你家有什麼？」他就針對自己曾經進去看過的、用過的，就把那一些房間裡的寶物說一說；其他還沒有看過的部分依舊不知道，等以後看過了再來講。但是這時他已經知道：「我家寶藏無量無邊。」他已經知道了，此時得大受用，所以心中歡喜「如子得母」。

佛菩提之所以無法實證，都因爲否定了「此經」「妙法蓮花」，或者雖然不否定，但是求證無門而無法實證，所以成爲依草附木精靈，始終心中無主。可是你如果找到了萬法的母親如來藏，也許有人說：「如來藏怎麼可以叫作母親？」但我告訴你：「眞的要叫作母親！」例如有人問說：「你是誰生的？」你說：「媽媽生的。」你不會說：「那個女人生的。」你一定會說：「我是媽媽生的。」講文雅一點就說：「我是母親生的。」可是咱們要探究一下，你眞的是媽媽生的嗎？不信，你回家去問媽媽說：「媽！您以前懷我的時候，有沒有今天幫我造一個指甲，明天再造一個指甲，後天幫我生幾根頭髮，有沒有？」媽媽一定說：「沒有啊！傻孩子，怎麼會這樣問？」「那不然我是怎麼生出來的？」媽媽說：「你投胎以後自己慢慢就生出來。」「喔！原來不是媽媽生我，那是誰生我的？」媽媽就往你腦袋一敲：「傻瓜，你是我生的，還問是誰生的！」但是從法界的實相來說，竟然是媽媽錯了，不是那孩子問錯了。

後來沒辦法，因爲始終問不出一個名堂，這個疑惑就把它擺著吧；到了社會開始學著怎麼生活，事業有成了，五子登科以後開始想：「我難道就這麼過一世嗎？」於是開始想：「嗯……我應該追尋一個什麼？」但也不知道是想要追尋什麼？後來遇到佛法中說「探究生命的實相」，才恍然說：「啊！這才是我要的。」結果學佛以後在各道場繞了一、二十年，最後終於繞進正覺：「啊！我知道，原來我是如來藏生的。我眞正的媽媽其實是如來藏，我媽媽和我媽媽的媽媽，也同樣是如來藏生的。」喔，終於懂了。所以在佛法中，當你找到了如來藏「妙法蓮華經」，你就知道萬法莫不由祂而生，這不是「如子得母」嗎？所以只要找到了「妙法蓮華經」，你對於佛法中的三藏十二部種種法藏，面對這些無上的法寶，你就可以開始一一去接管；當你所有的法藏全部接管完畢時，你就可以成佛了。所以悟得「此經」時，眞的叫作「如子得母」。

可是，此時設想說你是那個跟媽媽走失的孩子，心急的時候可不可隨便看到一個女人時，就說那是你的媽媽？不可以喔！因爲如果隨便找個女人就說是媽媽，她說：「好！好！我帶你回家。」結果把你賣到私娼寮去、賣到牛郎店去，你怎麼辦？對啊！要認清楚，可別路上隨便認父母喔！閩南語有一句話罵人家說：「半路認老爸。」有沒有？去路上隨便認個男人回家當作老爸，結果會變怎麼樣呢？可眞是後事難料啊！所以很多人想要求證如來藏時輕易相信假名大師，就被人家拐了，大師就告訴他說：「覺知心一念不生時就是如來藏。」有時惡知識會告訴他說：「緣起性空就是如來藏，如來藏只是緣起性空的別名。」還寫在書中廣泛誤導學人呢！

爲了混淆視聽而保住信眾，就有種種不一的說法，因此甚至還有密宗的喇嘛、祖師說：「當你觀想出中脈時，再觀想出中脈裡面有個明點，那就是如來藏，一切生命就是從那裡出生的。」但有智慧的人絕對不信，沒智慧的密宗信徒可都信了。可是世間永遠不缺那些沒智慧的人，再怎麼不合理、不合邏輯的邪教說法，永遠都會有人相信。而那中脈裡的明點是誰觀想出來的？是意識！意識又是怎麼來的？要藉意根與法塵作助緣才能出生；從哪裡出生的？從第八識如來藏出生的。那麼，密宗說的「能夠觀想出明點的意識，出生了能夠出生意識的如來藏」，這是什麼邏輯？講句粗話就是狗屁不通。但是這樣的愚癡說法，依舊有學密的愚人相信啊！所以說世間愚人何其多！

因此，眞要找回那個出生自己的媽媽，這位最疼愛自己的媽媽，可不能隨便認；因爲要有血緣關係她才會眞的疼愛你啊！你一個不懂事的小孩子，在路上隨便找一個陌生人當媽媽，將來她把你賣掉，你都還不知道如何被賣的。所以想要找回親生的媽媽時也得小心，不要隨便在路上看見一個人就說：「**這是出生我的媽媽。**」佛教界這幾十年來在臺灣不是如此嗎？大陸佛教界也都是如此啊！於是，有的人說：「**生命的實相就是離念靈知，離念靈知就是眞如，是出生我們五陰的母親。**」但離念靈知分成很多種，大家就可以各說各話，各人悟各人的，卻與實相唯一而絕待的正理相違背。所以要找「媽媽」是正確的，但不要找錯了；聽信人言而去馬路上隨便找到一個「媽媽」，不巧的是滿街都是老鴇，找回去當「媽媽」可就倒大楣，所以千萬要小心。

說完了「**如子得母**」，接著來說「**如渡得船**」。修學佛法無非就是想要到達無生無死的彼岸，然而到達無生無死的彼岸時，在三乘法中的法門與結果是不一樣的，應該要深入探究清楚以後，再來決定自己該怎麼修學與如何實證。在世間法中修學人天善法，都是只能夠改善生活，可以從人間往生到欲界天，從欲界天上生到色界天或者無色界天，但終究還是要下墮，最多只是後世一段時間的改善，依舊不離生死輪迴，連治標都談不上。那麼治標之法是什麼？就是二乘菩提。

依於二乘菩提的修行，可以渡到無生無死的彼岸；可是從菩薩的智慧來看，那叫作治標而不治本，因爲二乘菩提所證的無餘涅槃，是要滅盡五蘊十八界，從此以後「不受後有」，說這樣叫作「渡到無生無死的彼岸」。因爲他們知道不受後有入無餘涅槃以後不是斷滅空，雖然知道不是斷滅空，但是入了無餘涅槃以後究竟是什麼境界，聲聞聖者又不知道了，只知道：五蘊自我已經永遠滅失，不再有任何的三界自我存在。所以菩薩就說那是治標而不治本。

正因此故，菩薩就開示說：「阿羅漢們能入無餘涅槃，但是沒有眞的證得涅槃。」以前佛教界有很多人說：「這種說法只有蕭平實一個人講，只是一家之言。」可是這個說法不但蕭平實現在講了，未來世還會有人繼續講，因爲我往生去未來世時還是會繼續這樣講。不但現在我這樣子講，未來世還會有人講，其實在過去世就有人講過了。提婆造了《百論》，論中早就講過了。往昔沒有人這麼講，但是提婆就這麼講了：「阿羅漢是沒有實證涅槃的，雖然他們可以入涅槃。」

佛說阿羅漢證涅槃只是方便說，在大乘經—特別是《法華經》中—就說那是方便說。以前演講《邪見與佛法》時我這樣講出來，也有說出道理來證明，爲什麼阿羅漢不是眞的證涅槃：因爲他們捨報以後的五蘊我都不存在了，剩下無餘涅槃中的本際如來藏時，他們又沒有五蘊而不知道涅槃中是怎麼回事，怎麼可以說是親證涅槃？所以說他們能入涅槃而沒有證涅槃。當時大陸有人拿到這本書，趕快去印了二千冊，往全國寺院都寄，結果有些寺院大師讀了就說：「這是邪魔外道，這本是邪書，大家都要收集起來一起燒掉，我們要護持正法！」然後就把它搜集起來一起燒掉，聽說當時還眞燒了不少本。爲什麼燒？因爲裡面的說法是大師們聞所未聞的法，無法信受。

可是我們繼續弘法、繼續加以說明，把這個正理演繹了更多層面出來給大家深入瞭解；現在大家承認如來藏正法才是正確的，也能理解阿羅漢能入涅槃還眞的沒有實證涅槃，大家已經接受了。這就是說，如何是眞正的渡到生死的彼岸？這一岸有生死而那一岸沒生死，但如何是渡到無生死彼岸的境界？那個境界中究竟是如何的內涵？阿羅漢們並不知道。他們能離開生死的此岸，可是渡過了生死海以後他們滅了五蘊，他們自己已經不存在了呀！沒有他們可以知道無餘涅槃彼岸中的境界了，那他們又怎麼能知道？所以眞正的渡到無生無死彼岸的人是菩薩，了知無生無死的無餘涅槃境界中的事，是菩薩摩訶薩們的事，不是二乘聖者的事啊！

所以正覺同修會裡的同修們，禪三開悟回來讀到我在《邪見與佛法》書中這麼講，全都認同啊！因爲阿羅漢不必證得第八識，他們捨壽以後都是「不受後有」；後有永盡，就不再有未來世的五蘊十八界；他們的蘊處界自我都已經不存在了，那時唯一剩下不滅的就是第八識如來藏；可是如來藏到底是啥？阿羅漢們生前不知道，那麼你問說：「他們有沒有到達無生無死的彼岸？」答案當然是「沒有」。因爲他們滅掉五蘊自己而入到無生無死彼岸的時候，等於是自殺而永遠滅盡了；五蘊不存在時，有誰能證知無餘涅槃中的境界？他們要怎麼證？

但菩薩摩訶薩們可輕鬆了：「我就住在這個有生死的此岸中，但我是同時也在無生無死的解脫彼岸。」阿羅漢們怎麼聽也聽不懂，心想：「怎麼會這樣呢？」所以當他們遇到維摩詰大士的時候，個個都開不了口，最後只好遵照大士的指示，個個迴心大乘而回歸到往世所修的菩薩道中來，原因就在這裡。這就是說，菩薩眞的已經渡到無生無死的解脫彼岸，而無妨世世繼續有五蘊的生死示現，因此便叫作「不可思議解脫」，因爲是證得解脫道的阿羅漢們無法思議、無法想像、無法討論的。所以菩薩實證了，但實證的時候既不離生死此岸，當下卻又是在無生無死的不可思議解脫彼岸中。

那麼大家聽到這裡，就應該要探究一下了：菩薩這樣的實證，是怎麼樣證，才能到達無生無死的彼岸？結論是：依舊是因爲「此經」妙法蓮花妙眞如心。正是因爲證得妙法蓮花如來藏的緣故，所以不必捨棄五蘊自我就能夠到達無生無死的彼岸，所以正在無生無死的解脫彼岸時卻無妨有五蘊來細觀其中的本來解脫境界。

所以說，在佛法大海中，若是沒有羅盤也沒有槳，這樣的人最悲哀！像這樣的人到底是什麼人？你們別覺得很難答，不必一一舉例，你就說：「我們正覺以外的人就是。」（大眾笑…）這樣說就最簡單了。你們都不必一一舉說哪個山頭，或是什麼樣的人。因爲你們已經知道：去到無生無死的彼岸，都是憑仗這條如來藏大船。都因爲找到了「妙法蓮華經」如來藏心，所以你就到達無生無死的彼岸中。但是在你找這一條如來藏大船之前，先要有一個方向，你得要有個羅盤。可別說：「羅盤不是上了船才要的嗎？都還在路上找船，爲什麼也需要羅盤？」我說還是要啊！在路上也要有個羅盤，不然你怎麼知道找船的方向？

當人家告訴你說：「要找如來藏大船，應該要往東方去尋找。」結果你沒有羅盤來定出個方向，自以爲是而往南方、北方、西方一直找，永遠都找不到；所以先要有個羅盤，要先知道東方在哪裡，然後找到了海邊一看，看到大船時才知道說：「原來我根本不必到海邊來，在我家就有如來藏大船了。」因爲一切諸法大海全都在如來藏大船中，而如來藏大船本來就在自家五蘊中，都不在外面啊！所以不必聽信什麼氣功大師說的，要去練功，說要吸收日精月華，說要吸取能量以後才能開悟生命的眞相。全都不用，日精月華一切能量全都在你家中，你只要把祂找出來就好。所以菩薩能夠渡到無生無死的彼岸，是靠著如來藏大船這個妙法；當他找到了「妙法蓮華經」如來藏時，他當下就已經渡到了無生無死的彼岸中。所以當你證得「此經」的時候，就是「如渡得船」。

可不要像某些愚癡人說：「欸！你蕭平實爲什麼不給我一艘船？」船就

在你家呀！你自己不把家裡的船找出來，老是要我給你造一艘船，這眞沒道理啊！你家自己有船，我憑什麼還要給你船？我已經告訴你說，你家的某個地方有船了，那你就這樣去找出來也就對了，所以大家都應該要好好去找出自己專屬的如來藏大船。然而找船的時候得要弄清楚：你找到的究竟是不是我告訴你的那一艘船？可別聽人家胡扯，隨便找到個什麼水盆就說那是大船。別人講的船，你可不能輕易搭上去渡海，因爲水盆是渡不了大海的；也有人把樹葉紮成一艘船想要渡過大海，沒想到一下水就漏水；有的大師是用紙糊的，划不了一公里就開始軟掉，也就沉沒了。

末法時代的佛門中有種種的渡船，但都不是可以到達無生死彼岸的大船，反而會害你到了大海離岸幾里之處，只能夠雙手雙腳亂爬搶回岸上來，沒有被海水嗆死算你好運。所以找船時得要找眞正的大船，還得是金剛所成的堅固不壞之船；可不只是萬年久遠不壞，而且必須是無量無量無量、無邊無邊無邊的無數不可思議、不可計數的恆河沙數的無邊劫之後，你都可以使用，因爲祂是永遠不損、不壞的永離生死的大船。如果是現代大師們那一些紙糊的、草綁成的，你們千萬別上船；一旦上去揚帆出發了，我就說你是上了鬼船，一定會飄墮羅刹鬼國。學密宗的人們不就是這樣子嗎？他們上了密宗的賊船以後全都是飄墮羅刹鬼國，死後往生到烏金淨土去，那其實要叫作羅刹穢土，所以不要看見船就搭。

就像一個佛教故事講的，有一位法師夢中有人要引他上什麼船，還好他沒上去，否則就慘了。在人間，不必到夢中，就有這種專門開往黑山鬼窟、羅刹鬼國的船，那叫作賊船，千萬小心喔！所以學佛時一定要有抉擇分，但抉擇分要從哪裡來？要每週二都來聽經啊！（大眾笑…）有一句話說，救人一命勝造七級浮屠；是說，即使造了一座供養佛舍利的七級寶塔，不如救人一命。世間人有此一說，所以說救命是人間最大的功德；因爲命是一切法的所依，如果沒有命了，他的文學造詣多高、權勢多大都沒用。

在佛法中則說 如來是「大醫王」，不是世間的醫師，因爲世間法救命是暫時的，最多救他一世剩下的幾十年生命；但是救了命以後，也許被救者是個大惡人，他後來又繼續去造惡，那麼這個醫生救了那惡人的命，其實是害了更多人；假使當時不救他的命，讓他自然死了，反而保全了更多善良人們的生命，所以很多事情不能只看表相。

我們常常看見一些愛護動物的團體，一天到晚指著人家罵：「誰這麼殘忍啊？把那隻狗打斷了一條腿！」焉知那一隻狗不是造了惡業所以被人家報復呢？他們都只看表相。所以有的狗被殺害，或者被打斷一條腿，是因爲牠咬了人家的孩子，而且已經是累犯了，所以人家想方設法報復牠，就打斷了牠一條腿。不論是誰，想要打斷一隻狗的一條腿都不是容易的事，因爲狗跑得比人快；而牠會被人打斷一條腿，一定是人家氣不過，處心積慮設了計謀才成功的，可以想見牠以前咬了多少孩子或大人。

我有時候出去運動，有些狗很和善，可是有些狗很兇狠。看見陌生人時，吠一吠也就算了；但牠就是不吠，突然跑過來就要咬人。那時就不得不要大喝啊！牠一看到成人大喝，知道這個人不好惹，於是牠就停住而大聲吠叫。譬如你們出去發文宣救護眾生時，若遇到狗，不管牠們是幾隻狗，再多都一樣，只要牠們有不善之意，你們絕對不能轉身逃走，反而要走過去面對牠們，讓牠們知道你們不怕，牠們反而會認爲你們對牠們有威脅，然後牠們最後就會自己走開了。狗就是這樣子，欺善怕惡，所以叫作狗仗人勢。

那我走路運動的過程中，若遇到特別兇惡的狗，我就會爲牠授記，我說牠大概不久就會被打斷一條腿，不會超過一年。後來不到一年，果眞變成三腿狗，就好像三腳貓一樣。所以說，牠那麼可憐——表面上看來牠少了一條腿，當然很可憐啦！但牠的可憐背後其實是有可惡之處。那我們是學佛、是學智慧的人，看事情時要看實際，不能只看表相。如果牠從來就是一隻很和善的狗，被人家打斷了腿，當然打斷牠那一條腿的人一定是很可惡的人，就應該追究源頭，看到底是怎麼回事。可是我散步幾年下來，所看見的那些三條腿的狗全都很兇；斷了一條腿以後依舊很兇狠，一看就知道那是被人家報復的。

然而，只看表相是人間很常見的事，例如有人說眼見爲憑，可是我卻說眼見時不一定足以爲憑；因爲看牠那麼可憐時而說眼見爲憑，可是牠背後怎麼回事，大家其實都不知道。同理，醫生治人也是一樣，有時某人是壽命該盡了，醫師縱使是庸醫而醫死了，也不是故意的。那麼大家就要去小心注意，知道是庸醫，就離開他，別找他治病，但世間人只懂得看表相。

即使醫生的地位改善了，大家都不再濫告了，醫生將來變得很崇高的話，依舊也只是治表相的病，不足以成爲「大醫王」。而諸佛都是大醫王，因為醫師治病而不治命，諸佛則是專治「**生死病**」，只要被治好了，永遠沒有生死病，自然也就沒有法身慧命捨身捨命的事了，所以諸佛都是大醫王。那麼世間的醫師不管多麼有名，你一問到他說：「**你能治我的生死病嗎？**」他一定連著告訴你：「**不行、不行，我作不到。**」那就是說，諸佛是「**大醫王**」，能治生死病。

然而推究諸佛能治眾生的生死病，其原因是什麼？是用哪一味藥來治生死病的？治病時一定會用藥啊！在西藥裡面有說藥物的交互作用，其實中醫很早就講這個道理了；所以哪一些藥不能配哪一些藥，哪一些藥應該用什麼來加強；甚至於用來加強的藥也有分等級，所以才說「君臣佐使」的道理。那麼在佛法中要治療眾生的生死病，也得要用藥呀！用藥時還得加上一些藥引子，然後生死病就可以對治。要用什麼藥？用**眞如**這一味藥。可是如果沒有使用藥引子，光是眞如這一味藥也治不了眾生病的，所以一定要加上一些藥引子；諸佛要幫眾生把這個眞如妙藥的藥效提出來時，使用的這個藥引子便叫作**六度波羅蜜**、**十度波羅蜜**。

六度波羅蜜中的前五度就是第六般若度證悟時所必須的藥引子，假使沒有用藥引子，那麼即使他拿到了「眞如」這一味藥，吃下肚去自稱證悟般若了，依舊是治不了生死病的，反而會使他成爲大妄語人，這般若智慧對他而言就成了毒藥。必須先在次法上面都已經修習完成了，然後幫他證悟眞如以後，才能治得了他的生死病，這些布施、持戒……等次法，就是「眞如」這味藥的藥引子。《大般涅槃經》卷八的〈如來性品〉中也說：「如是大乘典，亦名雜毒藥。如酥、醍醐等，及以諸石蜜，服消則爲藥、不消則爲毒。」經中這些說法都是事實，就以我們正覺爲例，我早期弘法時都沒有配合使用藥引，因爲我想的是把法傳給人以後，我就準備歸隱故鄉了；於是當年單只用眞如這一味藥讓大家吃，結果就是一批、兩批、三批人退轉了，因爲我沒有使用布施等藥引，導致上好妙藥眞如的藥效拉不上來，所以白白浪費了。

以此緣故，我們這幾年就再三強調要配合藥引，才能給眞如這味藥來治生死病。那麼藥引是什麼？就是「次法」。證「法」以前一定先要有「次法」，若還沒有具備次法，得了法也沒有用，只是知識而無功德受用，反而造就大妄語業又幹壞事，壞了正法久住及廣傳的大業。關於次法，若要談得廣一些，就得先談三歸依，後說五戒，然後講「施論、戒論、生天之論」；這一些聽得進去了，再把藥引加強，就得演說「欲爲不淨」、「上漏爲患」、「出要爲上」。這些藥引都具足了，才能給他解脫道的實證。

若是在大乘法中，就得先要求他把布施等五度都修足了，再把般若度好好修學，建立了大乘法的正知見，這就是大乘法的實證者在得「法」以前，必須先具備的藥引。這些藥引都具足了，才能給他眞如這一味藥，他的生死病就滅了，就能得度了。所以我們的經驗就是，一定要把藥引先給他吃上幾年，這幾年體質改變完成了，然後給他眞如這一味藥，這藥一投下去馬上就能治好生死病。這不是外道所能作得到，更不是世間醫師所能作到，唯有諸佛能夠作到；諸佛以這樣的法來度化眾生成爲菩薩，然後菩薩繼承了諸佛這個意旨，同樣用種種藥引與眞如這一味藥，來治有緣眾生的生死病。所以說，如果能夠證得「此經」妙法蓮花，那麼他就像是在生死病中，正是困頓而無法解決的時候遇到了良醫，就可以治療他的生死病，所以叫作「如病得醫」。

這樣說來，我當年剛出世弘法時，其實不是個好醫生，因爲只給醍醐妙藥而不曾同時要求他們服食藥引。於是也許有人想：「這是你們大乘法才這樣子講，在二乘法中，在阿含之道中就不談這個啦！」可是很多人不瞭解，其實阿含部二千多部的經典裡面，有許多經典本來就是大乘經；那一些聲聞人聽聞了大乘經以後，對大乘法義的部分聽不懂，只記得跟他們解脫道相關的部分；所以後來 佛陀入滅以後他們開始結集經典，結集出來時就是他們聽聞過的大乘經，所以他們結集出來的經名與菩薩結集出來的大乘經典是一樣的，但內容只剩下解脫道的部分。

這是因爲大乘般若的部分他們聽不懂，心中沒有勝解，所以就沒有「念心所」，當然記不住大乘法的內涵，大乘法的內容就無法結集，只能結集跟他們所知的解脫道有關的部分。但是阿含部諸經中，有時是無心插柳柳成蔭；因爲他們聽了大乘經典而把它結集下來時，看起來似乎只是故事，但是證悟的菩薩一看就知道：這本來就是大乘經嘛！例如婆私吒婆羅門女死了一個孩子，然後又死了一個孩子；這樣連續死了好幾個孩子以後，她的失心瘋發作起來了，裸身披髮到處散走，已經是瘋子了！可是她有一天來到 佛陀講經的地方，一看見 佛陀如是莊嚴，忽然間知道自己的本心是什麼了；於是她回復了原來的世間智慧，同時又有了實相般若；這時她就覺得羞赧，不好意思地蹲在地上，不敢站起身來，佛知道她悟了般若，叫人拿了衣服給她穿，她就成爲佛弟子了。

後來婆私吒女又生了一個孩子，一樣也是生後不久就死了，但她再也不痛苦了；因爲她知道孩子死了其實並沒有死，只是轉換一個生命的型態而已，所以她不再發瘋了。這是阿含部的經中明明白白記載的公案，這就是 佛陀的廣大福德加上一切種智的威德，才能讓那個得了失心瘋的婆羅門女，才一見之下就證得本心。

依這樣來看，你們去打禪三開悟，她卻是一見 佛陀就開悟，誰厲害？那個婆羅門女厲害。可是問你們，我就不問女眾，只問男眾：如果讓你死了一個又一個孩子以後得了失心瘋，再見了 佛陀時一見就開悟，你要不要？（學員答：要！）要！勇氣可嘉。一般人一定說不要。然而菩薩本來就應該這樣，因爲若有因緣可以值遇應身佛，眞是福德無量；而且一見就悟得本心，表示這個婆羅門女不是這一世才學佛的，一定是往世很多劫就學佛了。可是在學佛的過程之中，她造了一些惡業，導致生了一個又一個孩子，總共有六個孩子都是生後不久就死掉；甚至於見 佛而證悟以後又生了第七個孩子，也還是死掉了。但是不要畏懼這個情況，只要能見 佛，福德無量啊！因此不要計較說：我一定要用什麼身分來見　佛。只要能夠得見，什麼身分都可以，能見才重要；因爲　佛是大醫王，而且專治生死病。

那麼「如病得醫」，不論在佛法中或者在世間法中，都是最令人欣慰之事。可是尋找醫師時可得要有智慧，別看見人家掛了個招牌專治什麼病，就走進去了，因爲那有可能是個密醫。甚至於他有執照，但卻比密醫的治病功夫還要差，也有這樣的醫生啊！因爲有的人很能讀死書，又很會考執照；可是眞要談到實務，一點辦法都沒有。所以尋找醫生時，一定要張大眼睛，好好去端詳一下。如果那是個庸醫，可千萬小心，因爲你被他治好的機會只有一萬分之一，就叫作萬一……（大眾笑……）。也就是說，你被他治好就只有一種情形：你問他治好過多少人，他說：「我治死了九千九百九十九人，而你是第一萬人。萬一的機會就是您，總不可能再治死了。」你就是那個萬一被他治好的人。所以還眞的需要去瞧清楚，別看見人家說：「我專門治生死病，我可以幫你即身成佛，快來！快來！」就趕快去，那就死得最快了。去得越快、死得越快，越精進就死得越快，往地獄去時也去得越深。

所以「如病得醫」是要先好好觀察的：是否能眞的治好生死病？如果不

能治，遇到的是假名醫師，他可能會給你很毒的藥。一般的庸醫若是病症斷不出來，最多就是開給你維他命，吃不死人。可是有的醫師會亂開藥，開出來的藥，有可能那個副作用就會死人，所以不要以爲說沒這回事。我學佛以前，有一次跟我二哥帶我父親去看醫生，還照了斷層掃描；那時很貴，三十年前自費一張九千多塊錢，當時我們一看：「哇！這位是日本醫生，是從外國聘請來的，眞不得了。」可是照好以後一問病情，卻始終說不清楚。

離開醫院以後，我二哥說：「奇怪！這是日本請來的醫生，應該很行吧，怎麼講不出個所以然來，那他開的到底是什麼藥，我們得要看看。」兄弟倆趕快在路邊停車下來，打開來看，結果只是維他命丸。你看！要不要命？所以尋找醫治生死病的良醫時，不能盲目和迷信；一定要如實去檢驗，詳細去瞭解，看他是不是眞的可以治好人家的生死病，別看他是個法王，然後就趕了去。迷信而趕去的人，總是要等到下一世的中陰身生起時，才知道當初趕那麼快過去親近修學，原來是趕去那邊送死，因爲比死還要慘，未來很多世都要在三惡道中混生死。所以「如病得醫」是天下一大快事，但是得要先瞭解那個醫生到底是什麼樣的層次，與我們相合不相合。

接下來說「如闇得燈」。人家說千年闇室，一燈能照。這本來是很好的譬喻，是說有一個很幽暗的、永遠不見天日的一個房間，雖然它的陰暗已經一千年了，但不管它過去陰暗了多久，只要你拿著一盞明燈進去一照，一千年中的黑暗，在這一燈照耀之下就全都消失了。因此，修學佛法時能否得到照明，這是非常重要的事。那麼在佛法中說有明與無明，世尊在阿含裡面說：無明就是不了知。那麼在世間法中的不了知，人們就稱他爲愚癡；因爲不論再怎麼解釋他都聽不懂，就說他是愚癡的。那麼不可理喻的人，也是愚癡的一種；因爲不管你怎麼樣爲他說明，甚至於舉例而說以後他也還是聽不懂，所以他會繼續堅持己見；因此說，不可理喻的人，背後其實就是愚癡啦！因爲他不懂那個道理。

在阿含諸經中說，無明就是不知。那麼以聲聞緣覺而言，無明就是對於四聖諦、八正道和因緣觀能使人得解脫的道理無知，這就是對解脫道的無明。如果是在因緣法中說無明，那個無明主要就是兩個部分：一個是對於「被出生的名色是無常故苦，苦故無我」的道理有所不知；第二個無明就是，對名色之所從來的道理無所知。甚至於有的人成爲大師以後，竟然比世俗人更無明，因爲他不認爲有一個心可以出生名色，他認爲只要業種存在，業就會自動出生名色。這是哪一位大師？大聲一點！對啊！就是釋印順。所以他主張不必有心執持業種，業到了下一世就會自動執行受報。然而，業是存在哪裡？虛空嗎？當然不是，是存在如來藏心中。但釋印順說業可以自己存在，既然業可以自己存在，應該是有一個具體可以驗證的所在，可是他又提不出業到底存在哪裡。所以他的論點有時候是常見外道論，有時候是斷見外道論，有時候又成爲外道的「無因論」。他的思想是很混亂的，雜亂無章的，不僅僅是支離破碎而已。

業不可能獨自存在，一定要依於心，由心所受持，業才可能存在。既然業由一個心受持，而那個心出生了名色，業當然就會被那個心所執行，要有這樣的認知。修證解脫道時不必去親證這一個眞實心，因爲這是菩薩們的事，跟緣覺辟支佛無關；然而先要確定這一點，他修因緣觀才能成就。爲什麼一定要這樣信？你不能爲他解釋說：「因爲三界唯心，萬法唯識。」講這個道理，他聽不進心裡去啊！他說：「唉呀，你那個說法是大乘法中才講的，大乘非佛說呀！」

所以你應該告訴他說：「業不能獨存。」因爲如果業可以獨存，那每一個人的業都可以獨存時，究竟是存在哪裡？一定有一個獨存的地方嘛！如果每一個人的業都有獨存的地方，那就叫作「本際」，又叫作「識」、叫作「心」，每一個人各有這麼一個眞實心。如果所有人的業都可以由業獨自存在，而不是各自都有一個眞實心來收存業種，那就應該每一個有情的業都存在虛空。若是一切有情的業種全都存在虛空中，那麼下輩子該怎麼受報？一定全部混在一起了。因爲虛空只有一個，總不能夠說這個虛空歸你，那個虛空歸我；不管去到多遠都是同一個虛空，永遠沒有兩個；業種若在虛空，那麼業種就會混雜而無法由各個生命主體來公平受報了，所以一定各有一個常住心執持業種。

也許有人想：「嗯……不一定吧？來世父母爲我生一個身體，我的業就可以放到那裡去啊！」問題來了：父母還沒生你之前呢？你這一世死後還沒有投胎之前，業放到哪裡去？又有問題了。所以要告訴他：「一定有心收持業種。」那你這一世的名與色，其中的色就是色陰十一個法——五色根與六塵，剩下的都叫作「名」；這個「名」裡面有七個識，這七個識都是「心」，那你這七個心，特別是其中的六識，是不是自己無因而生？不可能是。那麼是不是父母的因緣就能生你這個六識覺知心？不可能啊！因爲父精母血都是物，物不能生心啊！色陰——眼耳鼻舌身五根加上六塵總共十一個，這十一個也都是物質；這十一個物質也不可能生你見聞覺知心啊！同樣是因爲物不可能生心！那就得有另一個常住不壞的心，來出生你的「名色」。

如果物能生心，你可倒楣了；因爲你一起床想要泡奶粉來喝，罐子才一打開，它抗議了，因爲它也能生心——物能生心呀！於是奶粉說：「你怎麼老是喝我？我快要被你喝光了，我就快沒命了。」那你說：「我要煮粥，老人家牙齒不好。」又去舀米，那米也抗議說：「你爲什麼沒有多買一點，現在又來用我，我被你用光時不就死了？」因爲物能生心呀！米當然要向你抗議。然而事實上，這些假設性的情況都不可能存在，也不曾存在過，因爲物不可能生心。既然物不能生心，表示你的五色根與六塵等物不可能出生你的覺知心六個識，就表示是如來藏眞如心才能夠出生見聞覺知的心。

物質不能生心啦！如果物能生心，你才剛走進廚房，廚房的土地也要抗議說：「你又要來踩我了！」不論什麼都要跟你抗議了，因爲它們都有心；

那你買一塊建地要蓋房子，你的困難會更大，因為大地要跟你抗議：「你為什麼要挖我？為何要在我上面弄那麼多東西來壓住我？」因為物能生心呀！依這個錯誤的邏輯為前提，一切物都有心，不是嗎？所以對一個有心修學智慧的人，你要告訴他：「你要修因緣法，要知道你這個名色一定是被另一個心所生，不是物能生心啊！」

那麼如果他聽懂了，他就會知道：「喔！原來我這個見聞覺知的心，不是由眼等五色根與六塵所出生的，是被另一個心所生的，因為物不能生心，只有心才能生心。」那他的第二個無明就消滅了。因為知道名色是無常，無常故苦，苦故無我；然後知道說，想要入無餘涅槃而離開三界生死時，得要去掉名色、永滅名色，不再受生於三界中，那會不會成為斷滅空？「不會！因為我還有一個心，這一個心出生了我這個名色。」要懂得這樣來觀行十二因緣，才能成功。所以二乘法中的這個緣覺法裡面所謂的無明就是這兩個部分：第一、五蘊的全部內容以及虛妄性。第二、物不能生心，名色由識生。

那麼現在佛教界最大的無明，就是不知道五蘊的內涵，不曉得五陰的全部內涵。所以即使想要斷我見也斷不盡。也許有人懷疑說：「這種無明是很容易斷除的，怎麼可能現在佛教界都還落在這個無明裡面？」這就像我們講《法華經》以來，一直不斷強調：我們的書中不斷以各個層面、不同的角度來宣說意識心的虛妄性。可是直到現在，有哪一個大山頭、哪一個道場出來承認說意識是虛妄的？至今都還沒有！這表示他們對五陰的內涵都不具足瞭解，就無法具足認知五陰的虛妄。他們認爲五陰中的其他部分都是虛妄的，但意識是眞實的、常住的。這就是現代各大法師們最主要的無明。

然後，聲聞解脫道中的第二個無明，就是害怕進入無餘涅槃時成爲斷滅空。當他們讀到《阿含經》中說阿羅漢死後「不更受有」，他們心想：「糟了！那麼把名色滅掉，不再去投胎，不就變斷滅空了嗎？」因爲他們不知道名色背後還有一個自己的眞如心常住，不瞭解就產生了恐懼。然後又聽某一些大師說：「那個如來藏是虛妄的，只有名言，實際上沒有這個心眞實存在，此心是不可修、不可證的。」所以回頭看到《阿含經》說：阿羅漢入涅槃後是不受後有，後有永盡。糟了！這不就變成斷滅空了嗎？所以無論如何一定要把握自我、要作自己、要當自己。然而把握自我，能把握得住嗎？把握不住啊！死的時候到了，五陰自我還是得要滅除，那麼大師說「要當自己」，自己又是誰？還能當得成嗎？其實自己正是五陰，也就是欲界我，正是永遠不離生死的假我。所以說，這就是第二個無明。第一個無明是不懂死後不受後有才是解脫生死；第二個無明就是不知道成爲阿羅漢以後，是具足觀察五蘊虛妄而滅盡後有時，並不是斷滅空。所以解脫道中聲聞道有兩個無明，緣覺道也有兩個無明。

那麼在大乘菩提中，無明可多了；所以即使證悟了，也還有很多勝妙法要修學；即使會了般若，也還有很多妙法要聽聞，才能斷盡全部無明，因此才叫作「**過恆河沙數上煩惱**」。因爲這種煩惱不是三界中法，相對於三界愛的煩惱，它的層次是在上而不同於三界愛的煩惱，因此不屬於下煩惱，便叫作「**上煩惱**」。這上煩惱的數量不可計數，所以說是「**過恆河沙數上煩惱**」，因此有許多祖師簡稱之爲「**塵沙惑**」。

在大乘法中修學的人，一定要先瞭解二乘法；若是對二乘法都不瞭解，就不可能有解脫道中的明，同時也一定會繼續住於無始無明中。即使是二乘人到達究竟果，成爲阿羅漢、辟支佛了，也仍然有大乘法中的無明；而這個無明，一定要藉著親證眞如，也就是證得「**此經**」妙法蓮花如來藏，然後觀察祂的眞實性與如如性，才能夠打破。可是仍然有許多暗處依舊照不到，悟後才需要從第七住起修，直到等覺、妙覺位以後，才能下生人間成佛，因此叫作「過恆河沙數上煩惱」，這當然要悟後繼續修行才能斷盡。

當你具足瞭解五陰的虛妄，然後又找到了「此經」妙法蓮花如來藏，現觀祂的眞實與如如時，你就有了大乘道中的第一分光明；這個大乘道中的第一分光明，其實就等於一盞明燈，照耀著你即將要往前邁進成佛的那一條大道，雖然還沒有照亮整條成佛之道，但已經往前照亮幾百公尺了。所以說，如果沒有開悟明心而說他離開了無始無明，或者說他已經打破了無始無明，其實是講不通的；因爲只有找到這個心，才能讀懂般若系列諸經，才算是有了佛菩提道中的明燈，但也還沒有照亮三大阿僧祇劫所該走完的整條成佛之道。得要悟後進修繼續增長光明，到了初地心時，智慧光明才能照亮整條成佛之道。

那爲什麼說找到了「此經」眞如心時就是有了這一盞明燈？因爲當你找到的時候，那些大乘經典你突然開始讀懂了。以前不論怎麼讀，就是不懂；悟錯了一樣是讀不懂的，所以很多人宣稱開悟了，請了大乘經典出來，一讀到說：「法不可見聞覺知，若行見聞覺知，是則見聞覺知，非求法也！」慘了！不懂！心想：「我明明離念開悟了，這經典竟然還讀不懂！這到底在講什麼？」好像這一些聖教量跟自己開悟的內容完全不相干呀！說句老實話，他心裡的感覺就是——八竿子也打不著。他的開悟跟聖教量是不相干的。

「眞正的『法』不可以是見聞覺知？所求的『法』要沒有見聞覺知？這跟開悟有什麼關係？」怎麼想也想不通嘛！又讀到有的經典說：「無見無聞，無說無示，是名心性。」心裡慌了：「糟了！沒有看見，沒有聽見，也不會說法，從來言語道斷而不會說法，也不會表示什麼意思，說這個就叫作心性，這是什麼道理？哪有這種心？我們打坐到一念不生時，清清楚楚明明白白，就是不分別呀！這樣才叫作心嘛！結果經中竟然說：『無見無聞，無說無示。』這眞的好奇怪！」又不懂了。所以我說，這就是大乘法中的無明。然而大乘法中這個無明，得要藉一盞佛菩提燈來照明才會消失，這一盞佛菩提燈就叫作「此經」妙法蓮花——第八識眞如心。所以當你證得「此經」妙法蓮花如來藏的時候，有些經典你開始讀了，只是沒有辦法全部讀懂而已。剛明心的時候如果要來讀《法華經》，一定想：「我懂！我懂！」等到聽我講《法華經》

時才會知道說：「原來我還有那麼多不懂的地方。」但這都是正常的呀！至少其中一部分讀懂了，而《大般若經》中的大部分卻可以讀懂了，這就是「如闇得燈」。

那麼這盞燈的品質好與不好很重要，你別看見燈就想要；因爲有的燈會眩光、會輻射，當你拿起來要照路的時候，反而會把自己的眼睛給照瞎了。有的燈看起來五彩繽紛，「哇！好漂亮喔！」可是能不能照路呢？不行！因爲你只會看見它的五彩繽紛，而它無法照明一切路上的景色，反而因爲它而迷失了。這種五彩繽紛的燈，密宗裡面好多喔！而他們的道場裡面燈也要裝飾五種顏色，布條要五個顏色，旗幟也要五個顏色，所有裝飾都要有五種顏色，眞是五色令人迷，間接顯示了密宗的本質。

假使我們野外辦什麼活動需要大場地，所以加設帆布罩時，主辦的同修若是弄來五個顏色、以五條顏色織成的布帆，我就拒絕使用，因爲那都是源於密宗人士的妄想邪見而有的，才會說佛光也有那五種顏色。因此不要看見有燈就喜歡，我們要的燈是清淨的白光，其中要帶有金色光，不要那一些黃色、藍色、紅色、綠色的，全都不要。你可別說：「欸！您講錯了吧？那淨土三經裡面說極樂世界的蓮花會放光啊！青色青光、黃色黃光、白色白光啊。」但我告訴你，不要把人家誤會了；人家那個白色白光夾雜著各種微妙顏色，不是只有一種純白光；人家那個青色青光，是夾雜著很多微妙的白、金等等的光明，不是純粹的青光，可別誤會了。也難怪誤會，因為你們沒有看過，但我看過了。

我本來有一朵青色花苞，現在不見了，因為我現在的願已經不去極樂世界了。那個花苞應該說是什麼顏色呢？這裡沒有那個顏色，不好形容。是青光、青色的，比較像是青琉璃，但它不是單一的顏色，而以青光為主色，夾雜著很多的白光、金光等等，所以不要誤會。因此密宗的什麼五方佛、五個顏色，那都叫作胡說八道，全都是夜叉冒名佛菩薩而化現的，千萬別上當。如果有老人家即將往生，喇嘛來講了《西藏度亡經》，你就罵他：「胡說八道！你給我回去！」把他趕出門就好了，這樣對亡者就有大功德；留著他繼續講下去，只會禍害堂上二老，有害無利啊！

所以，「如闇得燈」，這盞燈是什麼燈，要先把它弄清楚。可不是他們所謂的一念不生可以叫作「如闇得燈」，更不是密宗說的即身成佛可以叫作「如闇得燈」。這一盞燈就是如來藏妙眞如心，又稱爲「此經」——妙法蓮花。當你證得「此經」妙法蓮花的時候，就可以漸漸讀通般若諸經。當你開始讀懂般若諸經時，你會發覺《般若經》不難讀；以前覺得《般若經》中的字句好繁瑣、好囉嗦，有一些不知所云；但是當你找到了「此經」妙法蓮花，你就開始覺得不囉嗦，容易讀了。因爲《般若經》說得很老婆、很老婆，就怕你瞭解得不夠透徹；所以再三、再四、再九、再十爲你說明，你全部讀完了，大概就可以通達了。

但這時還無法入地，那麼剩下的其他條件是什麼？你想要入地時，單單通達了般若是沒有用的，還要有大福德支持，也還要永伏性障如阿羅漢；如果這些也都有了，這三個條件就夠入地了；這時只要把菩薩性拿出來，在佛前勇猛至誠發起十無盡願，也就入地了。所以「如闇得燈」只是剛剛找到如來藏妙心，但已經足夠照明了，因爲這時悟後進修三賢位中的其他諸法時，只要能夠照明前面幾百公尺遠，讓你可以不跌倒，可以看見正確方向及地面，一步步走向初地就夠了。

雖然這時進入千年萬年的暗室之中，還無法把大暗室中的每一個地方全部照明出來，但是你走到哪裡就能照到哪裡，總比以前摸黑以後依舊弄不清楚要好多了。至少你這盞燈拿到那裡照個一尺、二尺，你就看見這一尺、二尺之內的所有事物：「喔！原來如來藏大寶樓閣裡面的這一些東西，是這麼美、這麼莊嚴、這麼殊勝。」你就一部分、一部分慢慢去照明，越照越多，這盞燈就越來越光亮，最後就整個照明出來，那就成佛了。所以「如闇得燈」時，這一盞燈就是「此經」妙法蓮花第八識心。

接著說「如貧得寶」。貧窮人家最喜歡有寶貝，有時打妄想：「我家櫃子裡面那個好舊好舊的碗，是不是很有價值的古董？」有時候想：「我家祖上留下來一個玉器，也許價值連城吧？」那都無傷大雅，最怕的是被人家拐騙了；明明是個仿造的東西，拿來欺騙你說：「這是全球唯一、絕無僅有的古瓷，我偷偷賣給你，別告訴任何人。因為我們家以前當大官，現在失敗了，我偷偷拿出來賣給你，好沒面子，你得要替我保密才行。」你千萬別信，所謂的大官失敗，其實沒有這回事；他老爸是個種田的，或者是經商的，什麼時候當過官？就只是一個欺騙的說法與手段，讓你花了好多錢買來「稀世珍寶」，誤以為是一本萬利。

一塊錢買的可以賣一萬塊錢，那一萬倍的利潤能從哪裡得？問題來了：有這麼好的生意，他爲什麼不自己作？偏要給你去賺？你又不是他的老爸、老媽。所以那個白吃的午餐，還是少吃爲妙。有很多人就是不瞭解這個道理，所以被矇騙；等到哪一天缺錢拿去變賣，以爲現在可以賣得多少錢，結果人家一看就說：「這是假造的。」現在造假的功夫很厲害呢！尤其是大陸有一些專家專門在造假，你根本看不出來；這種事情，你得有智慧去看待。

就如一九八九年我們去印度朝禮聖地的行程，即將到鹿野苑迎佛大塔時，那邊有些人就小聲地「嚷」起來說：「你看！你看！（還怕人家看到，偷偷拿給你看）欸！這是從聖地裡面偷挖出來的古物。」說要賣給你，多少錢呢？一百盧比。那時印度盧比大約跟臺灣的一塊錢相等，我心想：「有這麼好的東西嗎？才一百塊錢就買到了？」沒理他，繼續又走向迎佛塔，我們越來越靠近迎佛塔，他就一直降價了；後來變成要賣五十盧比、二十盧比，最後是十五盧比。我想：「雖然是仿冒品，臺幣十五塊錢，夠便宜了吧？」就買回家當紀念品，因爲這絕對不可能是眞的，眞品哪有可能賣你這個價錢？應該是價值連城，得要在店家待價而沽，哪能輪到他在這裡賤賣？於是我買了三個回來，兩個送給人家，一個留著；後來好像是在舊講堂時使用了，如今我也忘了還放在哪裡。可是，一個十五塊錢，當時我覺得很便宜就買了。在迎佛大塔那邊禮拜完了，去到鹿野苑博物館時，都還坐在遊覽車上就聽到有同修在喊：「**五塊錢！五塊錢！這裡只賣五塊錢。**」（大眾爆笑⋯⋯）

所以你們不要隨便相信，他們會故作神祕偷偷給你看，你往往就以為是眞的古董，那就上當了。眞正的寶物、眞正的古董，會拿去古董店賣，不會在路上跟你喊價一百盧比啦！同樣的道理，成佛三大阿僧祇劫，竟然告訴你說：「**你只要供養我一千萬元就行，我教你即身成佛，就在你這個色身上面成佛。**」如果是追尋佛法很久了，心中又很急切的人，會不會上當呢？會啊！

所以我們弘法二十來年（因為我不是正覺同修會成立才開始弘法的，我是一九八九年就開始弘法，現在算起來有二十來年、二十四年了吧？）我們弘法說「證眞如，見佛性」，剛開始大家否定我們，不斷找碴，始終找不到碴。到後來發覺無法否定了，佛教界開始想辦法了，各山頭都組成讀書小組專門研究我的書，絞盡了腦汁想要瞭解：正覺同修會這個開悟到底是什麼內容？但始終沒辦法瞭解，後來有的道場乾脆放棄了：「**我索性不修學大乘，你們正**

覺同修會又都善護密意不讓我們知道，我們就不學大乘，行嘛！我們去學南傳佛法好了。」

但我早就預記他們會往南方去學，果不其然往南洋去了；當他們往南洋去學以後，我又預記說：「過幾年我要寫《阿含正義》，等我寫好《阿含正義》以後出版了，他們就會跑到密宗裡去。」果不其然，他們讀了《阿含正義》以後說：「啊！原來如此，原來我去南傳佛法學的那些也都是假的，所謂的阿羅漢全都只是凡夫，都還沒有斷我見，那我跟他們學什麼？不然我就去學密宗的即身成佛好了，比你們正覺更快成佛。」喔！他們這樣想，卻沒想到我早就預記在那邊等著他們；因爲我更早就預先寫了《狂密與眞密》，他們卻還沒有讀到呢。

南部有個法師很倒楣，我講了大乘法以後，他沒得混了，就改去搞月溪法師的意識境界；後來會中有人跟著搞起月溪的東西來，我不得不把月溪破了。他看見月溪的意識境界被破了以後，開始搞起密宗來；沒想到他才搞兩年密宗，我的《狂密與眞密》就出版了，他又沒得混了。這原因都出在無法實證佛菩提道，問題就在這裡。因爲他們向來都不知道什麼才是佛法中眞正的寶貝，以前得到了所謂的法寶，心中好歡喜，結果都是僞寶，全都是仿冒品；經不起檢驗之後，只好不斷地替換新產品，換到最後經過了前後二十四年，現在只好乖乖回到大乘法中來，但已經空過二十四個年頭了！

如果早早來正覺修學，得法好容易啊！因爲早期我一心想要歸隱田園，所以在家鄉買了住宅區的土地，後來又在我同修的故鄉買了農地，準備在那邊蓋農舍安居，好好補修我尚未全部修完的禪定去。所以當年只要有人來學，我就傳了。特別是法師們，不必來參加禪淨班長期共修，讓他們直接打禪三就幫他們開悟，一次就解決。但一次解決以後呢？法身慧命也跟著死掉了！不過其中也有少數還是救起來了，雖然他們心中並沒有感激我，逢年過節也都不曾來個電話問安，但因爲他們私下繼續讀我的書，已經被救了起來，所以在他們各自的道場中，多多少少也產生了正面的作用。

後來因爲我寫的書越來越多，他們不斷地讀，於是他們的見地也不斷地提升，不再只是知見。於是他們知道這才是眞正的寶貝，法身慧命充實了，這才是眞正的「如貧得寶」。而這個「如貧得寶」所得到的寶貝，究竟是什麼？正是**此經妙法蓮花如來藏心**。因爲他們從我的書中詳讀了以後，雖然人已經不在同修會裡面，也從來不在逢年過節打個電話說：「蕭老師！新年快樂。」但是願意讀我的書總是好的，閱讀時，一面讀、一面去現觀，也還是可以證實果然如是；隨著越讀越多，他們的見地越來越勝妙，越來越提升，於是他們都會知道這是眞寶，在他們所安單的道場中，自然而然會產生正面的影響，對正法也是好的。

以前有好多人迷信密宗，把《大正藏》請出來時讀了就想：「密教部好多經典講得非常殊勝欸！」我知道有很多人對密教部中的「經典」很有興趣，例如有一部密宗經典說，只要持它那個咒幾百萬遍，就可以有宿命通；另外一部密經說，只要持它那個咒幾百萬遍，就可以得天眼通。於是他們好努力持咒，但持了十幾年也沒有見效。好了，有人告訴他們說：「因爲你們沒有進密壇中接受密灌，而且唸那些咒的時候還要具足身印，還要打手印才行。」好，就去受了密灌，然後每天在佛像前坐下來具足身印，而且具足手印，就在那邊一直唸，又唸上十年也夠幾百萬遍了，得到神通了沒？（有人答：沒有。）有！吃了就有通，不吃就不通。結果還是受騙了呀！

所以說，把假寶當作眞寶，已經是佛教界末法時代很常見的現象了，屢見不鮮啊！大家都迷惑於表相，有的人說：「遠來的和尚會唸經，我家隔壁那個老和尚看來笨笨的，遇見人只會說『阿彌陀佛』，他懂甚麼？」這就是一般人的想法。可是那遠來的和尚穿著大紅衣，露出右邊臂膀唸一些什麼經，他其實也聽不懂，因爲那遠來的和尚不是臺灣人，於是他心裡面想：「喔！他一定很厲害，因爲我都聽不懂。」等到哪一天讀到《狂密與眞密》，才知道說：「哼！原來都是邪門外道。」這種情形是很普遍的，所以眞正的佛法眞寶不容易找到。

以前我很熱心，有時我還會親自送上門去，告訴對方說：「你如果想要懂佛法，眞的要參禪。你只要找到如來藏了，你就是開悟了，那你就讀懂《般若經》了。」但他們都不信，他們心想：「你一個小居士，名不見經傳，今生還不是跟我一樣拜師學佛，還比我晚學十年呢！而且你學佛到現在才不過五年，你懂什麼？」都是這樣想啊！我這行爲就叫作熱臉貼什麼？（有人說話，聽不清楚。）所以我此世剛學佛時的師兄弟們，也就這樣子蹉跎下來。

後來我乾脆不理他們，我乾脆來度不認識的人，反而快一些。不認識的人都不知道我的底細（大眾笑…），他們不知道這傢伙姓甚名誰，也不知道蕭平實這傢伙學佛才不過五年就開悟了。「聽說這傢伙寫了幾本書，我讀起來覺得蠻有道理的。」就是要這樣度人啊！我跟諸位講的都是眞的，你們不要每天感嘆說「親人難度」，親人本來就是最難度的，因爲他們每天見到你餓了要吃飯，冷了要添衣，晚上還是得睡覺。

我這一世初學佛時，我老爸已經歸依三寶三十幾年了，逢年過節就會買米、買油送到寺院裡面去，同時包上個紅包供養。他每次逢年過節一定會這樣作，有時我回鄉去，就載他上山去寺裡供養常住。我後來開始學佛了就想：「我老爸歸依這麼久了，還不懂什麼叫作三寶，也不懂得要唸佛，只懂得種福田。」後來我去找了一本講淨土的書，因爲那時我剛學佛，什麼都不懂。就找了一本專講唸佛法門的書，每天下了班以後吩咐家人說：「安靜！安靜！我要錄音了。」我就把那本書中說的唸出來，我用臺語唸，因爲我爸聽不懂國語。唸了錄音起來，回鄉時帶回去給他聽。他拿到錄音帶很高興，就每天聽；聽完了又拿到佛像前去放，放給佛聽（大眾爆笑…）。我說：「你爲什麼放在那邊？你沒有在聽嗎？」他說：「我放給佛聽啊！」我說：「這是佛講的，不用你來放給佛聽，這是要給你聽的。」

他懂了，就繼續自己聽。後來有一天家人告訴我，說他不聽了，我問：「爲什麼不聽了。」家人說：「他後來有一天聽出來了就說：這是我兒子講的！」（大眾爆笑…）再也不聽了。這是眞的故事，是眞的發生過而如今已經過去的事。所以說親人難度，是因爲他知道你是誰嘛！如果大家都不懂、也都不認識，只知道某人有這些著作，寫得眞好，那就信受了；我不如度陌生人，就不想度認識的人，以後也就沒事了。因爲眾生只看表相，但我們不想作表相。如果想要在表相上度眾生，我們就來搞排場、搞宣傳，但是度來的眾生往往不能大用，那些人未來不能當棟梁。我度諸位來，是要拿你們當棟梁，你們要能作棟、也要能作梁。那如果不能作棟梁用的眾生，留給那些大山頭去接引就好了。

所以說，要怎麼樣認識「眞寶」，是件不容易底事。雖然有時你給的是眞正的寶貝，他們不認得；不認得的原因是只看你的表相，那你要度他們就很困難啊！因此你得要教導他們怎樣去認識清楚，但是要他們把眞寶認識清楚也不容易，得要先教導他們「次法」，讓他們一階段又一階段不斷地學習，你要這樣次第教導，他們才能懂。可惜的是我不住在故鄉，所以沒機會跟老爸說什麼法；而且我的個性不好，我是上了法座就滔滔不絕，回到家中卻是一句話也沒，不想說法；除非有什麼特別的因緣，否則我在講堂以外的地方都不想說法。

這個作風的背後當然是有原因的，因爲這個眞寶不是一切人都能認得，得要識貨的人啊！眞正的寶貝得要識貨的人才能買得起。佛陀有講過一個譬喻：有一天父親叫兒子挑了一擔柴去市集賣，說要賣五百金。兒子說：「爸爸！這擔木柴能夠賣到那麼多錢嗎？」父親說：「可以！你一定要按這個價錢賣。」然後他挑了到市集去，人家來問：「你這擔柴要賣多少錢？」「要賣五百金。」人家轉頭就走。好多人來問了以後都是轉頭就走，然而旁邊賣柴的人，都是一擔又一擔賣掉了，他那一擔就是老賣不掉，最後他不耐煩了想：「我老爸腦袋有問題吧？人家一擔柴才賣幾文幾錢，我老爸這擔木頭雖然比較重，值不了五百金吧？」後來他就很便宜賣掉了。回家時老爸說：「你賣木頭錢在哪裡？」拿出來，才不過那幾錢，老爸就說：「唉！你眞愚癡啊！那是上等沉水木，天下再也找不到這麼好的沉水木了，你竟然那麼便宜就賣掉了。」這表示什麼呢？買者賣者都不識貨，那上等的沉香木賣掉時就沒什麼大用，因爲都被當作柴火燒了。那個買回去燒柴火的卻只會想：「今天柴火爲何這麼香？」卻不知道那是上等的水沉。

所以說，佛法眞寶現前時，識貨的人其實不多。因此有時出外辦事，應該午齋了，我去到素食餐館中，左鄰右舍說什麼佛法、講什麼禪，我聽也不聽，更不想插嘴，連看一眼都不想，因爲對他們眞是無從說起啊！我們這樣的法，套一句寒山大士說的：「教我如何說？」一定要有系統地一步一步聞熏上來，才會對眞如妙法有信心。對於那些還沒有經過前面次法聞熏過程的人，你直接告訴他們這個眞如妙法，他們聽不進去的，可能還會因此而造口業罵你：「你這小老頭！講什麼佛法？末法時代了，你還講什麼開悟！」反而罵你，不如就閉口不說，不要害人家造口業。

所以眞正的法寶，世間人不認得；若是遇到認得的人，我就一一爲諸位說明。佛門中最怕的是什麼？是想要求得法寶時，就像急病亂投醫一樣亂闖，看到人家隨便拿個東西說是寶貝，他就信了，花了大筆錢買了，回家以後放在家裡卻只是無用之物。眞要如此，倒也無妨；最怕的是那個所謂的寶物，每天散發出戴奧辛等毒氣，那可就倒楣了。如果再加上強力的輻射，全家人不得癌症也難。所以眞的要認清楚了，求法寶時千萬不要急；雖然現在家裡很有錢，想要買法寶，但是仍然要定下心來，弄清楚了再買，不要隨便買。

接著說「**如民得王**」。在亂世，民眾最希望的就是有一個好國王，以法治化。假使有轉輪聖王當然最好了，如果沒有轉輪聖王出世，至少聰明睿智理性的國王，也很不錯啊！否則一天到晚都是流寇殺人放火，國王卻束手無策，那個日子可難過呀！這時就得說到「**如民得王**」了。那麼在佛法的末法時代中，就等於是佛法弘傳的亂世時節，這時求王是要求什麼王呢？是法王。可是諸法之王到底是什麼？對！就是如來藏啊！那個達賴喇嘛還當什麼法王？那就像小孩子玩家家酒，自己封了法王的名號，關在家裡自己高興，其實出不得門。現在他如果出門再自稱法王，佛教界都知道說：「**你達賴是個假法王，是冒牌貨。**」

所以在佛法中以什麼爲王呢？就是《阿含經》說的諸法本母，名色等一切法全都是依於本來而有的母法而有；這個諸法本母就是「**此經**」妙法蓮花，就是第八識如來藏妙眞如心。那麼在佛法大海中不斷的游泳探索時，游著、游著，始終像無根的漂萍一樣，永遠不能落實，始終都無所依止，所以心中渺渺茫茫，不知如何下手。在正覺同修會開始弘法之前的佛教界就是這個樣子，而這個狀況在中國已經有幾百年的光陰了，一直都是如此。因爲中國幾百年來，自從元朝統治中國大約就是如此了；只有朱元璋開始那二、三代還有正法，過去以後就沒有正法弘傳了。元朝整個都是喇嘛教的天下，明朝中葉開始直到現代，也一直都是喇嘛教外道法的天下，因此大家不知道佛法該如何修證。

一直到臺灣正覺同修會出現之前都是如此，後來我們把佛法整理出來，把佛菩提道的兩個主要道次第表列出來，印在書末；並且說明咱們正覺同修會修證的次第和內容，大家讀了以後才知道：原來佛法是要這樣著手才能實證。在此之前沒有人如實知道佛法的正確內涵，因爲大家都好像一群遊民一樣，找不到法王，連法王的本質都不曾聽過。現在終於知道原來「此經」妙法蓮花才是諸法之王，終於懂了！但在剛開始時大家也是不信，心中不信就沒有法王的影子；後來信了，心中就有一個法王影子作爲歸依，剩下的只是要怎麼樣見到眞正的法王。

而這個法王不容易見啊！不像達賴喇嘛，只要你開個價說：「我要供養法王臺幣一千萬元，下個月一號我去達蘭薩拉時，想要面見達賴法王。」消息傳回來時一定說：「准。」可是你花一億元臺幣想要見如來藏法王，還不一定見得著；因爲這位「法王」深居不出，雖然皇宮外的一切祂了然於心，可是你想要見祂卻不容易。有人問：「洞山禪師啊！爲什麼君王不出來與臣下相見啊？」洞山禪師說：「太尊貴生！」用閩南語來講就是說：「尊貴到按呢生！」（臺語，意旨是尊貴到這個地步！）所以你想要見你的法王，可眞不容易啊！但是當你的條件具足、因緣成熟了，要見也容易，不必花上一千萬元臺幣，這時就是「如民得王」。

可是「如民得王」的時候，你會說：「原來相見不如不見。」因爲永遠是你見了祂，祂不見你。好奇怪哦？你見了祂，祂不見你；那是不是因爲祂傲慢？祂都讓你見到了，爲什麼祂卻不見你？不是傲慢，祂本來就不見你；禪師們說祂是君、你是臣，可是你想幹什麼祂都知道，祂完全掌控著，這就是你的法王妙眞如心，也就是《妙法蓮華經》中說的「此經」。雖然祂不見你，可是你才一見祂，心中得定，再也沒有疑惑了！於是從此以後出語不凡，人家一聽就說：「唉！這人昨天講話跟今天講話怎麼不一樣了？一定是今天開悟了！」就是這麼奇怪。

即使悟了以後講話，更後面有所實證時，說話也會與以前不同。有一天德山錯過了過堂時間，他想：「廚房裡應該還有剩菜剩飯。」他捧著缽要去廚房，沒想到他的徒弟雪峰義存見了就說：「這老漢！鐘未鳴，鼓未響，托缽向什麼處去？」這就是禪宗裡的說話。德山貴為他的師父、法主，他竟然敢當面這麼說：「這個老漢！鐘還沒有敲，鼓也還沒有響，托了缽要到哪裡去？」說完了也不理會他的師父德山，依舊繼續晾他的飯巾。然而德山宣鑑聽到雪峰義存這麼說，轉回頭就回方丈室去了。

這公案暫時說到這裡，雪峰當時其實該打；我當時若在，且放雪峰義存三棒，因為他不會德山宣鑑的意思。然而德山貴為堂頭和尚，雪峰這麼說，他可以不理會，逕自入了伙房吃他的飯去；可他沒有，轉頭就回方丈室去了。當時那雪峰義存著了師父的賊，他不知道，還自己洋洋得意去講給師兄巖頭全豁聽。巖頭全豁聽了，竟不怪那雪峰義存，因為他還沒有悟嘛！反而數落說：「大小德山，不會末後句。」這是明著指控說：「師父你還沒有過牢關，你只懂得如此啦！」這話傳到德山耳朵裡，德山宣鑒就找了巖頭來說：「欸！你不肯我哪？」巖頭全豁是他的徒弟呀！但他卻不是德山幫忙開悟的，而是悟了以後才來依止，來拜德山為師的，於是當場答覆說：「對啊！我不肯和尚。」德山當然要問個清楚明白：「那你講講看。」巖頭說：「請先把侍者遣開，咱們關起門來說話。」於是師徒兩個人，支支吾吾講了老半天。

可是第二天德山上堂開示，跟以前就不一樣了。這巖頭全豁聽完了開示，走到堂前撫掌說：「且喜這老漢會末後句。然只得三年。」為他師父德山下了個註腳，果然德山宣鑒三年後就往生了。那你說，巖頭悟了，德山同樣也是悟了，可是等到巖頭為德山講了一席話，那德山第二天上堂開示就不一樣了。同樣是開悟的人哪！為什麼會有這個差別？所以同樣是「如民得王」，同樣是證得「法王」如來藏，層次是會有所不同的啊！因此可別說：「我找到法王了，天下太平了！從今天開始，我墊兩個枕頭睡覺。」我卻要說：「還早著呢！」

因為悟前如喪考妣，悟後依舊如喪考妣。進了正覺就是這麼可憐，人家說「悟了以後，大事已畢」，從此夜夜墊兩個枕頭睡覺——高枕無憂。可是在咱們正覺，悟後要學的才即將開始，這就是你們的可悲之處啊！但其實也正是幸福之處，因爲縱使有道場可以幫你開悟明心，終其一生也就是這樣而已；可是咱們悟後的法很多，都鋪陳在那邊，看你能不能得；你先得到這個眞如寶貝，接下來你要拿第二個寶貝時，「對不起！你的條件還不夠。」我就擺在這邊給你看，誘惑著你，讓你有動力繼續往前走。但什麼時候可以得到？那就看你的條件了。

可是對大多數人來講，先要找到「法王」再說；如果沒有找到「法王」，講再多勝妙法，畢竟都只是空中樓閣。那麼這個「法王」，你可別怨祂，也別怪祂，別一天到晚抱怨說：「唉呀！我家這個法王，一天到晚躲在深宮內院，都不來給我看一下。」你可別怪祂，祂雖然每天都住在深宮內院，從來都不曾出頭來觸知六塵，但祂可也每天在你眼前教導你。你可別懷疑說：「哪有可能這樣？祂老是躲在深宮內院，怎麼能教導我？」然而祂就是有這個本事。祂沒有一剎那離開過深宮內院，可也沒有一剎那不在教導你。

你有這麼一位特別厲害的「法王」，祂的神通可廣大了！可是你得要有照明之燈，才能印證這件事情，才能由此生起實相智慧。也就是說，你該修的福德、該修的功夫、該學的知見都要具足；這些條件具足了，到時候一念相應你就找到了；找到以後你就說：「欸！我可以看見祂，眞的沒問題；而祂都不用見我，我絕對不抱怨。」你就會認同我說的了，這樣才是眞正的佛法之民而得到了法王——「如民得王」，從此可以游於自性大海之中，每天遨遊於自性大海時，法樂無窮！

這比你去中什麼樂透十億元還要快樂多了！因爲那十億元你是帶不走的，只能給你擁有一世。就算你得到了臺幣十億元，也是會得到一堆煩惱；因爲今天才剛得獎，明天表哥知道了，要來借一千萬元，後天堂哥也要來借錢，大後天伯父、叔父、阿姨、嬸嬸都來借了。然後接著發愁什麼：「我剩下的錢放在銀行會不會貶值？」有著一大堆的念頭，夠你忙活的。可是你找到這個「法王」以後，擁有無量無邊的法財，全都不必擔心，儘管睡覺，沒有誰搶得走，也無法借得去。因爲這個「法王」永遠不會棄你而去，並且每天供應你無量無邊的法財，只要你有那個能力去拿到，祂就放在那邊等著給你。如果你的手就這麼小，祂就給你這麼少；如果你的手像「米籮」（臺語，以前一種細竹篾編的裝米大容器，直徑與深約各六十公分，圓形，上寬下窄）那麼大，祂就給你那麼多。

所以當你找到這個法王時，眞的就定下心來，從此以後腳踏實地學法，一點都不虛晃，那時你就知道說：「啊！原來佛法眞是義學，絕對不是玄學；是可實證的，並且成佛之道最後一定會成功。」那時比吃定心丸還要安定，從此以後就是按部就班去修證。所以說，修學佛法時，如何能找到法王才是最重要的。而這個法王就是「此經」妙法蓮花，就是第八識妙眞如心如來藏；因爲祂是萬法之王，一切萬法莫不由祂生，所以祂當然有資格稱爲「法王」。不要懷疑，能生的就可以生一切法，被生的永遠不能出生諸法，這是法界中永遠不會改變的定律。

因此，祂出生了名色，有了你五蘊這個名色；然後書法、藝術、學問、種種工藝等等諸法，也就全部都會有。可是你意識能夠思惟構思如何製造等等，需不需要材料來製作？要！這些材料來自哪裡？來自大地。大地是誰創造的？是共業有情的如來藏共同創造的；所以一切法莫不由祂生，祂是眞正的法王。意識永遠稱不上法王，意識什麼都不是；意識覺知心，只要晚上睡著時就中斷了，中斷了就表示祂消失了；死後入胎以後永遠滅失，不能去到未來世，此世意識永滅而不再存在了；滅後不存了，還能稱王嗎？當然不能。可是法王始終不曾中斷過一剎那，無量劫以前一直到現在，乃至去到未來無量劫以後依舊如是，這才是眞正的法王，是因爲祂能出生一切法，祂是《阿含經》中說的「**諸法本母**」。

可是在佛法大海中尋找「法王」時，也不能操之過急；有的人就是操之過急，因此聽到人家介紹說：「**最近有一個外來的和尚好會唸經喔！**」結果去到那邊一看，是個喇嘛；眞的會唸經，哇啦哇啦一唸就是唸上三個鐘頭，你全都聽不懂。可是那個被人尊稱爲法王的喇嘛，他眞的是法王嗎？只是凡夫，什麼都不是！因此「**如民得王**」是很重要，但也不能隨便去找一個人，隨便聽信人言說是法王，就把他當作是眞的法王。這是因爲法王有眞有假，眞正的法王絕對不會出來見人，會出來接見你的一定不是眞正的法王。佛法中眞正的法王，只有你每天去朝禮祂，但祂永遠不會接見你。

所以，以後若再有誰跟你介紹說：「**我們道場來了一位法王，如果你願意禮拜供養，他就會接見你，他好慈悲喔！**」我可告訴你：「**他根本不慈悲！**」因爲他教你說：「你供養佛陀的時候，要好好觀想，要觀想出很多黃金、白銀，觀想很多的米麵、很多精美的食物來供佛，你功德可就無量無邊。」可是當你供養他的時候卻不許觀想，一定要用實際的錢財。像這樣的法王，不見也罷！眞正的法王，諸位要記住：當你悟後，祂絕對不會出來接見你，只有你見祂的分。不要懷疑而妄想說：「你蕭老師講話為何這麼奇怪？我見祂時，祂不就看見我了嗎？」但我告訴你：「祂不見你，只能夠你見祂；而你見了祂，也等於沒見，這才是眞正的見，這就是你眞正的法王。」這位法王就是「此經」妙法蓮花，就是第八識如來藏妙眞如心。如果哪一天你見到法王時是這樣見的，那我就說：「恭喜你入門了。」今天講到這裡。

《妙法蓮華經》，我們上週講到一百八十三頁第一行，今天要從第一行最後一句開始說：「如賈客得海」。相傳古印度快速致富的方法就是入海求寶，所以在很多經典裡面有說到入海求寶的故事。在大海中有許多寶物，有些是人間可以看見的寶物，例如去大海尋覓珍珠、珊瑚等等，或譬如比較特殊的硨磲，這些都是要向大海中求。但有一種寶物人間罕見，那是只有龍宮之中才有，或者說，有一些惡龍守護著，要通過惡龍的考驗才能得到。所以眞正想要求得大財寶時，都是乘船入海去求，但是大海廣大，四邊無涯，沒有任何可以定位的物質，入海尋寶的人很難確定一個方向和距離，所以入海求寶的人一定要有大智慧者來引導；只要能夠找到正確的地點，就有大寶可得。

可是那樣的大寶之海，並不是一般人所能到達，因此先要知道那個寶海在何處，這是很重要的事，否則想要獲得大寶就不可能了。那麼這樣的經商者，想要得到這寶海的所在，得要有特殊的因緣。說到「如賈客得海」，是說他本身是一個商賈；商賈的意思是說：經由海陸載運貨物到一般人所到不了的地方去交易，是把此地的便宜特產收購，經由大海載運到彼地，那裡很需要這種物品，所以賣得高價；然後從彼地購買許多當地便宜的物產，經由海路運回此地來賣，而此地需要這些物品，因此一來一往都可以獲得很高的價錢，這種人就叫作「賈客」。

但不論是哪一種賈客，都是要得到寶海或者海路，才有辦法獲得大利。在佛法中也是一樣，佛法中有一個名詞叫作「法性大海」，這個法性大海在自己身中，本就具足圓滿；可是有很多人學佛十年、二十年、三十年乃至五十年，從剛剛成年就開始學，如今七十好幾了，依舊摸不清楚佛法到底是什麼內涵，他想要游泳於法性的大海也就沒有可能。換句話說，他學佛五十年以後仍不知法性大海在哪裡，這是末法時代很普遍的現象！所以如果你已經學佛三十年，現在來到正覺才遇見了這個法性大海，你就別難過；因爲學佛四、五十年而仍然不懂得法性大海在何處的人，比比皆是。

也許有人不信，那麼你們可以看臺灣佛教界檯面上的人—檯面下的學人都不必理會—那些檯面上的大人物，已經學佛三十年、四十年、五十年那些大法師、大居士們，當你問他：「**法性大海在哪裡？**」他們同樣是一問三不知。所以今天你們學佛三十年後有幸遇見了正覺，知道了眞正的法性大海，因爲找到了自心眞如「**此經**」如來藏，可以遨遊於這個法性大海之中，應該慶幸！所以就不必自責說：「**自己爲何那麼愚癡？過去三十年都在附佛法外道中混。**」因爲只要能夠遇見法性大海，不論在什麼時候遇見，都不嫌遲。就怕沒辦法遇見，更怕的是失之交臂。

錯身而過還不是最可怕的，失之交臂才是最可怕。怎麼說呢？當人家把法性大海交到你手裡了，怕你把祂丟了，還抓著你的手臂，輕輕地搖晃強調而告訴你說：「**你千萬不要把祂丟了，好好去讀。**」結果拿到正覺的書回家，心裡「哼」一聲，往書架上一丟，沒有一點點恭敬心。往書架上一丟，過了好幾天才看到說：「欸！這本書沒放好。」才終於拿起來把它插進去書堆中放好。然後終其一生都沒有讀，這就是失之交臂。人家拿著書給他，還握緊他的手吩咐他要讀；怕他輕忽，還另外一手抓著他的臂膀輕輕地搖著說：「你要記著，記得要讀喔！」結果他回寺就這麼一丟，始終不讀。因爲他想：「我是個大法師，」或者想：「我是個大居士，」心中總是想：「我在佛教界這麼有名氣，幹嘛要讀他的書？」所以不願意讀。

有人則不是失之交臂，而是失之於愚癡，都是因爲迷信僧衣。常常聽到這樣的故事，而這類故事不斷地重演著；就是那些剛剃了頭、受了比丘尼戒，頭上的戒疤還沒有乾的小法師們，當人家買了一本《心經密意》送給她，她一看就說：「欸！這個我不讀。」問她說：「爲什麼不讀？」她的回答很妙：「我師父說，我們不讀在家人寫的書。」所以她就成爲失之交臂，再加上失之於愚癡，不可救藥。這就是得法的因緣還沒有成熟，像這樣的人窮其一生都沒有機會到達法性大海。想想禪宗那麼有名的石頭希遷，有一天夢見自己與六祖惠能在大海中游泳，他覺得奇怪說：「我看見如來藏這個成佛之性已經那麼久了，爲什麼還會作這個夢？」但他依舊是歡喜，因爲確定自己已經游於法性大海之中了。

所以經商的富賈遠路求大財，一定要得大海；若沒有大海來幫他運輸，他沒有辦法把貨物送到遠方賺錢，也沒有辦法把遠方的貨物送回故鄉賺錢，這就是「賈客」們「得海」的重要性。然而佛法中得到法性大海是要怎麼得呢？如果沒有得到法性大海，就沒辦法進入法性大海中，也就沒有這個法性大海中的一切法性可得了。那麼進入法性大海時要有一把鑰匙，這把鑰匙就叫「妙法蓮花」，也就是《金剛經》中說的「此經」——「如來藏」妙眞如心。只要你找到了自己身中那一朵既清淨又能出生你五蘊萬法的妙法蓮花，你就是證得「此經」了；證得「此經」之後，接著就可以開始徜徉於法性大海之中。

不必害怕入海，這個法性大海，只要你進去了，絕對不會淹死人，還會增長你的法身慧命；祂可以讓你在其中自由自在，想要潛多深就潛多深；潛到很深以後想要快速回到海面來，也不必花時間調整等待，你絕對不會得到潛水夫病；而且你也不用閉氣，你在法性大海裡面再怎麼深入都不會溺死，這個法性大海之妙就在這裡。也就是說一般人聽到佛法的時候，心裡面想：「唉呀！佛法三藏十二部經，浩如煙海，無從下手，連閱讀都是大問題，看了就怕。」假使你告訴他說：「你要好好讀大藏經喔！」他一定會說：「那很頭痛欸！想到要閱讀大藏經，整個頭都快要裂開了。」因為怎麼讀都讀不懂，而且又那麼多。眞是如此啊！

可是你只要把自己的「妙法蓮花」找出來，憑著這一朵「妙法蓮花」如來藏心，你可以正式進入法性大海的時候，就會發覺你在裡面要怎麼游都行，要在裡面怎麼樣深入理解都沒有問題。只是在那個法性大海裡面時，我呼籲你不要太安心就睡著了；入了大海可別睡覺，要好好去游動，到處去把祂看一看；看得越多，智慧增長越快，轉依越成功，成佛也就越迅速。這意思是說：只要你找到了妙法蓮花如來藏，你就好像「賈客得海」一般，從這時開始，於法性大海之中遨遊自在、法樂無窮。

至於入海的門票就只有一張，別人印的都不算數，就只有自己的妙法蓮花印給你的這一張才有用；也就是說，這一張門票就是自己的那一朵妙法蓮花如來藏。釋迦如來有一天拈起大梵天供養的青蓮花來給大家看時，也正是這一朵「妙法蓮花」。你只要找到了你的「妙法蓮花」，你就可以正式進入法性大海中。所以說「此經」的實證猶如「如賈客得海」。

話說回來，當人家告訴你說：「我們道場這麼大，徒眾幾十萬、幾百萬人，我們這個法性大海才是最殊勝的，所以佛法大海裡面有什麼，我們這裡都有，趕快來學啊！」那你要去之前，得要先觀察一下，先要端詳一下才行。特別是人家告訴你說：「你來我們這裡，我們得法最快，你這一世就可以成佛，法性大海在這一世就全部給你。」那你可得要思量再三了，因爲前一個所誇耀的法性大海，只是外道法的邪法大海，因爲若不是常見，它就是斷見。

佛門裡面斷見論者比比皆是，一天到晚口說：「緣起性空、一切法空，常住的思想是外道法，叫作外道神我。」這是佛門中第一種斷見思想；第二種人主張：「意識常住、細意識常住、極細意識常住。」又說：「這個細心或者極細心是結生相續識——可以執受一切業種。」這其實就是外道的「常見論」；而這一種常見論，如今在正統佛門中比比皆是，附佛法外道裡面更是如此啊！所以他們用覺知心當作是佛地眞如，說他們那樣離念時的覺知心就是空性，一念不生時就是成佛了。如果聽到他們這麼一說，你就知道他們所謂的法性大海，其實只能叫作「黑暗海」；只要你踏進去了，管保你渾身知見都變成噴滿了墨魚的墨汁，沒有一處是白的。因爲被誤導以後大妄語了，捨報之後未來世要過的就是暗無天日的痛苦生活。千萬別入黑暗海，進了密宗那個所謂成佛的地方、所謂烏金淨土，其實就是住在黑暗海中，正是被黑風所吹飄墮於羅剎鬼國。那時如果還記得 觀世音菩薩，就要趕快呼號請求，否則是沒救的。因此不要聽人家說有海就去，先得要看看是什麼海。

接著說「如炬除闇」。不管無明多麼深重，只要智慧燈亮了，就可以照破黑暗無明，「如炬除闇」就是譬喻這個道理。一個蜿蜒而且很長的山洞，到了裡面暗無天日，本來就是沒有光亮的地方；也許已經幾萬年、幾十萬年，就那樣子黑暗地存在著；當你進去以後拿出火炬，把火點了，這一照亮，一時之間，幾十萬年來的黑暗可就不見了。在佛法中修學時也是如此，如果不能照破無明，學再久都沒有用，依舊是猶如盲人一般在摸索著。不幸的是，摸索的現象是古今如然，一絲一毫都沒有改變，世尊來人間之前就是如此。

好不容易盼到 世尊來到人間，把三乘菩提妙法傳給大家，正法時期不過五百年，就有人已經開始走偏了；所以在正法時期聲聞佛教就開始分裂了，才會有後來十八個聲聞法的部派佛教。（編案：《異部宗輪論》：佛般涅槃後，適滿百餘年，聖教異部興，便引不饒益。）然而奇特的是，大乘佛教始終沒有分裂過，一直都外於聲聞部派佛教而繼續在弘傳著。這就是說，淺如聲聞法，眾僧們都不免誤會，因此在聲聞法中的那些凡夫僧，不相信上座部的阿羅漢僧，跟那些阿羅漢們起爭執而不服教誡。原因是那些阿羅漢們大多是慧解脫，看不見什麼人有大神通，於是他們不信受，就指責阿羅漢們說法錯誤，因此而生起諍論以後就分裂出去了。後來又因爲戒律的緣故，見解互相不同，不願意接受阿羅漢們嚴守的佛戒，又從上座部中分裂出去。

分裂出去以後的凡夫們，就像這樣又不斷地分裂；然而上座部那些阿羅漢們始終都不搞分裂，所以那些搞分裂的僧眾就是叛亂分子，才會使聲聞法最後演變成十八個部派。後代那些所謂的佛學研究者，就把聲聞法部派佛教的分裂表相，套在整個佛教來，就說大乘佛教就是這樣從聲聞法中分裂出去的。我們只能說他們全都是胡說八道，因爲他們不是中國人，他們全都是胡人。生在佛法的中國，才叫作中國人；所說不符合佛法的人，全都叫作胡人；即使他們是黃皮膚、黑眼睛、黑頭髮，一樣是胡人。

至於日本人新創的「批判佛教」，當然更是胡人。而且說一句老實話，他們遠不如胡人，因爲他們只能叫作夷人，所以叫作「東夷」。但是大乘佛教從來沒有分裂過，就這樣一直流傳下來；甚至於到了末法時代二十一世紀的今天，那聲聞法還得要靠我們來幫它復興；只有依靠《阿含正義》廣爲推展，二乘菩提才可能眞的復興起來，他們若是想要依靠覺音論師寫的《清淨道論》來復興二乘菩提，門都沒有！

所以眞正要破除黑暗，一定要有火炬；而那聲聞法的智慧光明，就好像螢火蟲一樣；不是一籠的螢火蟲光明，而是只有一隻螢火蟲的光明。我們大乘法是用火把點了起來，把整個房子裡面都照亮；可是那聲聞法的智慧光明，你只能很小心拿著，生怕把螢火蟲給捏死了；就這樣小心護著，只能在經典上一次照到一個字，緩慢小心地讀著，其他的字就看不清楚了。像那樣的光明起不了什麼作用，而且很快就失傳了，所以二乘菩提的實證法門，在西元五世紀時就已經失傳了，才會有覺音論師的論著得以廣爲流傳。

二乘菩提若不依靠菩薩幫忙弘傳或住持，它很快就會滅失了。因爲只要證得二果、三果的人，死後都會往生到天界去；證得第四果的人，捨壽就會直接入無餘涅槃去；剩下聲聞初果人，會繼續久住人間嗎？他們死了照樣生到欲界天去，一個一個都離開人間，二乘菩提不滅失才怪呢！一方面它的光明很小，然後是沒有多久就滅失了，沒有人繼續在人間住持而無法繼續弘傳下去。可是菩薩不去天上，發了願就是要在人間，要繼續用佛菩提的火炬來照亮人間。那麼菩薩們不但這樣子作，這一把火炬還會繼續點燃其他的火炬；其他的火炬也許沒像他那把一樣大，至少也是一把小火炬，還是可以一一去點燃別的小火炬，點了以後還可以不斷地綁上更多的草、加上更多的油，讓火炬越來越大。

所以最後一把火炬可以變成很多把火炬，很多火炬的每一把又可以越來越大。「**如炬除闇**」就得這麼作，不能夠說：「**我這把火炬夠大了，只要有我這一把，也夠照耀暗室了。**」菩薩不會如是滿足，所以還要製造出很多的火炬，並且每一把都去點亮；點亮了以後還繼續添加很多的材料，讓每一把火炬越來越大、越來越亮！

那麼話說回來，用佛法的火炬來破除無明黑暗，到底是以什麼作爲關鍵？當然還是「**此經**」妙法蓮花第八識心。假使有人心裡面還在懷疑說：「**到**

底你們正覺講的對不對？我今天第一次來聽經，你講這個給我聽，我能信嗎？」那我就要跟他說：「你千萬千萬一定得信，因爲這是唯一的一條路；想要照破無始無明巨大黑暗，不是只有照破一、二公分小距離的黑暗，一定得要依靠這一把大火炬，這把大火炬就叫作『妙法蓮花經』。」

他心裡面是可以懷疑，但是我要爲他作一個建議：你可以問一問我們同修會裡面，許多已經找到「妙法蓮花經」如來藏的菩薩們，提出一個問題來請他們爲自己解答。他可以這麼問：「請問您沒有找到此經如來藏之前，經典讀懂嗎？」這位菩薩一定會告訴他說：「沒有找到之前，我自以爲讀懂，因爲這一些白紙黑字全都認得呀！也還有佛學辭典可以查，本來以爲懂了，這都是很正常的。」那麼他可以再問第二句：「那請問您找到了此經妙法蓮花以後，經典眞的讀懂了嗎？」這位菩薩一定回答他說：「眞正的讀懂了！所以才知道以前是自以爲讀懂。」而這是很多很多的同修們都可以證明的呀！

所以說，「如炬除闇」一定要找到火炬才算數，可不要找到螢火蟲一點點的光明就覺得說：「哇！我好厲害。」那一點光明來到了白天，且不說大太陽下，單說在陰雨日子裡的白天，都還幾乎看不見呢！只能在晚上派得上一點點的小用處。可是這一把證得如來藏而產生的實相智慧火炬，即使是在白天，遠遠也會看得見；因爲祂不但有光亮，還會把許多不好的東西給燒了，然後形成一股白煙，遠處也都看得見。我們正覺這把火炬雖然不是天下最大的，可也算佛教界中最大、最亮的；雖然不是很大一把，可是燒起來時，大白天在歐洲也看得見我們的煙；如今連英語美洲、拉丁美洲也都看見我們的煙了；而南洋也會看見我們的煙，大陸當然不在話下。

所以現在大陸的同修們有時會說：「臺灣才是中國。」政治上他們講一個中國，而他們心中的一個中國就是臺灣，臺灣才是佛法中眞正的中國，他們謙虛地說：「我們福報不夠，所以生在佛法的邊疆。」而我們想的是趕快使政治上的中國，在將來一樣成爲佛法裡的中國。所以諸位眞是人在福中，可千萬別不知福；每週可以在現場聽講這樣的經典，眞是難得啊！那麼我就希望這把大乘實相智慧火炬繼續照耀下去，要設法讓它在中國繼續點燃一千年、兩千年、三千年，那我們大家未來世學佛的道路可就是一片坦途了。所以有生之年要作的事，就是如何把這一把火炬弄得更大，讓它燒得更長久。

但是話說回來，這一把火炬指的是什麼？依舊是妙法蓮花如來藏。火炬，你得要設法不斷把它加粗加長，讓它持續地照亮；可是這一朵妙法蓮花永遠都不會枯萎，祂的光明時時照耀著，讓你逐漸可以看清成佛之道的一切內涵。所以當你找到「此經」妙法蓮花時，就稱爲「見道」——看見成佛之道的路途了。成佛之道三大阿僧祇劫那麼長，這一條路上有很多內容你都要一一去證得。假使你漏掉了某一個部分，假設眞的成佛了，那時你還是得要回來再拿，才能算是眞正的成佛了。就好像玩尋寶遊戲，你可別跑到最後才又辛苦跑回來拿剛才漏掉的東西。那麼見道以後，這一條路你就能夠初步看清楚，確定這一條路就是成佛之道，這時就稱爲「見道」。

在二乘法中的見道，往往是一、二天就可以完成的，可是大乘法的見道時間非常之久。這是因爲剛剛見道的時候，所看見的成佛之道還看不到三分之一、十分之一。成佛之道雖然被你見到了，但你所見的這一條成佛之路，所見一定還不到三分之一，那你得要很努力去把它弄清楚；雖然你確定是成佛之道，但你得要繼續努力才行。要努力多久？要很久、很久。《菩薩瓔珞本業經》說：「菩薩久劫修學波羅蜜多入到第七住位時，般若正觀現在前時，還得有善知識護念及繼續傳授，才能進入第七住位常住不退。」意思就是說，這時你開悟了，你有般若實相的正觀了。但這才只是第七住位，進入第七住位以後，還要再走過三住才能到十住滿心位，這時才能眼見佛性。接著還有十行位、十迴向位，這一些都走完了才能進入初地的入地心中。

可是這時成佛之道也才走完三分之一，也正是這時才清楚看見整個成佛之道的全部內容；那時不會驚慌、不會驚訝了，雖然看見未來必須要走的成佛之道，是以前走過的再兩倍距離，自己走過的只是整個成佛之道的三分之一，但是成佛之道已經了然於心，所以不再恐懼，這時就說見道位已經通達了，已經完成了。但這個見道位全部功德的完成，得要追溯到第七住位的開悟明心開始起算，那時名為眞見道。在第一大阿僧祇劫總共三十心之中，第七住位的開悟明心，只是剛剛進入第七住位；從此以後還有相見道位的後得無分別智等著你修學，歷經十住、十行位而進入初迴向位以後，繼續進發而到達第十迴向位滿心時，可以完成第一大阿僧祇劫的見道過程。從第七住位的初心見道繼續進修而滿足第七住位，繼續修到十迴向位滿心時，是第一大阿僧祇劫三十心中的二十四心，全都是相見道位，想想看那是多麼遙遠的見道過程？

但是見道最後的通達位，之所以能夠通達，是開悟明心的眞見道以後，努力修行了第一大阿僧祇劫的三十分之二十四個階位才能完成的。而後面相見道位的這一些修行，全都要靠第七住位剛開始時那個眞見道的明心，也就是那時找到了「此經」妙法蓮花，才能繼續修行這三賢位整個內容，歷經二十四心的修行過程而把它完成，才能進入初地的入地心中。所以剛開始那成佛之道的三分之一路途——第一大阿僧祇劫的修行想要圓滿完成，憑藉的火炬就是剛開悟明心時所找到的「此經」妙法蓮花，才能次第展開悟後進修的相見道位修行，才能完成第一大阿僧祇劫三十分之二十四的修行過程。

如果還沒有找到「此經」如來藏，把經典請出來讀時，白紙黑字大多認得，除了極少數幾個古字得要查查字典；但是查了以後把字義弄清楚了，也瞭解了，問題是：那些經文中說的佛法眞懂了嗎？依舊是不懂。所以經典是經典，自己還是自己；每天捧著經典恭恭敬敬地讀著，每天一直不斷地同樣重複著讀誦，就是被經典轉了去。每天都被經典的文字轉了去，只在文字上面思索著，終究不是經中想要表達出來的眞實義。可是等你找到了「此經」

妙法蓮花時，你說：「唉呀，原來如此！從此我可以轉經了，再也不被經典所轉了。」這意思是說，你已經有慧眼了。

人家書法家讚歎一個人書法寫得很好時，就說他力透紙背。當然那只是一個形容，假使寫書法時那枝濕濕軟軟的毛筆可以力透紙背，那紙豈不是要被他寫破了嗎？但那個形容詞用得很好，是說他寫的柳體或者是顏體、正楷，讓人覺得剛勁有力；即使是顏體那麼柔的書法，也讓人家感覺到他的剛勁有力，叫作力透紙背。現在你把經典請出來一讀：「唉呀！原來它隱藏著的意思是如此。」讀懂了！讀懂以後就不再像以前都只看見文字表面的意思；原來經文的表面是這一層意思，裡面還有另一層意思，詳細再讀一讀而深入思惟以後，竟然還有另一層意思。表示你已經有好眼力了，這就是慧眼。

打從那時開始，每一部經典請了出來，才一開始讀就放不下手了，特別是剛開悟後的那幾個月中。這表示你的慧眼已經可以透視經文背後的意思了，人家看來看去都只能在文字表面上理解，看不懂裡面隱含的眞義。這道理就是在告訴諸位，也是在為諸位建立一個正知正見：禪宗的開悟絕對不是某些愚人說的跟教門無關。禪宗的開悟是進入教門的一把鎖匙，只要你在禪宗眞正悟得了，以後讀經教時就漸漸可以通了。所以不該學一些愚癡人亂說話，主張什麼「宗門是宗門，教下歸教下」，以後再聽到誰這麼說，你就當面斥責他說：「原來你是個外道凡夫。」

我們正覺爲什麼不願意建立宗派？我開始弘法才四、五年時，有一位師兄一直建議我說：「我們要叫作正覺宗才好，因爲我們是眞正的覺悟者。」但我說：「我們不要建立什麼宗派，佛法的宗派已經夠多了；宗派建立越多，佛法就越發支離破碎。我們正覺弘揚的是整體的佛法，爲什麼要去建立宗派？爲什麼要把自己給侷限了？」所以一開始建議時，我當場就否定了。我又不是要當什麼開山祖師，我只是承先啓後，從來都不覺得自己很行。當開山祖師就是覺得自己很行，所以才會建立宗派。因此說，眞正開宗立派的祖師，一定不會自己去開宗立派；往往是他捨報以後徒眾們爲了宣揚，或是爲了紀念他，所以自己命名爲某某派或某某宗。但是追根究柢，佛法的總源頭就是「此經」妙法蓮花，又名如來藏阿賴耶識；凡是實證者，全都由《法華經》如來藏妙心而證得，無二亦無三；因此所有宗派的建立都沒有道理，因爲佛法是整體性的，全部都由「此經」妙法蓮花而總其成，全都是在此經妙法蓮花之中函蓋具足。既然在「**此經**」妙法蓮花之中，經、律、論莫不具足，就不需要再作人為的分宗立派。

佛法的總源頭就是「**此經**」妙法蓮花，所有宗派的建立都沒有道理，因此我認為不需要分宗立派，那麼由此可見「**此經**」妙法蓮花的重要。如果離開「**此經**」妙法蓮花，任何一個宗派都不能如理成立；所以那些諸宗諸派的法，只要不是實證「**此經**」妙法蓮花的宗派，就像大海中不斷被海浪推來推去的浮萍一樣，不必多久就被淹沒而消失掉。經過一段時間也許後代有人又把它推出水面來，但不必多久，一定又會被了義正法的浪花給淹沒。

也許有人對我這個說法懷疑不信，那我們可以舉一個例子來談，大家可以看看天臺宗：天臺宗智者大師他們師徒兩個人，把天臺宗建立了起來，他們師徒兩個人互推互捧，好像證量不可思議，偉大得不得了；可是推究到他們二人的本質，其實師徒兩個人都沒有開悟般若，都還不能進入到第七住位中，再怎麼吹捧，在明眼人眼中全都沒有用處，天臺宗不能興盛的原因也在此。然而禪宗不必吹捧，自然就是源遠流長而不斷地流傳下來；相較於無生法忍眞實唯識學來說，雖然禪宗本身的法不是很勝妙，然而因為有「**此經**」

妙法蓮花作爲實證的傳承，悟者自己可以深入讀經閱論，所以流傳不絕。

後來許多乘願再來的菩薩們，證量遠不止於禪宗，也都投入禪宗來棲身，因爲弘法最方便——有禪宗現成的信徒與寺院基礎。而且這一個宗派是實證的，不宜中斷，以致菩薩們持續投入禪宗裡，就這樣子延續下來。那麼禪宗還有個好處，是因爲沒有證得的人，一聽到禪就會喜歡，心中想：「禪好玄妙喔！」於是心嚮往之，所以大家都會擁護禪宗。因爲自古以來，士大夫們對禪是很推崇的，全都是因爲禪太深妙而難以悟得；因此只要自己宣稱是學禪的，人家就會說：「喔！不簡單欸！這是個好根器。」所以自居禪宗裡的人也就與有榮焉。

正因爲如此，加上菩薩們世世投入禪宗，所以禪宗也就這樣源遠流長維持下來。雖然後來被元朝、明朝中後期，以及清朝的皇帝們打壓，可說是絲縷欲絕，可就沒有全面斷絕。今天中國禪宗還得要再發揚起來，因爲這個宗派的建立基礎就是實證妙法蓮花，如果離開了「此經」妙法蓮花的實證，禪宗就無禪可言了。而我們弘法二十年來，也證實了這是眞理，誰都不可推翻。如今我們會裡四百多位增上班的同修們，也都親自來證實這一點，所以大家齊心協力要把妙法蓮花加以莊嚴，要使祂綻放出更大的光明，照破眾生更深處的黑暗。

總歸而言，「此經」如來藏就是一把大火炬，能夠照破眾生身心之中最堅固的無明。爲什麼說這是眾生心中最堅固的無明？而且是身心中的？因爲這個無明無始以來就一直存在著，從來不曾中斷過，而眾生始終不曾感覺到這個無明的存在，一直到有因緣修學眞正的佛法，善知識也教導要破除這個無明，說明了這個無明的內涵是什麼，大眾聽聞了以後才終於懂了：原來有這個無明，無始劫來就一直存在著，卻是眾生從來所不知道的。因此開始追索，要如何破除這個無始劫來就存在的無明？那麼師父就說了：「要開悟明心才能破除這個無明。只要悟得眞實心如來藏，這個無始的無明就打破了！」悟後繼續依這個「妙法蓮華經」如來藏心而進修，越努力修行，修得越久，照破無始無明的這一把火炬就越來越亮、越來越大，所以才說「此經」妙法蓮花「如炬除闇」。

但是學法時一定要有智慧，最怕的是病急亂投醫。往往因爲黑夜裡覺得恐怖，所以就亂跑，一不小心掉下懸崖可就粉身碎骨了。所以有一些人學佛很久了，心中茫無頭緒，聽到有人說：「有個正覺同修會弘揚如來藏法義，那是外道神我，不能修學。」他誤信了邪說，不敢來學，心想：「不能學，那我該怎麼辦？我就去學別的，我就去各大山頭好好用功。」用功了好幾年以後，發覺正覺寫出來的書越來越勝妙，所說越來越深廣，大家都沒辦法證明正覺的法義有錯誤。他卻是更加賭氣：「我不服氣，我才不學他們的法！我不學他們的，那我該學什麼？學南傳佛法總行吧？」於是就去學南傳佛法，學了五六年、七八年以後，人家送了一本正覺的書來，書裡面說：「南傳佛法所謂的阿羅漢們全都是凡夫，我見都還在。」「啊？怎麼可能？」依舊不信。

過了一段時間，正覺的書上又寫說：南傳佛法中被大師們視爲根本論的《清淨道論》，沒有辦法使人證初果的，覺音論師本身就是個凡夫。很驚訝地喊了出來：「啊？」驚訝得不得了！三天睡不著覺。因爲本來以爲很有把握，認爲這一下走對路頭了，結果還是走錯了路。可是心中不甘，不想回頭：「因爲對正覺，我一點都不欣賞；他們一天到晚說人家的法不對，就只有他們對，我不服氣呀！」（大眾笑…）心裡很不服氣，就說：「那我去學密宗總行吧！你們正覺可就不懂密宗了吧！」沒想到他學過密宗五、六年以後，正覺的《狂密與眞密》又印出來了，原來密宗根本就不是佛教，什麼都不是。

所以說，有些人很愚癡。也就是說，他只想要光明，想要得到一把火炬，卻是飢不擇食而不懂得運用世間智慧好好觀察。只是急著要一把照明的火炬，可是竟不曉得那一把火炬的材料有問題，那個材料是用夾竹桃晒乾來製成的，然後灑上了毒油，燃燒起來可就有好多的戴奥辛；但他根本不懂得要簡擇，只要看見是火炬就行，只要能點起火來就行，一把就拿過來，每天拿著那把毒火炬走下去，一天到晚都在薰那個毒煙，呼吸的也是那個毒煙，法身慧命也就死掉了，這一世再也活轉不了。所以我們才感嘆說，有許多人學佛以後眞的越學越沒智慧。

我們臺灣以前有一個部長，是歸國學人而當上部長，後來還當上了某院的院長。那是個學理工的人，還是個有智慧的博士。在那個年頭，博士很少，不像現在是博士滿街走。他當上了部長，有一天有個因緣，他幫了某一位大法師的寺院開馬路；那時大法師還沒有名氣，他遇見了就不分青紅皀白，誤以爲是個大悟的聖者，就幫他開了馬路直到寺前，所以那位法師的寺廟也就興盛了起來，後來有名了就去中部蓋了一間全球最高的寺院，寺裡的法師們就說：「因為證量最高，所以蓋全球最高的寺院。」有一天如果有人蓋了比他們更高的寺院，是否證量就比他們更高？眞是糊塗加三級。

然而諸位想一想，學理工的人是不是應該最理性？因爲一切都要講究邏輯呀！學理工的人當然是最講究邏輯的，沒想到他遇到法師時就整個迷昏了頭。但不只是他一個人如此，而是普遍的現象。很多人在世間法中，頭腦都是非常清楚的；可是一遇到宗教就開始迷信起來，這就是末法時代的怪現象。所以他學到最後被一個女人牽著走入密宗去，連他兒子結婚都要去娶個西藏的佛母，法身慧命也就跟著死掉了。所以要得法之前也得要有智慧先觀察，別看到人家有火炬給他，就趕快去接；要知道那把火炬點出來的微弱光明，只會使人眼睛越來越混濁，最後是全部黑掉，只看見一片黑暗，都因爲那把火炬的黑煙有毒啊！所以不要看見火炬就拿。

不論想要學什麼法，一定要理智地先作分辨，弄清楚那個法到底是對或不對。就好像歸依三寶，很多人是朋友拉著就去了；但我這一世初學佛時，人家拉我去歸依三寶之前，我要先弄清楚歸依三寶時，三寶到底是什麼意思，歸依又是什麼道理？總要先弄清楚，不可以隨隨便便就去歸依吧？所以我是先弄清楚了以後才決定去歸依的。那時人家建議我去土城廣老那邊歸依，可是我的因緣總是不湊巧，兩次前去歸依時，總是路上塞車而遲到，結果都去不成。後來想，我就撿個最近的佛寺好了。既然因緣就是如此，只要是正統的佛教寺院，誰幫我辦歸依都一樣。所以就撿一個最近的寺院，就是我們正覺講堂北方這個鄰居。

所以學法以前一定要先弄清楚，不能迷信，不能盲從；眞正弄清楚了以後才開始學，一定要明白：能夠照亮整個成佛之道全部內涵的那一把火炬，究竟是什麼，一定要先弄清楚。如果有一天弄清楚說，原來照亮這一條成佛大道的火炬，就是「此經」妙法蓮花，又名如來藏，那麼自己當然就知道應該要修學什麼法了。當然要選擇可以幫助自己實證如來藏的法門，因爲這時已經知道這條成佛的路，唯一的入手處就是證得「此經」如來藏，再也沒有第二條路了，當然不會再三心二意，然後到處去遛達，於是正式學佛了。

這時不再像以前那個聞法的階段了，以前都只能叫作相似學佛、表相的學佛，或者只是附庸風雅的學佛，不是實質上的學佛。諸位可以看到很多人號稱學佛，學的是什麼呢？只是世間法；有人學的則是錯誤的二乘菩提，甚至於學的是外道下墮之法——密宗的邪道。因此當你弄清楚了學佛的入手處，就是要證「此經」如來藏，那你正式要開始學佛的時候，一定會請問師父：「您這裡有沒有教導我們證如來藏的方法？」一定要先問這一句。不然就要從他的書裡面弄清楚說，他是否眞的有在教這個法。

如果認爲說：「我現在還不想實證佛法，我還只是一個信位的菩薩，我只要歸依三寶、信仰三寶就行了。」那就無所謂。反正修學十信位，得要一劫乃至萬劫，這都可以，不急。但如果想要眞正學佛，可得要先弄清楚到底該從哪裡入手。一旦弄清楚入手就是證「此經」如來藏，那你就不會再四處逛道場了，你就會設法去確定：「哪一個道場可以幫我實證『此經』妙法蓮花？」然後證實他們眞的有幫人家實證，不是只有他自己一個人可以證得；那麼你就可以進入那個道場開始修學，這樣才是眞的叫作「如炬除闇」。

接著說：「此《法華經》亦復如是，能令衆生離一切苦一切病痛，能解一切生死之縛。」還沒有聽到我演講《法華經》以前，單從文字表面來讀時，都不免會在心裡面生起一些懷疑：「爲什麼這《法華經》能令衆生離一切苦一切病痛，還能解除一切生死的繫縛？此經有這麼偉大嗎？」想一想：「我先把它讀完再說。」讀完以後又好像沒有感覺到什麼偉大之處，就說：「也許是我的善根不夠，我還不夠虔誠。人家說心誠則靈，我第一遍讀的時候有懷疑，是心不夠至誠；那我可以再讀第二遍，我就很用心去讀，也都不要生起疑心而繼續去讀。」

決定以後，每一天讀《法華經》以前就先去淨身、洗手、焚香、供養，先把經本頂禮三拜以後，再請下來恭恭敬敬地研讀。這樣恭敬研讀過好長一段時間，終於第二遍讀完了；因爲很用心在讀，讀完以後再觀察說：「我還是有苦啊！我還是有病呀！身子依然有痛，我還是沒有解脫啊！也還沒有離開生死之縛！這問題到底在哪裡？」心想：「不信！可能是我還不夠恭敬、不夠虔誠，也可能是佛菩薩還在考驗我。」因爲師父都會說：「你不夠誠心，佛菩薩在考驗你，你考不過，所以你才不會嘛！」這是很常聽見的說法呀！所以他現在以最虔誠的心，每天早上沐浴淨身完了以後，還準備香花、素果、清香，還泡了上等好茶，每天這樣供上去，恭恭敬敬禮拜了再請下來研讀。

這第三遍可眞的夠誠心了，讀完以後發覺說：「《法華經》中明明說，這部經典『能令眾生離一切苦一切病痛，能解一切生死之縛』，怎麼我還是有苦？我還是會生病，不小心吃太急了還是會胃痛。爲什麼我現在還沒有辦法出三界去？我想要去三界外玩一玩，這問題出在哪裡？」問題出在他沒有正知正見啊！不能怪誰。也就是說，他不懂什麼叫作「此經」，然後依文解義時都落在字面的表義上面，當然不懂此經。老實說，人家剛開悟了，想要讀懂「此經」都還不容易呢！何況他還沒有斷我見，更別說他尚未開悟明心，哪能就讀懂了？所以讀經時不能只從文字表相來看。

那咱們就來說這部《法華經》爲什麼「能令眾生離一切苦一切病痛，能解一切生死之縛」？諸位當然心中已經有底了，大略知道我要怎麼解說，但是我無妨再來說一說。這部《妙法蓮華經》講的就是「此經」如來藏，每一個人都是「家家有本難唸的經」，這一部經眞的很難唸，確實不好唸。你可別說：「因爲我才剛學佛五、六年，所以這一部經當然不好唸。」其實不然！不但你唸不好，所有大山頭的各個堂頭和尚們，同樣也都唸不好。諸位來聽《法華經》聽好多年了，今天你們來唸，縱使沒有親證，至少也會比他們唸得好，因爲他們都沒有聽我講過《法華經》。

現在你們都知道「此經」就是妙法蓮花，就是如來藏妙眞如心，就是實相心阿賴耶識，到達八地菩薩位時改名異熟識，成佛時改名無垢識，還是「此經」第八識，通名如來藏。當你證得「此經」如來藏時，你觀察一下自己的如來藏有沒有苦？不管誰證得「此經」妙法蓮花時，他絕對不敢跟我說他的妙法蓮花如來藏會領受苦。假使有誰被我印證了，還敢來跟我說他那一部「法華經」有苦，我一定把他亂棍打出門去，保證他頭上很多個包。因爲他明明是來羅織我的嘛！我教導他證得的「此經」明明是離六塵見聞覺知的，怎麼會感受痛苦？他明明知道，還敢上來胡言亂語羅織我，我這時不打，要等何時再打他？所以沒有人敢來跟我說他的「此經」妙法蓮花有苦。

當他轉依「此經」妙法蓮花的時候，五陰有苦，可是「此經」的實際理地都無苦啊！五陰固然有苦，但五陰卻是假的，實際理地如來藏心才是眞的我呀！卻是從來無苦的，那麼到底要依眞的來說？還是要依假的來說？當然要依眞的來說。那麼證得「此經」以後，到底有苦或是無苦？（大眾回答：無苦。）就是無苦。欸！所以等一下隔壁鄰居不小心踩著你的腳，當你很痛的時候，你要說：「對不起！無苦！無苦！」（大眾笑⋯⋯）不是講笑話，是眞的喲！

在禪門裡面，大和尚座下，一切人上從院主下到火頭、園頭、菜頭，包括圊頭（也就是管洗手間的），每天清晨打板以後盥洗好了，各個都要先到和尚方丈室門前問訊，然後要說什麼？說「不審」。「不審」是什麼意思？就是「不知道」。每天盥洗完了到方丈室前來問訊，然後要說「不知道」，才可以下去作事（大眾笑…）。每天早上都是如此。然而，每天早上都要來和尚方丈室前道個「不審」，這是什麼意思？就是每天要自己提醒說：「眞實的自我是什麼都不知道的。」

所以如果有大師宣稱開悟說：「我靜坐到清清楚楚、明明白白、了了分明時，我就是證得不分別了。」這不是癡人說夢話嗎？清清楚楚、明明白白又加上了了分明，這三句全都是告訴你：已經分別完成了！還敢說清楚明白而了了分明時是不分別，這不是說渾話嗎？好！禪門，也就是眞正的叢林裡面不這樣子說，都要道「不審」。整個叢林不分大小，悟了也如此，還沒有悟的也如此：早上起板以後，盥洗完了就是來方丈室前道「不審」，然後下去工作，各人作各人的。祂從來離見聞覺知，要叫祂審個什麼？既然祂離見聞覺知，從來不審，又怎麼會有苦呢？

接著說「此經」「能令眾生離一切病痛」。剛才說「離一切苦」，接著說「離一切病痛」，道理是一樣的，諸位也就知道了；舉一反三，諸位很聰明。換句話說，「此經」妙法蓮花不領受三界六塵萬法；病與痛是欲界法，祂既不受三界法，怎能領受欲界中的病與痛呢？有的人很有智慧，我們有的同修私底下讚歎我，輾轉傳到我這裡來，我也覺得「足感心」（閩南語，很感動之意。大眾笑…）。因爲他們很有智慧。他們看到有些同修們背後竊竊私語說我的閑話：「老師如何如何，老師又如何如何。」他來對我說：「莫說老師您根本沒有像他們講的那樣，就算眞的有那樣，也沒過失啊！因爲您本來就可以去色界天過著寫意的日子，何必繼續生在人間生老病死？又是病痛、又是種種的苦惱，而且並不是爲自己，都是爲了眾生而受苦惱，眞的委屈啊！」我聽到這一些時，還眞的感覺「足感心」。（閩南語）因爲他知道我的心意。

所以有的人背後編造是非說我的閑話，我聽了也就過去了，我也不會去質問。我從來不質問，因爲這裡是五濁惡世，被人無根毀謗本就是正常事。你既然要在人間弘法，這都是常態。假使你在五濁惡世末法時代弘揚與眾不同的了義法，所有的徒眾們都讚歎你，都沒有一個人嫌棄你而說閑話，那叫作變態（大眾笑…）。因爲是不正常的！所以我說：「這位師兄很有智慧。」因爲這是很現成的道理。只要得初禪了就可以去色界天享受定福啊！何況我不止初禪。至於其他三乘菩提的實證智慧，一樣可以生天享福，也就不需再提；單說得初禪就可以離開欲界天，可以生在色界天中；在色界天會不會生病？色界天會不會身體上這裡痛、那裡痛的？都不會呀！因爲欲界天就沒有病痛了，那爲什麼還要繼續來人間受苦？

也許你們有人想說：「因爲老師您慈悲啊！」我卻說，我還是爲自己。因爲我得要幫大家道業都快速進步，我才能成佛啊！如果大家都不快速進步，我將來成什麼佛？難道我未來世要一個人成佛，而沒有大菩薩們當弟子？然後我一個人成佛時就立刻入涅槃喔？所以我不把自己想得很偉大，我覺得本來就是應該這樣子；我們是佛道的法脈綁在一起的一群人，所以一世又一世這樣子共聚修行，希望大家都別缺席而半途溜走了，那眞的不好。若是眞不得已，半途溜走了，下一世還得回來，但是他的道業就延遲了。

那麼話說回來，當你親證了「此經」妙法蓮花時，你來看看自己這一朵妙法蓮花有沒有病痛？你觀察以後心得決定：我接受這個說法，也接受我自己這個現觀。那你就是有《妙法蓮華經》「令眾生離一切病痛」的法智忍。先要對這個現觀能忍，對這個現觀若不能安忍，也就是不能接受，那你就是沒有這個法智忍。當你這樣現觀確定下來了：我這個妙法蓮花眞的可以使眾生遠離一切病痛，因爲我轉依了祂以後，無妨五陰繼續有病痛，但眞正的我不是表面上這個五陰的我，眞我是沒有病痛的。那你就有了這一句佛法中說的「法智忍」。有了法智忍的時候，你接著就有了法智而能夠開始觀察，爲什麼祂沒有病痛？你深入觀察以後就可以舉出很多理由，從不同的面向、不同的層次來作觀察，爲什麼轉依「此經」妙法蓮花就遠離一切病痛。那你就有這一句佛法中說的「法智」了。

有這個法智以後，就從自己轉而觀察別的有情：我自己的「此經」妙法蓮花如是，別人的「此經」妙法蓮花亦復如是。此時你已經不作二想了。那麼別人如是，你接著再去看看畜生道那些流浪的癩痢狗，牠們一天到晚被人家追趕，誰見了都會拿棍子打牠們，因爲牠們全身長滿了癩痢，人見人厭。可是當你看牠們這麼痛苦的時候，牠們各自的「此經」妙法蓮花，依舊沒有病痛，依舊沒有苦。牠們渾身長滿了皮膚病，牠們的妙法蓮花卻是一點皮膚病都沒有；牠們癢得不得了，牠們的妙法蓮花卻是一點也不癢；牠們不小心靠近人家，被人家打了一棍很痛，當牠們嗷嗷大叫的時候，痛到不得了，但牠們的「此經」妙法蓮花依舊都不痛。不但牠們如此，畜生道中的一切畜生全都是如此。

然後以這個現量觀察，再推及鬼道中的各種鬼，接著再推及地獄中的一切有情；回頭再往上推及欲界天、色界天，乃至推及無色界的有情，結果發覺全都沒有病痛。喔！這時你心得決定，也就是確實接受這個現量及比量的觀察了。接受就有忍，有忍的意思就是說：你對於持《法華經》能令一切眾生離一切病痛，已經心得決定了，所以心中得忍，那你就有這個法的「類智忍」，因爲不只觀察自己，也不只是觀察別人，而遍及三界六道一切有情了。

有這個類智忍，接受了這個現觀以後，你就會有「類智」，就可以作更深細的觀察，也能爲人演說了，這就是生起類智了。所以每一個智慧都有四種智慧：法智忍、法智，類智忍、類智。先要有忍，然後才會有智；如果不能接受，就是無忍，就不會有智慧。譬如對諸法的無生能不能安忍，能安忍時就叫作「無生法忍」，不能安忍就是對無生之法無忍，因爲他不能接受！就算知道了密意也沒有用，也還是個凡夫。

那麼這樣子離一切病痛的事，觀察以後確認是如實的了，接著再來看：「此《法華經》亦復如是，能解一切生死之縛。」「此經」能解除眾生的「生死之縛」，我們先不談二乘菩提，單說大乘菩提；在大乘法中，有的人並沒有先斷我見，而是直接從明心下手的；可是當他找到「此經」妙法蓮花的時候，確認祂是眞實而如如的存在著，心中如實接受了，相形之下五陰這個我卻是那麼虛妄，這時不教他斷我見，他都自己先斷了。他並沒有先從斷我見、證初果開始，而是直接從參禪下手，然後找到「此經」妙法蓮花，他就知道了：「唉呀！原來我這五陰全部都是假的！」因爲他已經看清楚，自己是從「此經」妙法蓮花中生出來的，所以認定自己是假的，我見斷了。以後不管誰再把五陰裡面的哪一個部分提出來說：「這是常住法。」他都不信啦！所以他證得「此經」時，觀察了祂的眞如法性時，首先離開了一念無明中見一處住地煩惱的繫縛，他已經從這個繫縛中解脫了。從這裡解脫的時候，就意味他將來必定會成爲薄貪瞋癡的二果人，繼續修行以後，也必定會成爲離開欲界地的三果人，未來也必定會成爲「梵行已立、所作已辦」的阿羅漢，這就是解開了一切生死之繫縛。

那麼回到大乘法來說，當他證得「此經」妙法蓮花時，他突然發覺：「啊！每天在誦的《心經》原來也是在講這個！」懂了，這一下子懂《心經》了。我們禪三的解三，每一次誦《心經》時都有人哭。後來有人說：「我才不信，這部《心經》我每天都在誦。我也知道很多人破參以後解三誦《心經》時都會哭，到時候我偏偏就不哭。」他下定決心說：「我絕對不哭，我是個男子漢，我哭什麼？」想不到他明心後就不是男子漢了，一樣是哭了。因爲明心以後如來藏並不是男子漢，只有五陰才會當男子漢；結果等到誦《心經》的時候，他哭得比人家還厲害；因爲以前被無始無明遮障的緣故，所以《心經》講的那麼清楚明白的內涵，他都能誤會了；到那個時節才知道說：「啊！我以前眞的是自以爲知，全都是誤會，而且是非常嚴重的誤會啊！」於是他哭得比誰都要大聲。這表示什麼？表示無始無明對他的繫縛已經打破了，接著他就憑藉「此經」，要一步一步去把全部的無始無明滅盡。

所以你看，「此經」妙法蓮花多麼厲害啊！武俠小說寫的什麼大法，來到這裡時，根本連一提都不值得。唯有「此經」妙法蓮花才是眞正的大法，因爲祂廣大、極廣大，勝妙、極勝妙，深奧、極深奧，祂還可以使人究竟成佛。但是都要先從證得「此經」妙法蓮花開始。當你證得「此經」的時候，要能生忍，也就是要能夠接受。有的人心中疑根很堅固，不能一開始就接受，所以心中老是疑著：「是嗎？是嗎？」他不敢接受，所以心中無忍，對這個無生法既沒有忍，就不會有智，般若智慧就起不來。可是我會給他一些特殊的機鋒，讓他在那個機鋒裡面不斷地重複；就只是同一個機鋒，不再給他別的，到最後那個機鋒把他的疑見磨死了，五陰也眞的磨死了，只好認定說：「就是這個，祂是唯一的。」因爲再也沒有別的了，終於才安忍下來。安忍的時候就是對這個「無生法」有忍了，於是他就突然懂了：「唉呀！原來《心經》是這樣的。」

在他還沒有安忍的時候，《心經》在那裡，他依舊讀不懂。等到他突然接受了，生起忍了，也就懂了。所以說：「此《法華經》亦復如是，能解一切生死之縛。」因爲解除這個生死之縛，不單能對分段生死解脫道所斷的煩惱解除繫縛，還包括八地以後對變易生死的無明，也都可以從「此經」妙法蓮花來解除。所以《法華經》厲害不厲害呢？（大眾回答：厲害。）勝妙不勝妙呢？（大眾回答：勝妙。）廣大不廣大呢？（大眾回答：廣大。）對啊！所以諸位已經有忍了，眞不簡單啊！那麼你說，像這樣的經，我到外面去講給誰聽呢？人家才一聽就會罵：「哼！胡說八道，誇大其詞。」大家轉頭就走人了；那麼 世尊開講《法華經》的時候，五千聲聞退席的事，可能就當場重演了。所以我在會外沒有知音，就只有諸位是我的知音；想一想，有這麼多知音在人間，下輩子不管痛苦不痛苦，我當然要再來啊！有這麼多知音在，怎麼可以不來？

接著說：「若人得聞此《法華經》，若自書，若使人書，所得功德，以佛智慧籌量多少，不得其邊。」這是說：「如果有人可以聽聞到這一部《妙法蓮華經》，他或者是自己書寫，或者教導別人書寫，所得到的功德，以諸佛如來的智慧來籌量計算功德的多少，永遠都計算不到邊際。」這眞的沒有誇大其詞，只有不懂的人才會說：「唉呀！釋迦佛講《法華經》時好誇大喔！」其實沒有誇大，完全是如實語。例如你找到「此經」妙法蓮花，然後每天來「書寫」，這功德眞的無量無邊；「書寫」的意思，諸位當然不會誤會，因爲你們聽我講《法華經》好幾年了，知道這「書寫」並不是文字表面講的那個「書寫」。

假使你眞的懂得書寫《妙法蓮華經》，那你會怎麼書寫？早上醒來眼睛張開，手腳動一動，然後翻個身，穿起拖鞋來；天氣這麼涼，可不能不知不覺；然後走到浴室去，牙杯裝了水、牙刷上擠了牙膏，開始刷牙；你就這麼過完一天的生活，全部都在「書寫」此經。我不是講笑話，眞懂書寫《法華經》的人就是這麼寫的。那麼不懂《法華經》的人，可就鏗鏗鏘鏘忙活兒，每天早上忙到不得了：「我預計一個半月要寫完的《法華經》，到現在還沒有寫完。」他每天都好忙，因爲都在趕速度；終於把家事等等都弄好了，上供禮佛過了，又點起香來、磨墨，然後蘸了筆又開始寫。看昨天寫到哪裡，接著一個字又一個字，恭恭敬敬一筆一畫繼續寫起來。我告訴你，他這樣寫了一輩子，不如你刷刷牙來書寫那麼一會兒。

也就是說，會不會書寫此經？這才是重點。一般人不懂，老是在那邊磨墨、蘸筆，在那邊書寫，那不是眞正的「書寫」啦。可是小心喔！不要聽到我這麼說，就想：「喔！那我每天去運動，我每天去吃好吃的，我也是在書寫《妙法蓮華經》啊！」我告訴你：「你全部都落到五陰去了！」有些人遇到了禪師便進前三步，然後又退後三步；也許就繞禪床三匝，禪師說：「是！是！」他去別的禪師那裡又如法炮製，禪師卻說：「不是！不是！」他迷糊了，就質疑說：「為什麼我去見章敬禪師時，他說這樣就是？您卻說我這樣不是？」沒想到南泉禪師回答說：「章敬即是，是汝不是。」因為他都落在五蘊裡面嘛！怎麼會是呢？所以南泉禪師就指出他的問題來：「此是風力所轉，終成敗壞。」

因此佛法可不能只看表相，千萬要小心；可別聽我這麼一講，私底下就說：「這樣我知道了，我就每天這樣書寫《法華經》，我開悟了！」我可要把話做明了說：「還早咧！」南泉普願也是早就罵過了：「此是風力所轉，終成敗壞。」還敢說悟？小心未來無量世的三塗果報。好多人根本就不懂開悟的境界，卻總是自以為悟，還會指導人；都不知道禪門有名的一句話：「毫釐有差，天地懸隔。」等他去到禪三勘驗時，鎩羽而歸，再三參究也還是沒轍；像這樣的同修可真不少啊！如今海峽兩岸這一類人多的是，數不勝數，真替他們擔心；然而沒有被人先指導的，是個完全不會的人，往往反而一次禪三就解決了，眞的悟入了，你說怪不怪？欸！所以大家還得要小心。

所以說，這個「若自書」，大家千萬要小心；還沒有勘驗通過以前，大約是「失之毫釐，差之千里」的人多，難得一、二個是眞悟的。若是悟錯了，可不能用一釐一毫來計算，那是相差很遠的，簡直是十萬八千里。所以大家聽經時，千萬別自以爲是，免得心高氣傲而在來世淪墮，可就很不値得了。但是，你們不論是誰，都別怪我這樣子如實講解《妙法蓮華經》；因爲既然是要如實講解「此經」，這一部勝妙的《法華經》又是圓教的經典，我當然必須要這樣講解；但是我也要再次提醒大家：千萬、千萬小心！假使落到五蘊裡面而自以爲沒落到五蘊裡面，自認是眞悟了，還一天到晚在指導人家，小心臘月三十來到的時候，閻羅王可是不講客氣的。

《妙法蓮華經》今天要從一百八十三頁第三行第三句開始講起，這是延續前兩句：「若人得聞此《法華經》，若自書，若使人書，所得功德，以佛智慧籌量多少，不得其邊。」這是說，教導別人也來書寫《妙法蓮華經》，跟前面兩句講的聽聞《妙法蓮華經》以後自己書寫，所得到的功德都非常廣大。「自書」，諸位聽到這裡當然已經瞭解，並不是字面上講的抄經之意。一般人看到經典寫著「若自書，若使人書」，就想：自己沒有能力勸別人書寫經典，不如自己來書寫。所以就從墨汁的抄寫演變爲後來有人用金粉加上膠當作墨汁來書寫，才會有一些用金泥抄寫的經典。

也有人出家後不想跟信眾勸募錢財，他是每天刺血而書，就是左手指刺了流血出來，滴在小碟子裡面用筆蘸來寫，那叫作「血經」。這樣的精神很値得我們讚歎，也應當要恭敬隨喜他們；然而他們是誤會了「自書」的道理。「自書」並不是在事相上、或者依文解義所說的依照經典文字，一字一字來抄寫；而是說，眞正書寫《妙法蓮華經》，其實就是禪師講的「轉經」。有時大護法派人送來一張銀票，上面可能是三千兩、五千兩白銀，派人送到禪師手裡，吩咐要請禪師轉經；禪師教侍者接過去入庫，他隨即下禪床轉一圈，又坐回去，就吩咐來人說：「請你回去告訴大王，老僧轉經已畢。」這才是眞的轉經啦！

如果是一般的大山頭住持大師，接到大王派人送銀兩來，他可得要訂個期日：「請回去稟告大王，下個月某天吉時，我們就會開始誦經，預備要誦三永日。」也就是整整三天。話傳回到大王那邊去，那大王如果是個菩薩，心裡面可就笑起來了：「原來那大師下個月還要被經轉。」可是禪師家不這麼轉經，拿了銀票以後，下禪床轉一圈又坐回去，就轉經完了。他不被經轉，他已經轉了經。如果這是故弄玄虛騙人，難道不怕大王把他砍了嗎？他不怕，因爲他眞的轉經了啊！遍天下所有已入門的眞悟禪師們都會認同他。而那大王也稍微瞭解一點禪門的典故，因此接到使者回報以後，就哈哈大笑讚歎說：「這老和尚還眞會轉經。」

轉經正應該是這樣轉的，捧著經本在那邊課誦的，全都是被經轉；因爲經文怎麼說，他嘴巴就怎麼唸，這不是現成被經文轉了嗎？經文怎麼寫，他的心就跟著經文轉，不也是被經轉了嗎？可是禪師家，那經文裡面的道理全都懂得，可就是不被經轉，換他來轉經，一霎時間就把那一大部經典轉完了。

同樣的道理，「若自書，若使人書」，自書的情形在菩薩之中是平常事，人家問菩薩說：「師父！您有沒有每天自己書寫《法華經》啊？」菩薩問說：「你爲何這樣問啊？」徒眾們說：「那《法華經》裡面說自己書寫的功德好大啊！師父您以前也爲我們開示過呀！所以我們有這個疑問，才要來請問師父您呀！」師父說：「喔！原來如此。」然後就反問說：「我每天來來去去，都很精進在寫這本《法華經》呢！你們都沒看見喔？」一般人總是想：「奇怪！師父您來來去去，怎麼能夠寫《法華經》？」然而這位菩薩就是這麼寫《法華經》的呀！人家坐在書桌前畢恭畢敬，一天寫不了幾頁；他來來去去奔忙，每天都寫好完整的一部，這才是眞的「自書」啦！

「自書」的時候如此，那麼「使人書」，也就是勸請別人也來書寫，也是同樣的道理。可是勸請別人書寫時可就不容易了！想想看，諸位來同修會之目的是爲了什麼？當然是爲了自己能夠書寫《妙法蓮華經》！然而我們要怎樣幫助大家學會書寫？這可不容易欸！所以兩年半的禪淨班課程以後，甚至於有人還要轉入進階班再學好幾年，然後在禪三道場打了幾趟以後才終於懂了：「原來如此！自書《妙法蓮華經》就是這麼寫的。」才終於會寫了。可是想想看，我們已經花了多少人力、心力？而你們也花了多少時間？所以「使人書」眞的不容易，「自書」還來得容易一些。

那麼假使聽聞了這一部《妙法蓮華經》，也就是聽聞了如來藏這一部經，懂得了這個道理，接著努力修行，終於可以自己書寫了；不管人家什麼時候拜託你書寫一部《妙法蓮華經》給他，你隨時都能夠很容易寫給他；隨時隨地，要寫幾本都有。然後對方經過很多年終於會了，那他就也能書寫了，這樣你才算是度了第一個人能書寫《妙法蓮華經》，這是多麼困難啊！因爲自己能夠書寫就已經是很困難的了，會寫以後再教導別人書寫，又是難上加難，所以這功德可就很大了。

那假設「使人書」的這一件事情，有人心中想著說：「我統統要自己來完成。」那他的功德就小了，因爲他的心態與「此經」已經不相應了。「此經」絕對不會說：我要自己書寫，我教導別人書寫的時候也要自己去完成。因此我們同修會不贊同這樣的想法，所以我們就建立這樣的制度，大家分工合作，可以把「若使人書」這一件事情作得更成功，那麼大家一起結下來的共同淨業福德，也就綁在一起；未來世大家就會比這一世更容易相聚，而且更容易實證，這就是我們的想法。所以我們不會度了哪一些人來以後，我蕭平實一個人繼續來度大眾就好，其餘的老師們都別來插手。我總是要盡量分攤下去給大家共同來作，這樣子就能夠使更多人同樣能教導別人書寫《妙法蓮華經》，這福德與功德就更大。

話說回來，這個「自書，若使人書」所得的功德，世尊說：「以佛智慧籌量多少，不得其邊。」且不說「使人書」，單說「自書」就好；想想看，當自己可以書寫「此經」的時候，接著正式進入內門修菩薩道，一直到未來成佛時，能夠發起多少的勝妙智慧！能夠利樂多少的人天！又可以因此而修集了多少的福德！而這一些功德是要三大阿僧祇劫才能完成的，這整個過程所得的功德到底有多少？眞的無法計算啊！但都是要從這個能夠「自書」開始的。如果沒有這個「自書」的智慧，也就沒有後面所有的功德；何況未來成佛以後繼續「使人書」，那功德更加增長，因爲度化有情永無窮盡啊！那麼像這樣，能夠「自書」的功德，以佛的智慧來籌量多少，還眞的不得其邊。因爲未來利樂有情永無窮盡，怎能夠計算得出功德有多少呢？所以「若自書」這個部分，雖然只是一個起點，功德已經無量無邊了；若再加上「使人書」，那功德眞的是無量無邊無法計算。

接著說：「若書是經卷，華、香、瓔珞、燒香、末香、塗香，幡蓋、衣服，種種之燈：酥燈、油燈、諸香油燈、瞻蔔油燈、須曼那油燈、波羅羅油燈、婆利師迦油燈、那婆摩利油燈供養，所得功德，亦復無量。」這是說，如果沒有辦法「自書」，也無法「使人書」，這個無量無邊功德不能獲得，那也沒關係，因爲不是每一個人都能證悟的呀！那麼 佛陀也開個方便門，讓大家可以獲得很大的功德，而這個功德同樣是無量的，也就是在事相上來抄寫經卷。

這裡講得很清楚，眞的是抄經，不是理上說的「自書」。「書是經卷」就是把這部經卷一筆一畫、一字一段，工整抄寫下來。抄寫下來以後，爲了表示對這一部經卷的尊重以及讚歎，所以要有一些事相上的表現，就是用「華、香、瓔珞、燒香、末香、塗香」等等事物來供養。然後還要「燃燈」，花是在視覺上的莊嚴，香是在嗅覺上的供養，「瓔珞」是以世間財寶來供養，「末香」是用來點燃而在香塵上作供養。「塗香」在臺灣很少見，但印度現在都還有人在用，就是塗抹在身上用的；其實現在的香水，也就等於塗香的一種。除了這一些以外，「幡蓋、衣服」是猶如「表刹莊嚴」一樣的意思；也就是說，雖然這只是一部經卷，但它本身就等於是一個七寶塔，所以要用「幡蓋、衣服」等等來作供養。

接著還要有各種燈的供養。燈是照明之用，到了晚上就點起來照明作爲供養；可是燈油也要有香味才行，不能用煤油燈，免得點了臭味滿屋，所以要用「酥燈、油燈」、各種香油之燈。各種香油之燈，譬如用「瞻蔔油」來點燈。瞻蔔是一種金黃色的香花，用這一種花去製成油來點燈照明以作供養。「須曼那油燈」，須曼那是一種灌木，會開鵝黃色的、介於黃色跟白色之間的一種花，也很香，取來製成油點燈。「波羅羅油燈」，波羅羅花，翻譯過來叫作重生花；可能是會落葉然後又重新開花，再重新長出葉子，所以叫作重生花，這也是很香的花。

「婆利師迦」是到了夏天，開始下雨的時候就會開花；印度都是到六月初就開始下雨了，整整下三個月；這種花是從六月初就開始開花，所以又叫作夏至花，表示夏天到了；或者叫作雨生花，因爲下雨以後它就開始開花，所以叫作雨生花，這種花也很香。還有就是「那婆摩利」，這就不限定是什麼花，凡是會香的花都可以取來製作成香油；是把很多種香花拿來合在一起製成香油，叫作「那婆摩利」。用這樣的花製成的香油，或者用其他不同的香製成的油來點燈，這就兼具兩種供養：除了光明的供養還有香的供養。我們辦禪三的時候，祖師堂大殿上都有一種玻璃罐裝的奶油，好像是奶粉脫脂提煉出來的油，點起來也很香，那就屬於酥油類；就用這一些供養物，每天對《妙法蓮華經》的經卷作供養，所得的功德同樣也是無量。

那麼也許有人想了：「再怎麼樣供養，不過就是一部經卷吧？」但是你想：如果抄好了以後擺著，功德就不大了，因爲最多只是留給子孫未來作紀念說：「這是我老爸親手抄的經典。」到了第三代就說：「這是我爺爺親手抄的經典。」就只是這樣子。可是如果每天非常恭敬用這麼多的華、香、瓔珞等等來供養，大家都會想說：「這到底是什麼經？值得他們家這麼恭敬、這樣大肆張羅來供養？一定不簡單，絕對非常勝妙。」就會引得某一些人想要一探究竟。至少他的子孫們都不會隨意丟棄，一定會當作寶貝保存下來；未來也許其他的經典都滅沒了，就只剩下這一部手抄的《妙法蓮華經》經卷留下來；剛好證悟的菩薩有個因緣看見了，就說：「唉呀！我應該來爲人講解此經！」於是「此經」如來藏妙法又大大弘揚起來了，所以這個功德「亦復無量」啊！

那麼講到這裡，看看這一段文字的前面第一行說：「『此經』能救一切眾生者，」這裡明確地講：「此經」是可以救一切眾生的。然後回到這一頁第三行一開始說的：「若人得聞此《法華經》，若自書，若使人書，」這裡都是講「**此經**」，並不是講經卷。然後到了第四行才說「**若書是經卷**」，這表示前面那兩句說的「**此經**」並不是指經卷，「**此經**」就是指第八識妙法蓮花，是出於污泥而不染，又能出生蘊處界等萬法的如來藏妙眞如心。因此前面說的「**若自書，若使人書**」，並不是講經卷；而這裡「**此經**」講的就是妙法蓮花如來藏。

所以第一行說的「**能救一切眾生的此經，能令一切眾生離諸苦惱的此經，能大饒益一切眾生的此經**」，當然不是講「**經卷**」，指的正是「**妙法蓮花**」如來藏妙心！那麼由這裡也可以看得很清楚了，這樣子瞭解以後，顯然「**此經**」不等閑，所以 世尊最後要離去以前，圓滿一切法教而說的就是如來藏妙法。這部《妙法蓮華經》既然古今一切大師同判爲圓教之法，也就是說，經由這一個法來函蓋一切三乘諸教；這意思已經很清楚告訴我們：佛法的綜合要旨就是「**此經**」妙法蓮花如來藏心。如果外於此經妙法蓮花第八識心而說他有佛法可聞、可熏習、可實修、可實證，那其實都是空中樓閣。

眞正的佛法是可以實證的，然而實證的內涵究竟是什麼？這才是最重要的主題啦！那麼在《妙法蓮華經》裡面，世尊爲我們明說：一切佛法函蓋於

「此經」妙法蓮花之中，而「此經」不是講文字抄寫印刷出來的經卷，是第八識心如來藏。因爲只有如來藏這個第八識心，才是能夠處於欲界污泥之中而又清淨無染。三界一切法沒有一法可以是出於污泥而不染的，並且祂還能生一切法呀！所以才叫作妙法蓮花。那麼既然世尊以「此經」告訴我們，一切法都要含攝、要歸屬於「此經」妙法蓮花，竟然有人否定了妙法蓮花如來藏心，而自稱他在教人家學佛、令弟子大眾聽聞；那麼他所說給弟子眾聽聞的所謂佛法，顯然全都是空中樓閣了。

因爲他本身言不及義，聽聞者當然也是聞不及義；那麼聽了變成白聽，他說了也是白說，反而耽誤了大眾的法身慧命。所以離開「此經」妙法蓮花如來藏心，而說有眞正的佛法可聞、可熏、可修、可證、可得，全都是空談，都只是空中樓閣；就只是拿著筆在虛空中畫得興高采烈，述說他的樓閣有多麼壯觀、多麼富麗，其實沒有絲毫的本質。這是《妙法蓮華經》告訴我們的道理，圓教之所以圓，就圓在這裡；就是以「此經」妙法蓮花來圓滿一切的法教，這才是眞實法。好！世尊開示完了，接著再看下一段 世尊爲我們怎麼開示：

經文：【「宿王華！若有人聞是〈藥王菩薩本事品〉者，亦得無量無邊功德。若有女人聞是〈藥王菩薩本事品〉，能受持者，盡是女身，後不復受。若如來滅後，後五百歲中，若有女人聞是經典，如說修行。於此命終，即往安樂世界，阿彌陀佛大菩薩眾圍繞住處，生蓮華中寶座之上，不復爲貪欲所惱，亦復不爲瞋恚、愚癡所惱，亦復不爲憍慢、嫉妒諸垢所惱，得菩薩神通無生法忍。得是忍已，眼根清淨，以是清淨眼根，見七百萬二千億那由他恒河沙等諸佛如來。是時諸佛遙共讚言：『善哉！善哉！善男子！汝能於釋迦牟尼佛法中，受持讀誦思惟是經，爲他人說，所得福德無量無邊，火不能焚，水不能漂；汝之功德，千佛共說不能令盡。汝今已能破諸魔賊，壞生死軍，諸餘怨敵皆悉摧滅。善男子！百千諸佛，以神通力共守護汝，於一切世間天人之中無如汝者，唯除如來；其諸聲聞、辟支佛乃至菩薩，智慧禪定無有與汝等者。』宿王華！此菩薩成就如是功德智慧之力。若有人聞是〈藥王菩薩本事品〉，能隨喜讚善者，是人現世口中常出青蓮華香，身毛孔中常出牛頭栴檀之香，所得功德如上所說。是故，宿王華！以此〈藥王菩薩本事品〉囑累於汝。我滅度後，後五百歲中，廣宣流布於閻浮提，無令斷絕，惡魔、魔民、諸天、

燒你，水也不能夠漂流你；你的功德，千佛共同來宣說也是無法講得盡的。你如今能夠破壞各種魔與賊，也能夠毀壞生死大軍，其餘各種怨敵你也全部都摧滅了。善男子！百千諸佛都以神通之力共同來守護於你，在一切世間的天或人之中，沒有誰是可以像你這樣子的，除非是如來；至於其他的聲聞羅漢們、緣覺辟支佛，乃至於菩薩們，他們的智慧與禪定也沒有誰能夠與你相提並論啊。』宿王華！這位菩薩成就這樣的功德和智慧的力量。

如果有人能聽聞這個〈藥王菩薩本事品〉，而能夠隨喜讚揚是善妙之法，這個人在現世之中，口中常常散發出青蓮花的香味；他身上的毛孔中，始終都會散發出牛頭栴檀之香；他所得到的功德，就如同我上面所說的這樣子。由於這個緣故，宿王華！我以這個〈藥王菩薩本事品〉來付囑你、託付於你。將來不久我示現滅度以後，到了末法時代的最後五百年中，你要廣爲宣揚，並且要把此經中的義理流布於閻浮提，不要讓這部《妙法蓮華經》的眞實法教斷絕了，以免惡魔、魔民、諸天、龍、夜叉、鳩槃茶等，得到了破壞的方便。」〕

講義：像這樣子依文解義時，應該有人會覺得：「太玄了吧？」誠然很玄，因爲是依文解義。可是如果我不是依文解義，而是講出了其中的眞義，你聽了就會覺得：「有道理！本來就應該如此啊！」那我們就來講解一下。世尊還特地呼喚宿王華，那宿王華這個名字到底是什麼意思？「宿」就是很久很久以來都是如此，「王」表示他非常勝妙、最爲尊貴，「華」就表示不是醜陋、不是腐臭的。那麼宿王華這位菩薩以此爲名，一定有他的道理，否則世尊不會特地吩咐他要護持「此經」以及〈藥王菩薩本事品〉。

這就是說，他久劫以來就是修學此法、受持此法、弘揚此法，所以他叫作宿王華。「此法」就是妙法蓮花如來藏心，「妙法蓮花」出淤泥而不染，最適合在五濁惡世的人間來生存、綻放，以及顯示祂的功德，所以宿王華菩薩當然要生生世世繼續生在娑婆世界中，因此世尊就把這個〈藥王菩薩本事品〉來付囑給他。好！世尊呼喚了宿王華菩薩以後，就開示說：「如果有人聽聞到這個〈藥王菩薩本事品〉的話，單單是聽聞，也可以得到無量無邊功德。」那麼諸位當然心裡面產生了一個問號：「如今我聽完這一品，那我的功德在哪裡？」當然要這樣想啊！否則你去外面聽人家講《法華經》就好了，不必一定要來正覺聽我講解。

那我們當然得要校量一下，是不是眞的有此功德？這時我們是不是得要回想一下，當我們回熏這一品的時候，想起曾經說到 藥王菩薩的本事，也就是他本來所經歷過的那一些事情；在他的本事中告訴我們，他本來是一切眾生喜見菩薩，累劫都修苦行，不是修安逸行。所以他不是像人家初學佛時，聽說哪裡有一家素食館好好吃，再遠也開車趕了去吃。有好多人聽說臺北有一家素食館開張了，聽說很好吃，所以從臺中跑到臺北來，就爲了上那一家素食館吃一頓，吃完了原車又開回臺中去。這一種人，在臺灣某一些大山頭的信徒裡面非常多，特別是其中的兩個大山頭，咱們就不用指名道姓指說是誰，諸位自然心中有數。

藥王菩薩之所以有這個成就，他是修苦行，不但如此，而且是歷劫不曾中止，是一劫又一劫不斷地修苦行，才能夠得到「現一切色身三昧」，正是由苦行而得。諸位想一想：爲什麼修苦行容易得這個三昧？一定有原因啊！反過來說，假使都修享樂行，爲什麼不容易得到「現一切色身三昧」？這樣應該想到了吧？假使你所聞熏的法，不是依文解義而是實證的法，那麼這時修苦行與修樂行就有不同了。假使一天到晚都修安逸行，那麼他將會專心於放逸的外境上面；假使他所聞熏的都是了義的眞實法，而他修的又是苦行，那他在爲眾生作事、利樂有情的辛苦過程中，將會很容易契入「此經」妙法蓮花。

這是因爲他修苦行的時候，仍然會在法上留心；假使是修放逸行，他的心是往外放的，就會只在境界上面用心；那他再修上好幾倍的時光，依舊不能與「此經」妙法蓮花相應的。修苦行時無心於世間法，就會留心於法；當他與「此經」妙法蓮花相應的時候，首先會得到理上的「現一切色身三昧」。什麼叫作理上的？是說，當你與「此經」如來藏相應時，你可以看見眾生無始劫以來—包括自己在內—都是由妙法蓮花來普遍的示現一切色身。往世也曾經有過四禪八定，所以往世也曾經有過初禪天身乃至四禪天身；往世也曾經有過五神通，所以五通之身如意自在；往世也曾經造過惡業，所以也曾下墮於地獄、畜生、餓鬼；然後也曾經供養於佛而發了願，一世又一世不墮三惡道，而且當了很多劫的轉輪聖王；後來知道那不究竟，所以行善之後迴向要當菩薩、要實證佛法，然後接下來每一世都是生爲菩薩常在人間。這樣從現量的觀察再加上比量的觀察，一定會發覺原來自己往世無量劫以來，種種色身都是由「此經」妙法蓮花而出生的，這就是理上的「現一切色身三昧」。因爲你現觀之後心得決定而不改變了，這個智慧就成爲三昧。

那麼 藥王菩薩不止是這樣，而且他還繼續供養佛，先以寶物供佛，供養之不足更加上自己的色身燃身供佛一千二百歲，這樣子捨報後重新受生於王家，於是他得到了「解一切眾生語言陀羅尼」；這時他的「現一切色身三昧」可就不是理上的了，那已是八地「於相於土自在」的境界；然後又得到「瞭解一切眾生語言三昧」，這是在事上得到「四無礙法」，這個是放逸行嗎？當然都不是放逸行，全都是修大苦行達成的。到這個地步還不滿足，他又燃燒了兩臂七萬二千歲來供佛，這全都是苦行欸！

當眾生煩惱說：「這位菩薩是我們的師父，我們跟隨他修學佛法，如今卻失去了兩臂，很不莊嚴。」於是大眾心中憂愁不解。所以他在佛前發了願，因爲於相於土自在而且當眾發願的關係，他要證實給眾生看，於是「兩臂還復如故」。就因爲這樣子的苦行，所以他就成爲現今的 藥王菩薩，位在等覺。他這樣示現，大家想想看，他是捨無量身，於無量劫中修種種苦行，而以「供佛」爲主要；然後秉遵於 佛陀的吩咐而將「此經」繼續弘揚下去，住持 日月淨明德佛的正法，因此他成為現在的藥王菩薩，世尊是特地讓他從別的佛世界來這裡示現給大家看。這樣複習一下，諸位想起〈藥王菩薩本事品〉的內容，以後就不會再有放逸行了！

所以假使有人家再說：「我們臺中講堂附近開了一家新的素食餐廳，特高級、超好吃的，咱們跑一趟嚐嚐看。」你再也不去了，因為你以前就沒有為此跑過遠路，現在當然更沒興趣呀！不在放逸行上用心，就不會落入境界中，就會在法上用心，自然容易與法相應，那麼想要得到理上的「現一切色身三昧」可就容易啊！所以這樣子瞭解以後，你當然也有無量無邊的功德。因為你離開放逸行了，而且未來遇見有緣人時，你也會把這個道理告訴他們，那你只要講上幾句話，能夠啓發對方產生對「妙法蓮花」妙眞如心的愛樂之心，你的功德就已經無量無邊了；所以如果有人聽聞〈藥王菩薩本事品〉而如實信受，功德也是無量無邊；然而有一個前提——不是依文解義。

接著說：「若有女人聞是〈藥王菩薩本事品〉，能受持者，盡是女身，後不復受。」也許你們開始在想：「這是什麼道理，眞的嗎？」告訴你：「眞的！」諸位且聽聽我說的，看有沒有道理。女人是因為心中喜歡斤斤計較所以被稱爲女人，這是一個原因；但是正覺的女人不太會計較，所以如果將來聽到誰斤斤計較人家舉報到我這裡來，哪一天見了面我就說：「原來妳是女人。」意思就是說這個「女人」跟後面那一句「女身」的意義是不一樣的。主要是從色身上來說「女人」，從法性上來說「盡是女身」，應當這樣解讀，不能依文解義。

女人生在人間通常是活得比較苦悶，不像男生到處晃也無所顧忌，女生的顧忌總是比較多。除了這個以外，先回到文字上來，「女人」就是說，她的色身就是個女人。那麼聽聞到這〈藥王菩薩本事品〉而能夠受持，這句話的前提是「受持」。受持是什麼意思？就是要像 藥王菩薩那樣去獲得「現一切色身三昧」；也就是在學法的過程中，要能像他那樣首先得見道位的功德，能夠看見自己那一朵出淤泥而不染的妙法蓮花眞如心，在無始劫以來普遍地顯現自己的色身。過去有無量劫，所以也許曾經生爲螞蟻、生爲蚯蚓，也許曾經生爲色界天的天主，種種色身不一而足，但那都是自己的「妙法蓮花」如來藏所出生的，都從如來藏中變現出來的。

即使在人間入胎以後，什麼都沒有了，只剩下一顆受精卵作爲自己的色身，但是如來藏就這樣開始變現，從母體中攝取四大而製造了我們的色身，最後十個月滿足時就呱呱墜地，出生時也就具足人身了。這也是如來藏所變現的啊！那麼人身如此，天身如此，畜生身如此，地獄、餓鬼身莫不如此。而無始劫來這些無量的色身——各種不同種類的色身，在過去的無量劫之中，自己全都曾經擁有過。可是這一切色身都是自己的「**妙法蓮花**」妙眞如心所變現的。當你實證了「**此經**」就可以觀察，自己的妙法蓮花就這樣變現自己往世的一切色身，那你就獲得了理上的「**現一切色身三昧**」，這樣才只是初步的「**受持**」。

那麼後面悟後的進修先就不談，咱們今晚單談初步的理上「**受持**」就好。當你親證了自己的「**此經**」，現前看見了自己的妙法蓮花，能夠變現自己無量劫來的各種色身，所以你心得決定，毫不猶豫就這樣認定而永不改變地邁向佛道；那麼這時你從「**此經**」妙法蓮花如來藏心來看時，一切有情的本質全都是「**此經**」——一切有情都是妙法蓮花如來藏心，這時還有女身嗎？已經沒有女人之身了，這時所見一切都是如來藏啊！

我們以前也援引過一段經文，說那位當大王的菩薩，聽聞 文殊菩薩說法以後入地了，就把身上那件價值百千兩金的殊妙衣服取下來供佛，乃至一一供養菩薩們，結果他想要供養的佛、菩薩們一一都不見了；於是想要供養阿羅漢們，但所有阿羅漢們也都一一不見了；最後想，沒辦法供養出去了，怎麼辦？只好回去皇宮供養自己的皇后，這總行了吧！行！回到皇宮一看，看到皇后時，皇后也不見了；又去看到他的子女時，也全都不見了。爲什麼不見了？因爲都只看到如來藏而不看他們的五蘊身啊！所以才說是不見了。然後他返身回到現象界來看時又發覺：欸！一一歷然，佛是佛，菩薩是菩薩，聲聞是聲聞，皇后是皇后，又全部都存在著。

也就是說，他從「妙法蓮花」如來藏來看一切有情時，沒有所謂的「人、我」，沒有所謂的「眾生」，也沒有所謂的「壽命」，事相俱無啊！所以也沒有佛、菩薩、聲聞、緣覺可說，一切都沒有了，只有看到如來藏，也就是唯一空性。同樣的道理，當妳證得這個理上「現一切色身三昧」時，妳再來看自己此生獲得的這個色身，還能叫作女身嗎？不行啊！除非妳能夠把如來藏叫作女人之身；但那永遠也不可能啊！因爲妳如果這樣講，邏輯上是不通的呀！在現量上也不通呀！那妳看看這一邊男眾們，他們也是如來藏啊！連男身都沒有了，反過來看妳自己時，又怎麼會有女身？所以妳只要能夠受持「此經」妙法蓮花，從這一世開始，妳再也看不見女人之身了，因爲妳下一世同樣還會再開悟；還沒有遠離胎昧之前，只要悟過一次，未來世就會再悟第二次的啊！

就這樣一直到離開胎昧爲止，每一世都要這樣繼續再開悟的。每一世只要一悟了，又看見沒有女身的狀況。所以妳如果這一世是學佛多劫以來第一次開悟，那妳看見自己這個女人之身，就會是最後一世看見，未來世所看見的都會是如來藏，沒有女身。未來世妳一樣會開悟，一樣不認爲這是女身。當人家問妳：「妳說這個不是女身，那是什麼身？」答：「如來藏身。」這樣子，這幾句經文有沒有誇大其詞？沒有！可是依文解義時就會覺得太誇大了，因爲依文解義時都會落到事相上，自然就離不開「女身」，就會亂發問、亂質疑說：「怎麼樣？妳去正覺學法，那妳現在開悟而受持《妙法蓮華經》了，可是妳現在爲什麼還是女人之身？」都因爲他們依文解義，所以不信經典所說。

這時妳該怎麼回答，妳要問他：「汝喚什麼作女身？」這時他也許說：「妳這句話沒頭沒腦欸！這還算佛法嗎？」妳就得告訴他：「原來你不懂佛法。」他可能會問妳：「那什麼才是佛法？」妳就告訴他：「女身。」他可能很不服氣，沒關係，妳就告訴他：「三十年後，遇到了明眼人，把這一件事情告訴他！」所以經文所說全然沒有誇大，認為有誇大的人是因為他們依文解義啊！

這個「受持」眞的不容易，假使他不瞭解而繼續追問到底，那妳應該要把自己的所知告訴他，那妳就說了：「因為我聽聞〈藥王菩薩本事品〉之後，如實修行，後來終於能夠『受持』了，所以我才懂得什麼叫作『女身』。」那他問妳：「那妳是怎麼『受持』？」妳就告訴他：「我這個『受持』並不困難，就怕你會覺得很困難。我的『受持』很簡單，早上起床四處灑掃，灑掃完了，我覺得這個『受持』還不夠，身為佛弟子，我當然得要作個早課。」他也許問妳：「那妳開悟後作早課，有什麼不同？」妳說：「當然不同啊！我作早課時，把經本請出來唸了『如是我聞』，就把經本放回案上去，我就把早課作完了。然後我去廚房裡弄一弄，款待我先生、孩子出門去，我就這樣『受持』。」

他想：「欸！這是什麼道理？這也叫作『受持』？那假使妳沒有先生、孩子，又怎麼『受持』？」妳就說：「假使我有因緣出家，那時我就過堂；過堂完了我就出坡，出坡完了回屋裡洗洗手，中午到了我又來過堂。過堂完了就睡個午覺，我就這樣受持。」「唉呀！這怎麼叫作『受持此經』？妳講的未免太荒唐了吧！」妳說：「不！三十年後遇到一個作家，你就告訴他吧！」「什麼是作家？」「作家，你也聽不懂？我告訴你，就是行家。」好了，妳就這樣受持，所以每天得要朝九晚五也無妨，先生孩子送出門以後，自己打理一下也去上班。上班時也跟大家嘻嘻哈哈作好事情，然後去到素食館也是過過過堂。反正該忙什麼就忙什麼，這就是「受持」此經。

他們聽起來覺得好奇怪喔！怎麼這樣也可以叫作「受持此經」，妳得要告訴他：「這樣『受持』才是如法受持。」那對方也許想：「我可不可以像妳這樣『受持』此經？」妳說：「不行！你至少要等到某一天變成獨眼龍了才行。」「為什麼叫我當獨眼龍？」他當然得要問妳，妳就說：「獨具隻眼呀！」你沒聽過嗎？」「喔！原來如此！那我要怎麼樣才能獨具隻眼？」「打開慧眼啊！」「唉喲！開慧眼，那好難哪！」妳就告訴他：「不難，因為人家祖師早就講過了：太容易了！太容易了！就像早上起床，腳垂下來就踩到地上去了——『如下眠床腳踏地』。」他聽到最後信妳了，無可奈何，就說：「好了！我跟妳去正覺學法。」可以了，就來報名。

等到學上兩年時心想：「我都學兩年了，還沒辦法開悟。」找上門來質問妳，妳就告訴他：「因爲那時我只能告訴你這個部分，可是還有兩句話，現在可以告訴你了：『難！難！難！十碩油麻樹上攤！』」「唉呀！這麼困難，我繼續學下去，會苦死了！」妳說：「不要苦！不要苦！我還有一句送給你：『不難也不易，百草頭上祖師意。』你只要按部就班去學就好了，不要好高騖遠，不要想吃速食麵，你就老老實實去作你的功夫、修你的福德，好好熏習你的知見。」於是他終於可以安下心來，不久以後就可以得度了啊！

就是要這樣「受持」啊！如果能夠這樣子「受持」時，佛說的沒錯，確實是「盡是女身，後不復受」。只要這一輩子悟了，下一輩子還是會遇到這一個法；只要一遇上人家講明心與見性時，妳的眼睛就亮起來了；妳就會繼續投入了義正法中，一樣還是會開悟，並且品質還會比上一輩子好，然後放眼一看：天下沒有女人。即使爲了要上班而對著化妝鏡擦著口紅，一看鏡子裡的自己依舊不是女人，這不就是「盡是女身，後不復受」了嗎？眞實理第一義諦中就是這樣，因爲妳的所見無非「妙法蓮花」如來藏心，再也沒有女身可見了。

「若如來滅後，後五百歲中，若有女人聞是經典，如說修行。於此命終，即往安樂世界，阿彌陀佛大菩薩眾圍繞住處，生蓮華中寶座之上，不復爲貪欲所惱，亦復不爲瞋恚、愚癡所惱，亦復不爲憍慢、嫉妒諸垢所惱，得菩薩神通無生法忍。」如果 釋迦如來入滅以後，到了末法最後五百年中，假使有善女人聽聞到這一部經典，或者女人因爲生在末法時代，學法有許多障礙，障礙的產生必然會越來越嚴重，這有一個原因。也就是說，越到末法時代，佛教界普遍性地看重表相，都看誰是最有名氣的，誰的山頭最大，他就是大師。當周遭的環境都是這樣的看法，身爲女人就比較會受影響；因爲女人之身比較感性，不像男生那麼倔、那麼有主見，對不對？男生往往自己認爲怎麼樣就是怎麼樣，是不是？女生比較感性，妳們認同不認同？女人本來就比較感性，當周遭的氛圍都是這樣只看表相的時候，女人就比較會被影響；因此不容易擺脫原來追隨的大師座下那些師兄師姊的情感影響，所以比較會被感情所繫縛而不容易就法論法。

例如我們正覺同修會弘法，我剛開始弘法時，前來學法的人之中，男眾永遠是女眾的兩倍，女眾若是十個人，男眾就會有二十個人，全省各地道場永遠都是如此。後來終於有個地方開始女眾跟男眾差不多了，從哪裡開始的呢？從臺北講堂開始；看見這個現象時，我就說：「**我們這個八識論的正法快要步入成熟期了。**」那什麼時候是成熟期？是新的禪淨班開課時，來報名的女眾比男眾多出好多時，這就是我們第八識正法被這個地區的佛教徒普遍認同的時候到了。雖然不是大家都會來正覺修學，但是女眾比男眾多出一半或者一倍時，就顯示正法的弘揚是到成熟期了，表示佛教徒普遍認同這個法了。

現在臺北講堂已經有一點成熟期的味道了，其他各地講堂也會漸漸開始轉變為這種現象的，所以我們臺北講堂排列給女眾坐的位置是比較多的。以此現象印證於現在正覺同修會被佛教界認同——附佛法外道密宗就不談它——正覺被佛教界的認同剛好與這個現象契合，這是我開始弘法二、三年以後就預先講出來的道理。這意思表示什麼？是說身為女人時都不免比較感性一點，當妳比較感性的時候，在末法時代整個氛圍都是落在意識境界的狀況下，當整個佛教界全都落在表相法裡的時候，身爲女人比較不容易獨立自主來判斷正法與像法，因爲不免會受到周遭親朋好友的影響。

所以才說：末法最後五百歲中，如果有女人聽聞這一部《妙法蓮華經》而如說修行，這是非常難能可貴的。因此妳們女眾要作的事情是什麼呢？是建立自己對於了義正法的正知正見的堅持習慣；也就是說，了義正法的正知正見，妳們永遠都要堅持，不通商量。人家要用相似像法來打商量時，妳們不能允許他們；世間法可以商量，這個了義正法的正知正見可不通商量。要這樣子使自己能夠堅定地堅持下去，讓這個種子永遠堅持下去，那妳們未來世到了末法最後五百歲中，就比較不會受到相似像法的影響。

然而轉生到未來世中，曾經在這一世的同修會裡面熏習了義正法的女人，終究比一般未證的學佛人少，所以在那個氛圍之中，如果聽聞到「此經」妙法蓮花而可以如說修行，這個人可眞的不簡單。這裡講的是「如說修行」喔！依文解義不算在內。那麼既然講「如說修行」，當然就要探討是依什麼而「如說修行」？一定是依「此經」妙法蓮花，「此經」妙法蓮花就是如來藏心；要依於「此經」妙法蓮花如來藏心，而且要如說修行。

「如說修行」是指什麼？就是上一段經文講的「若自書，若使人書」。假使能夠這樣來「如說修行」，在這個世界命終以後（這不是指現在，而是說末法最後五百年時），像這樣「如說修行」的人，在這個娑婆世界命終時就可以往生去安樂世界，也就是往生去西方極樂世界；在極樂世界「阿彌陀佛大菩薩眾圍繞住處」，圍繞於他的所在，他將出生於蓮花中的寶座之上。要注意喔！世尊說的是生在蓮花中的「寶座之上」，不是受生在蓮花中，這是往生之後立即見佛聞法的人。

上品中生的人往生時是坐在紫金臺往生的，上品上生的人是坐在金剛臺上往生的。金剛臺仍然是在蓮花中，是在蓮花中央有一個金剛所成的金剛寶座。若是紫金臺，是紫金色的蓮花裡面有個臺座，坐紫金臺往生到極樂世界去的人，要在七寶池中待一個晚上，那裡一個晚上等於這裡半個大劫。如果是上品上生的人，是證悟者，都是坐金剛臺往生而去，一樣是有蓮花，但蓮花是開敷而沒有合起來的，花中是一個金剛寶臺，旁邊都是蓮瓣，就像佛坐的那個樣子，所以叫作「生蓮花中寶座之上」。一去到極樂世界就立刻被阿彌陀佛諸大菩薩所圍繞著，然後 佛陀為他說法，立刻就得到「菩薩神通無生法忍」，所以不再被貪欲所苦惱。

在極樂世界沒有什麼好貪的，那裡都是諸大菩薩。也許有人想：「某甲在這個世界時眼睛不好，他不是看不見而說眼睛不好，他是眼睛壞，一天到晚總是看見漂亮的女人時就盯著不放。他的眼睛那麼不好，往生去到那邊時難道就變好了嗎？」我說：「好啊！當然好。」因為那裡沒有女人可以給他看呀！那裡都是菩薩，都長得好莊嚴，可是他再也無法緊盯著瞧了，因為都不是女人，那他還會被什麼貪欲所惱？而且他是上品上生呢！這時依於「此經」妙法蓮花來看一切菩薩、一切的境界，無非就是「此經」妙法蓮花，還有什麼可貪的呢？所以他也就「不復為貪欲所惱」。

也許有人想：「他在娑婆時好貪財，一天到晚想著買黃金，一買、再買、三買、四買，總是買個沒完，擁有好多黃金，難道他往生極樂世界以後就不貪黃金了嗎？」當然不貪，因為那裡遍地都是黃金，他要貪什麼？極樂世界大地都是黃金，不論他怎麼挖，全都是黃金，賣不了錢，因為沒有人要買，他何必挖？當然不貪了！那個環境就是不會起貪、也無法起貪的呀！所以生到那裡去以後，又因爲上品上生聞佛說法立刻就得無生法忍，當然不會被貪欲所惱了。所以求悟眞的很重要，悟了以後往生極樂世界都是上品上生，一到那裡立刻就得無生法忍，很快就入地了。那麼「不復爲貪欲所惱」的另一個意思是說，他超越了欲界境界——依於無生法忍而超越了欲界境界。

然後「亦復不爲瞋恚、愚癡所惱」，在欲界中是貪瞋癡具足，往生到色界時是要先去貪的；去掉了貪以後還有瞋與癡兩個煩惱法。得禪定的人不貪欲界的法，可是人家誹謗時他可能還會生氣，因爲他只得禪定而沒有證得實相般若，不能轉依眞如，所以他會生氣，他還有瞋。因此色界的代表就是瞋，而欲界的代表則是貪。那他上品上生，在理上已經超越了色界，往生到那裡去而見佛聞法時又得了無生法忍，這時實證的智慧境界就可以超越色界了，所以「不復爲瞋恚所惱」。那麼他得到無生法忍的時候，同時也超越了無色界，因爲無色界是意識的境界；既然有意識就會有法塵，也就會有意根，仍然是在三界內，然而無生法忍的境界是超越三界的；所以他去到安樂世界聽聞阿彌陀佛說法以後，同時也超越了無色界的境界。

無色界的境界就是愚癡，也就是無明。諸位想想看，修得四空定的人，貪愛那個境界而誤以爲是涅槃，結果死後往生到無色界去。這四空天從空無邊處開始，然後是識無邊處、無所有處、非想非非想處。第一種天的壽命一萬大劫，第二種天兩萬大劫，第三種天四萬大劫，第四種天八萬大劫。且不說八萬大劫，諸位想想空無邊處天就好：住在那裡面，沒有色身而只有意識存在，假使不中夭，可以一念不生過完一萬大劫。一萬大劫是多久的時間？諸位想想看啊！

可別說：「才只有一萬劫。」一萬大劫是很久的時間了。人壽十歲時，人們開始行善，壽命會漸漸增加，直到八萬四千歲時，才只有半個小劫；然後人們開始放逸，就會使壽命開始漸漸減少，一直減到人壽十歲時，也是半個小劫；這樣子人壽一增一減，才算是一個小劫；像這樣的小劫二十個才是一個中劫，四個中劫才是一個大劫，這樣也才只有一個大劫。可是他住在空無邊處天中一萬大劫都是一念不生，什麼事情都無法成就，這是不是很愚癡？因爲什麼事情都不能成辦啊！人家在人間死了又生，生了又死，不斷輪迴的過程當中道業進步好快，他卻還在一念不生，全都沒有進步，那就是標準的無明，也就是愚癡！但是當你聽聞 阿彌陀佛說法得「無生法忍」時，這個境界當然就超越了。

那你想：「不復為貪欲所惱，亦復不為瞋恚、愚癡所惱，」是超過三界境界，這是可以入地的人，所以他得到了「無生法忍」，並且不會被「憍慢、嫉妒」的種種垢染所煩惱，發起菩薩神通就容易了。在極樂世界不能對人家起憍慢心，因為極樂世界所有菩薩們都有他心通，只要在心中一點點憍慢心出現時，人家馬上知道，大家就全都知道了，那時整個極樂世界的菩薩們都知道：「某甲起憍慢心了。」那時如果愛面子，面子要放到哪裡去？老實說，得無生法忍以後也沒有面子可說了，所以不需要也不會生起憍慢心。那他更不會生起嫉妒心，因為嫉妒比憍慢還要糟糕；在極樂世界那裡，大家只有隨喜而沒有嫉妒。

這意思是說，他的隨煩惱已經斷除了，不是只有斷除根本煩惱。不但如此，接著「得菩薩神通」，這不是得一般的神通。一般人生到極樂世界去也會有神通，但那是一般神通，屬於報得的神通；而他得到的是「菩薩神通」，意思是說他已經滿足三地心了。因為三地菩薩要修四禪八定、四無量心、五神通，這時他已經完成了。當　阿彌陀佛繼續為他說法，他的無生法忍就會繼續提升，這就是往生去極樂世界的好處。所以如果對自己沒有信心的人，悟後是可以往生去極樂世界的，但是要記得，是去留學，不是去那邊享受。

這個意思在告訴我們什麼呢？告訴我們說，在末法時代剩下最後五百年時，能夠信受「**此經**」而「**如說修行**」是很不容易的。《金剛經》裡面也講過：後五百世如果有人信受「**此經**」如來藏（因爲《金剛經》也是講如來藏），那麼　佛說這個人是最不可思議、最稀有的人！因爲在後末世五百年時眞的不容易讓人信受「**妙法蓮花**」如來藏心。如今都還沒有到後末世最後五百年，現在才只是末法開始一千年而已，像法已經不見了，到處瀰漫著邪說，都謗說如來藏是外道神我。一直到我們正覺開始弘法而印出了很多書，從現量、比量、聖教量，以這三量一一來證明以後，現在臺灣毀謗「**如來藏爲外道神我**」的人才終於消失了。

但我們已經弘法二十年了（編案：此是二〇一三年二月十二日所說），而現在才剛剛進入末法時期一千年，已經是如此了；如果是去到最後五百年時，更會是如此。所以那時要信受「**此經**」妙法蓮花而且可以如說修行，確實不容易啊！既然很不容易，而能作得到；並且她又是個女人之身，所以她應該得到這樣偉大的功德；而且那時能夠信受「妙法蓮花」而「如說修行」時，表示她其實是已經受持此經很久的久學菩薩了，本來就應該得到這樣的功德，世尊說的眞是恰如其分啊！好！今天講到這裡。

舊的一年過去了，新的一年應該有新氣象，所以說要除舊布新，那麼在這裡先向大家拜個晚年：「恭喜大家新年大發七聖財！恭喜！」但是我們有許多地方都要繼續再努力，有很多的事情要努力，也有很多的計畫要執行，都要同時進行，所以大家各安其位，看自己手上有什麼事，就在那個部分努力去作，這叫作同修會眾的法住法位，法爾如是。因爲大師們也是這樣解釋的，你是作什麼的就安住你的位置好好去作；那麼事相上本來大家就應該如此，叫作世間相的法住法位，法爾如是。

輕鬆的幾句講過了，大家可以收心了，就回到《妙法蓮華經》來。春節前我們講到一百八十三頁倒數第五行，第一句剛剛講完。今天要從第二句開始：「得是忍已，眼根清淨，以是清淨眼根，見七百萬二千億那由他恒河沙等諸佛如來。」因爲前一句講的「生蓮華中寶座之上」，那他是上品上生的人，去到極樂世界見佛聞法以後也超過三界境界了，因爲他是「不復爲貪欲所惱，亦復不爲瞋恚、愚癡所惱」，這就是超過三界境界了。欲界就是被貪欲之所拘繫，色界已經不爲貪欲所拘繫，但是卻仍然有瞋這個法來拘繫著色界有情，若是過了色界也就沒有貪與瞋了。

可是住在無色界裡面其實就是無明的狀態。大家很羨慕人家一入定就是三天，可是三天裡面他都在幹什麼？都是在定中一念不生，就是住在定中的離念靈知啦！那離念靈知的境界裡面，能不能生起什麼樣的智慧呢？答案是不行，所以諸位都搖頭。但竟然有人願意在一念不生、無法生起智慧的定境中，住在無色界裡一入定就是一萬大劫；甚至於有的人得非非想定，死後往生非想非非想天以後，他的非非想定又非常好，所以具足八萬大劫一念不生而不中夭。眞的夠長壽，南山也沒有他那麼長壽；可是八萬大劫中都是一念不生而沒有智慧，而他竟然願意那樣子安住下來。

但他八萬大劫眞的安住以後還是得要下來人間，那種人就是具足的愚癡人，就是無明具足的人；他雖然破了定障，可是慧障具足，而且是上品的慧障，使他無法突破，因此他被愚癡所惱。反過來看這個菩薩生在極樂世界蓮花寶座之上，已經離開了欲界、色界、無色界的境界了，那他也不會被憍慢、嫉妒等等隨煩惱所污染，因此他已超過三、四、五地的境界，所以是已得「菩薩神通」的人。

「菩薩神通」是在三地即將滿心前才開始修的，世尊說這位菩薩往生極樂世界以後得到了「菩薩神通」，所以是四禪八定、四無量心全部圓滿的；然後他又進修了更高的「無生法忍」，所以他有自受用的靜慮，而且也使他受用的辦事靜慮等功德都圓滿了，因此他在「得是忍已，眼根清淨」；由於眼根清淨的緣故，他以這個「清淨眼根」可以看見「七百萬二千億那由他恒河沙等諸佛如來」。這個「眼根清淨」位可不是小事，也就是說他隨欲所見都能得見，沒有障礙。在《楞嚴經講記》裡面，我們也已說明過眼根清淨的功德，這裡就不再重複。

這個眼根清淨的境界是超越八、九地的境界了，因為他這個境界不是六、七地菩薩的境界，所以他用這一個清淨的眼根可以看見「七百萬二千億那由他恒河沙等諸佛如來」。這樣所見到底是多少尊的如來？在一時間可以看見七百萬如來就很不得了，但他是七百萬二千億後面還有「那由他」數，而每一個那由他裡面的每一個單位數目都是恆河沙數，那他的所見到底是多少如來？也就是說，只要他想見就能見，都因為眼根清淨的功德，所以使他無所障礙。

這是說他的實證有這樣的功德，而在理上怎麼說是七百萬？為什麼不說是六百萬或者八百萬？這倒是有個原因的。剛才向大家拜晚年，恭祝諸位大發七聖財，為何不是八聖財、六聖財？也就是說，這七個法總由七覺支而獲得；如果沒有七覺支的實修，七聖財的第一分就不算圓滿，因此七覺支很重要。而這個七覺支是你證得一切佛法的根基，要有這個根基，佛法才能漸漸地圓滿。那麼七覺支總共有七個，大家都很容易理解或者去檢查，其中有一個是「念覺支」後面的「定覺支」，這個定不解釋為禪定，而是要解釋作「心得決定」；是於自己的所證無有懷疑，心中不猶豫，叫作「心得決定」；那麼在所證的法與次法之中，心得決定以後其他的部分才能夠進展。

而進展到什麼程度才算是七聖財的第一分圓滿？就是七覺支的最後一支「猗覺支」。「猗」，不妄語戒有四個，其中最後一個是綺語，把綺語的綺字的「糸」字旁轉換作動物旁而成為猗；猗是什麼意思呢？字面上的意思，就是胸腔裡面覺得心中癢癢的，就叫作「猗」。所以當人家有邪念的時候說那個人心中有猗念，聽過沒有？你們年輕時都沒讀過現代的愛情小說嗎？說他心中動了猗念，有沒有？就是那個猗字，意思是心中癢癢的。可是這個猗，在七覺支裡面為什麼會被列進來？而且是列在最後？因為七覺支有個順序，這個「猗覺支」是前面六個覺支都有了，最後才能發起這個猗覺支。猗就是在胸腔裡面感覺好像癢癢的，可是很快樂而不是眞的癢；它是一種快樂的覺受，有點像是在一條很寬、很平坦的路上，不是很陡又有一點陡，但很安全的路上，你騎著腳踏車就這樣滴溜溜、滴溜溜一直滑下去，那時有點失重的感覺，胸腔裡面是不是有一點癢癢的？又很安全而沒有負擔，那個感覺便叫作猗。

可是如果路很陡時就會緊張而沒有這個快樂的感覺，若是太平坦時又沒有失重而產生的這個感覺，路太小而覺得有危險時也不會有這種感覺。得要路很寬，路上都沒有人，路面也很平坦，夠陡又不很陡，騎下去剛好就很飄飄然，才能產生猗的覺受。那麼七覺支最後一支的猗，到底是在講什麼？是指初禪的境界，以初禪的發起作為驗證，顯示七聖財的第一分證得了。也就是說，你住在欲界中，並且是欲界六天之下的人間，但你有了初禪而且不退轉，所以前面那六個覺支圓滿時，讓你最後有這個猗覺支生起；當你有這個猗覺支時，你就覺得修道的日子不難過。雖然往往徒眾們供養還沒有送來，寺廟難以維持，只好午齋也煮粥了；可是猗覺支一直都在，也就不生起什麼煩惱，就這樣清清淡淡地度日子，等待有緣人來了再度他們，這就是猗覺支示現於外的功德受用。

那麼這七個覺支爲什麼要稱爲支？因爲它們都有作用、都有功德性，所以才能稱爲「支」。爲什麼稱爲「覺」？因爲這是跟三乘菩提的局部或全部相應的法，所以才叫作「覺」。二乘菩提有它的七覺支，相應的法只侷限在二乘菩提的範圍內；大乘菩提中也有七覺支，相應的法具足於三乘菩提。所以要以這個七覺支作爲根基，才能夠有後面的兩個眞諦，叫作世俗諦以及第一義諦可以實證。當這位眼根清淨的菩薩看見諸佛時，大乘七覺支是根本，兩種聖諦是衍生出來的部分，因此他所見的諸佛是「七百萬二千億那由他恒河沙等」。他可以見到這麼多的如來，是說眼根清淨的菩薩不可能不超越三界境界，因爲剛入地之時就已經要超越三界境界了，所以菩薩入地時不爲貪欲所惱，不爲瞋恚、愚癡所惱，這時七覺支一定具足了，每一支都有了，否則無法入地的。

那麼入地之後繼續進修，初地「猶如鏡像」的現觀必須圓滿，二地滿心「猶如光影」的現觀也要圓滿，所以進入了三地時，他的塵沙惑以及習氣種子，究竟是要斷除多少？是要斷得快還是斷得慢？他已經可以自己決定；因爲二地滿心位已經可以轉變自己的內相分了，這也是無生法忍，這是智慧，並不是依止修定得來的；所以到這個階段時就衡量說：「**我在斷習氣煩惱時的過程與速度，應當如何安排。**」這就跟他所度的眾生，也就是他所度的弟子們道業的進展有關。那麼這樣子繼續進修，他得要花盡很大的力氣，去把所有弟子們都努力拉上來，他才有辦法繼續往前進；否則他自己努力進展道業，可是大家都距離他越來越遠，等他快要成佛的時候該怎麼辦？還是要回來把這一些弟子大眾趕快再拉上去。

結果就好像朝三暮四、朝四暮三一樣，也就是說，菩薩道中一定有三大阿僧祇劫的實修與攝受大眾的過程，因爲他不可能自己一個人成佛；他若是光顧著道業，自己快速前進，結果還是要回來等他的弟子道業進展，眞的沒辦法當自了漢。就好像成語說的「朝三暮四」，主人說大家可以每天吃七顆棗子，就問他養的猴子們：「你們要早上三顆、晚上四顆？或者要早上四顆、晚上三顆？」結果大家一致拒絕朝三暮四，都要朝四暮三。其實，朝三暮四、朝四暮三，不還是一樣一天七個嗎？可是大家就想：「先拿到四個再說，三個就等晚上再吃。」那些猴子們是這樣的啊！

可是菩薩不像猴子那麼笨，菩薩是跟猴子們的主人一樣聰明，朝三以後晚上一定是四，朝四以後晚上就是三，結果是相等的，所以不用急，先看大家道業進展得怎麼樣；等他該往前進時才又往前進，所以他得要這樣子一步一步去走，因此三地的菩薩神通是在滿心時修成的，那麼四地、五地時還是要在禪定與神通上面用心，但其實那時是與無生法忍相應的禪定與神通；三地滿心菩薩何嘗不能得？爲什麼要留到四地、五地才修呢？因爲大家都跟不上啊！所以他得要把自己的道業放下來，先拉拔大家，要大家都能跟上來才有用啊！因爲你拉拔大家的繩子就是要那樣的長度，你突然間距離很遠時，那繩子不是斷掉就是鬆手了，那麼大家都沒辦法一一跟上來，結果他未來還是得要回頭再來拾起繩子繼續拉大家。

就這樣子繼續往前走，所以這個菩薩如果想要往生極樂世界去，也就是說，在末法時代剩下最後五百年的時候度眾生很難，那時就往生去極樂世界。我們現在度眾生都已經很難了，到最後五百年時那會更難——九千年後度眾生的事更難，所以他得要往生去極樂世界，因爲那時對娑婆世界的眾生失望了。可是 佛並沒有責備說：大家不可以去極樂世界。還是說可以往生去，因爲這也是一條路。也就是說，到了後末世五百歲時，在這個娑婆世界憑著自力而不靠他力，想要快速超越三界境界是很困難的，不如依靠 阿彌陀佛的願力；因爲 阿彌陀佛有發了願，依照祂的願，凡是已經開悟明心而且心得決定的人，往生去時都是上品上生，是坐金剛臺去的，不必在蓮花裡面被關著聽經。坐著金剛臺往生的人，屈伸臂頃就到極樂世界了，直接聽聞妙法而證得無生法忍；得無生法忍就是超越三界境界，所以「**不復爲貪欲所惱，亦復不爲瞋恚、愚癡所惱**」。那麼接著隨煩惱就跟著斷了，次第進修又得三地的四禪八定、四無量心、五神通，然後又次第進修四、五、六、七、八地等等無生法忍，最後得到「**眼根清淨**」功德，所以這時他的七覺支可不是入地時的七覺支了，這時眼根清淨了，他就可以見到「**七百萬二千億那由他恒河沙等諸佛如來**」。

現在話說回來，剛剛不是講七覺支嗎？不過只有七。二諦不過是世俗諦以及第一義諦，或者說眞諦；那麼後面這麼多數目是哪裡來的？其實你從七覺支的初分圓滿，以及二乘俗諦的初分圓滿，就是剛入地了，所供養的諸佛，受學奉侍的諸佛仍然有限；那麼你入地以後得要繼續奉侍諸佛、恭敬供養、跟隨修學，繼續要修持兩大阿僧祇劫；這兩大阿僧祇劫之中，再加上前面一大阿僧祇劫之中，就是整整三大阿僧祇劫，你要修多少七覺支的法？要修多少二諦之法？你所應該修的法就是「七百萬二千億那由他恒河沙等」諸法，要行這種行。你在七百萬二千億那由他恆河沙數的菩薩行之中，每一行都有自心如來，而你在這個過程中，要奉侍的諸佛也就這麼多；如果過去世奉養的諸佛不夠，那你就是要這樣增修這麼多菩薩行。假使過去奉養過的諸佛已經很多，但是你不急著自己的道業進展，在等候著大眾，那你未來所需要供養的諸佛、承事的諸佛就不需要這麼多；可是兩大阿僧祇劫之中，你要修的菩薩行就是這麼多「七百萬二千億那由他恒河沙等」，所以到這個地步，你想要看見的諸佛就是有這麼多，你能夠看見也就是這麼多，還不能像諸佛如來一樣無所限制。

那麼再回到事相上來說，「是時諸佛遙共讚言，『善哉！善哉！善男子！汝能於釋迦牟尼佛法中，受持讀誦思惟是經，爲他人說，所得福德無量無邊，火不能焚，水不能漂；汝之功德，千佛共說不能令盡。』」好，先談這一段，當他到了十地，看見「七百萬二千億那由他恒河沙等諸佛」時，這時諸佛各在自己的佛土遙相讚言，而且是同樣的共同讚言：「非常好！非常好！善男子！你能夠在釋迦牟尼佛的法裡面，受持讀誦思惟這一部經典而且爲他人說。」那麼究竟是「受持、讀誦」哪一部經？「此經」又名實相心，又名《金剛經》，還有一個名字叫作金剛藏，一切堅固不壞之法，都函容於這個實相心妙法蓮花裡面。

只要能夠「受持、讀誦」這一部經來爲別人解說，所得到的福德無量亦無邊。這個福德就看你要不要用，如果有一點笨，就把它實現來用，也是用不盡的；怎麼用不盡呢？因爲當你證得「此經」妙法蓮花，你爲人演說「此經」妙法的時候，可以無窮無盡演說下去。不會像一般物品那樣，當我說給諸位聽，諸位現在聽聞懂了，然後我就忘記或滅失了；我不會因爲說給你們以後我自己就沒智慧了。這智慧是不會枯竭的，所以每一世重新把這個智慧找回來—因爲還有胎昧—可是每一世爲人家演說「此經」妙法蓮花的時候，智慧是無窮無盡的，永遠不會用完的。

這好像有時父母親教導小孩子說：「你讀書時要用腦筋，腦筋不用就會生鏽了。腦筋可以多用，再怎麼用也不會壞掉，不會損失的，你就多用心讀書。」這部《妙法蓮華經》「讀誦、受持」的福德也是如此，永遠增長而不會損減。所以不管你怎麼樣爲人演說，不會因爲講上幾遍福德就減少一點，反而是你講越多時，智慧進展就越快，福德增長也越大。所以就算你全部把福德實現了，把實現的福德在這一世全部拿來用，那你這一世難道不再爲人繼續講解「此經」嗎？當然還是會繼續講解下去啊！那你這一世繼續講了以後福德又增加更多了。

這個福德是無量也無邊的，因爲你無法拿一個度量衡來度量說，這福德有多長、容積有多少、面積有多大，這個福德是存在你的如來藏心中的。所以假使有這個法的實證，未來世都不必發愁沒有道糧，一定會有足夠道糧的。那麼你就不必一天到晚跑到菜市場，拿著缽在那邊等人家供養，因爲你有《妙法蓮華經》，有這一顆寶珠可以如意化現呀！你只管每天在大殿上坐著，什麼都不幹，直到要過堂、下堂，一個人既當和尚也當沙彌，就只是一人寺院；那該怎麼辦？時間到了就下堂洗洗菜、切切菜、炒炒菜、煮煮飯。

煮完了，剛好有一個人路過說：「師父！只有您一個人喔？」你說：「我不是只有一個人，我還有侍者呢！」「我怎麼都沒看到您的侍者？」你說：「我的侍者很珍貴，不隨便給人家看！」他一想：「欸！這位師父話中有話，有玄機。」他哪一天找了一位學佛很久、很努力護持正法，卻偏偏找不到佛法的人，就找了這個人來：「那位師父說話語帶玄機，咱們去瞧瞧。」於是就來了，這一談起來，哇！不得了，於是他說：「師父！您這麼好的法都不想傳揚出去，一個人老在這邊坐著也不行啊！我來把這個道場建起來，師父您得要開山立派，度一大群人實證佛法才行。」於是一傳二，二傳四，四傳八，比老鼠會發展還快，才三、五年就是一大群信眾。不只是大雄寶殿，包括僧寮全部都有了。

全都有了以後，難道他就不再說法嗎？當然一樣要說，於是他的福德又更大了，未來世又更有福德了。所以這個福德是用不完的，因此說是「無量無邊」。那麼這一種無量無邊的福德，火沒辦法燒壞，因為這是在如來藏中所保存的福德；水也不能漂，因爲水也不能漂到如來藏的境界裡面去，因此說：「爲他人說，所得福德無量無邊，火不能焚，水不能漂。」像這樣的功德眞是「千佛共說不能令盡」啊！

爲什麼功德有這麼大？因爲 佛一開始就說：「善哉！善哉！善男子！」爲什麼他值得被諸佛讚歎爲大乘法中的善男子？因爲他證得「此經」！證得「此經」時，是在什麼樣的狀態下去證得的？在 釋迦牟尼佛的法中。釋迦是什麼意思？就是能仁；牟尼呢？就是寂靜。你是在「能仁寂靜」的法之中「受持讀誦思惟是經」。能夠行於仁義，而且永遠行於仁義；還能夠寂靜，而且是永遠寂靜，這是誰所住的境界啊？欸！就是實相心如來藏！就是妙法蓮花第八識心所住的境界，因此說：「很好！很好！你眞是善男子啊！你在能夠行於仁義而且永遠寂靜的法中，來受持讀誦思惟此經妙法蓮花，接著還能夠爲別人演說。」

往往有人宣稱說：「我開悟了，我開悟了。」問他說：「你悟個什麼？」他回答說：「我就知道我開悟了，我就只知道心中什麼都沒有就是空，但是我不知道裡面有什麼。」那怎麼能叫作開悟？一定是有一個能仁而且寂靜的法，永遠行於仁義——對「眾生」永遠行於仁義。你們每一個人身上都有這樣一個心，對你永遠行於仁義，絕對不曾對你起過一絲一毫的惡心，對你不曾有過一剎那的惡心，眞的能夠對你行於仁義，自始至終都是如此。而且祂的境界中是永遠寂靜的，因爲祂的境界中沒有六塵；你是現觀這種境界所證的，而不是在六塵的境界中所證的，才是眞正的妙法蓮花；如果所證的心是在六塵境界中的心，那就不是妙法蓮花，因爲有六塵染污。所以說，找到能仁而寂靜的妙法蓮花，能夠「受持」，意思就是說心得決定，沒有猶豫，心中無疑。

這樣受持以後，還要去「讀誦」祂。讀誦就是時時刻刻去觀察這個妙法蓮花究竟如何運作，祂在運作些什麼？祂運作了多少法，還有多少法是我所不知的？這就是「讀誦」。所以讀誦「此經」時，並不是拿著經本一頁一頁口裡喃喃不絕地唸著。能夠「讀誦」了，接著一定會引生出思惟的作用，就會開始想：「爲什麼妙法蓮花能夠這樣？到底是什麼緣故？」於是就開始思惟。所以這三個法有次第性，有它的連貫性。當你能夠這樣的時候，一定能「爲他人說」；既然能爲他人說，那福德可大了；因爲單單是聽聞「此經」

妙法蓮花的法義，甚至還沒有全部聽完，只聽到其中的一首頌或者一首偈，福德就無量無邊了，何況你能夠「爲他人說」？因此你「所得福德無量無邊」。

除了無量無邊以外，還有這兩個功德：「火不能焚，水不能漂。」講個具體一點的，例如你證得「此經」妙法蓮花，有一天人家來辱罵你：「你證得這個什麼如來藏，那是外道神我啦！」也許有人罵說：「如來藏就是阿賴耶識，那是外道說的，所以你就是阿賴耶外道。」因爲密宗有人這樣罵我們，還眞的有人罵。

這時畢竟你還沒有入地，所以生氣起來也是正常的事；因爲你是五陰，妙法蓮花不是五陰；祂是能仁寂靜，但你是五陰啊！所以你看到說：「眞可惡！人家好心好意把妙法寫出來讓他們得利，結果他們竟然還要毀謗人家。」這一下子生氣起來，叫作瞋火焚燒。生氣是很不好的事，祖師往往說：「瞋火能燒功德林。」所以禁止大家犯瞋。菩薩戒裡面也一樣，犯瞋時比前面重戒的罪還要重，所以菩薩不許故瞋。那麼這瞋火燒起來的時候，即使是你爲他說了以後，他來罵你，你對他也還是有一分福德以及一分功德在啊！而你心中對於妙法蓮花這個眞如法性的智慧和功德，並沒有絲毫損失啊！這功德與福德並沒有被燒掉，依舊存在著。所以不管瞋火如何焚燒，都燒不掉你這個功德，眞的「火不能焚」。

假使有一天在路上走著，看見那個珠寶店櫥窗裡面的玉石，就問：「這塊祖母綠好漂亮，而且雕成觀世音菩薩的模樣，要價多少？」「五百萬元。」這時眼睛亮了，對不對？眼睛亮的時候不是就很潤澤嗎？是不是愛水、貪欲之水？好了！這個貪水來了，可是這個貪水有沒有辦法把你心中對妙法蓮花的智慧和功德漂走呢？沒辦法！例如有人這麼想：「雖是身外之物，我拿錢去買了來，每天掛在身上，很歡喜而舉體潤澤。」這也算是愛水。每天有空拿下來瞧一瞧，把玩把玩就覺得說：「眞好！而且戴在身上時，我感覺觀世音菩薩跟我同在一起，多棒！」所以有的人明心以後還要去買鑽戒、買什麼，這也都正常，我並不覺得奇怪；因爲都還在三賢位中，都屬於正常。可是她心中所悟的妙法蓮花引生的智慧和其他功德，以及她依於這個功德，未來世可以重新悟入、可以繼續爲人演說而衍生出來很多福德，這些愛水、欲水全都漂不了它，無法把它漂流掉。

而且實際上諸位是行菩薩道，不是行聲聞道；行菩薩道是不是受了菩薩戒證得此心時，回家就跟老婆說：「欸！我要跟妳離婚，因爲如來藏是不結婚的。」可不可以這樣？不可以！因爲這變成偏於理而昧略事了，行菩薩道的人是要理與事都圓融的。所以假使妳往世的老公，在這一世與妳遇見了，雙方都心知肚明，怎麼辦？不能怎麼辦啊！但是也可以怎麼辦的，假使他不斷地提起，甚至寫信來，妳就稱呼他：「張三哥！」妳自稱是妹妹就好了，就這樣子雙方都安住下來了。但情分還是在，他如果修道有困難，妳可以幫忙排除他的困難障礙，可以幫忙的也就到此爲止。

那麼雙方遇見了，有沒有欲水？有！因爲習氣種子都還在呀！所以雙方的眼神都好光彩，但是這個欲水並不能把妳所證妙法蓮花的功德與福德給漂走，所以眞是「火不能焚，水不能漂」啊！因爲這個緣故，所以這個功德與福德會生生世世跟隨著妳，永遠不會壞失。因此諸佛說：「汝之功德，千佛共說不能令盡。」這個功德如果眞要全部講完，就等於三大阿僧祇劫圓滿了，所以這個功德正是「千佛共說不能令盡」。

也因爲接著說的：「汝今已能破諸魔賊，壞生死軍，諸餘怨敵皆悉摧滅。」菩薩到這個地步已到十地了，當然能夠「破諸魔賊」，也能「壞生死軍」。

那麼魔，前面也講過，五陰魔、死魔、煩惱魔、天魔，天魔正是後句說的「生死軍」。「破諸魔賊」，而且是一破永破，例如五陰魔，眾生之所以流轉生死，都是因爲寶愛五陰的自己，所以沒辦法超越五陰魔的境界；那麼當你證得「此經」妙法蓮花的時候，一定是超越五陰的境界；假使有人宣稱開悟以後，結果所說的開悟境界竟然依舊是五陰含攝的境界，那就表示他悟錯了。因爲，即使聲聞初果人都不會落入五陰境界中，何況是斷我見以後而又明心的人，所以七住位眞見道就已經超越五陰魔的境界了。

雖然只是在見地上超越，依舊會被五陰範圍內的貪瞋癡所影響，但見地上已經超越了，然後次第進修到了十地滿心，脫離行陰區宇證得行陰盡的境界後，轉入妙覺地再於百劫廣修福德中，滅盡識陰習氣種子而成佛，證得識陰盡時當然就把五陰魔全部破盡。而且把煩惱魔也破盡了，因爲三界愛的現行煩惱以及習氣種子煩惱，這時也全部都破盡了。至於死魔呢？當你證得如來藏的時候，已經沒有所謂的死與生這回事，因爲死與生都是如來藏中的事啊！而如來藏常住不壞，怎麼會有死與生呢？

就好像一面鏡子，不懂的人看了一面鏡子說：「鏡子裡面張三的影像來了便叫作生，張三的影像離開了便叫作死。」他就是落在影像裡面，所以說張三出生後又死了，李四出生後又死了，王五、趙六出生後又死了。可是你看鏡體而不是看鏡中的影像時，你就不說張三生後又死了，也不說李四、王五、趙六生後又死了，你會說：「這張三、李四、王五、趙六都只是鏡子裡的影像，依鏡子來看時，都無所謂生死；所以上一世我叫作張三，這一世我叫李四，下一世我叫王五，看來好像是有死有生，可是從鏡體妙法蓮花來看時就沒有死也沒有生了。」那你在見地上就已經超越死魔了。當你到達十地已經修行滿心了，死魔當然也奈何不了你，因爲你要促壽或延壽都可以，全都由自己來決定，因此已經破了諸魔。

那麼「賊」到底是什麼？賊就是每天偷竊自己的法財去失掉或者去花掉，所以法賊就是十八界自我。眾生都很貪愛十八界法，這十八界自我中的不論哪一界，沒有一個人願意捨棄。譬如六根：眼、耳、鼻、舌、身、意等六根，你願意失掉哪一根？都不願意！失掉了眼根，不管是扶塵根或勝義根，可就看不見色塵了，那時永遠只能見暗，起不了見的作用，有誰願意？一定沒有人願意。眼根如是，耳、鼻、舌、身根亦復如是。最後一個意根，更沒有人想要丟掉，即使是那一些否定意根存在的人，當你告訴他意根是什麼的時候，讓他們如實理解自己的意根時，再問他們說：「你看見了飯，也沒有辦法決定要不要吃；你看見了菜，也沒有辦法決定要吃哪一種菜，你任何事情都沒有辦法決定，你要不要？」「我不要。」他一定說不要。

那不然打個商量：「你就只是一天失去意根的作用，好不好？」本來說好只有一天的，他認爲可以；但隨後想一想又說：「我作不到。」爲什麼他作不到？因爲他如果失去意根一天的作用，他昨天晚上躺下去睡覺，得要到明天早上才能醒來；也就是今天早上是醒不過來的，因爲他這一天之中，連決定要不要醒來都作不了主。

六根都已經如此，那麼如果對於六塵呢？每天都讓他看不見，每天都讓他聽不見聲音，那可不得了啊！趕快找人說：「欸！陪我去醫院看醫生。」六塵如是，六識亦復如是。都因爲寶愛這個十八界我，於是就在十八界的每一界中，繼續執著而加強我愛、我執，就是不斷把法財掏出去花掉，所以這個十八界就是賊啊！那麼想要得到佛菩提道的功德，就要先把這個賊約束好——要先把這個家賊管好，不要讓他繼續往外搬出法財，要用他來想辦法賺進七聖財，千萬不要把法財一直花掉，當你這樣子管好了，也就是「破諸魔賊」。

接著要「壞生死軍」。諸位將來要成佛，如果是在五濁惡世裡成佛，不是像 彌勒菩薩那樣在人壽八萬四千歲時來成佛，當你即將成佛之前，天魔就會派一大隊魔軍前來，想要毀壞你的道業，讓你繼續流轉生死，所以他們就是「生死軍」。這個生死軍，你得要把他們全部毀壞。釋迦牟尼佛即將成佛前，就是把四聖諦、因緣觀都觀行完成了，在即將明心之前，那天魔波旬不是從他化自在天，把所有魔子魔孫等一切魔軍傾巢而出嗎？但是 佛陀當時也就降魔了。在理上降魔是指八萬四千煩惱全部斷盡，過恆河沙數煩惱全部斷盡；在事相上，天魔波旬傾巢而出，魔軍拿起弓來，大家都射了箭過來，可是還沒有到達 佛陀身邊，全部變成好多漂亮的又香又美的花，由天而降。沒有哪一個天魔可以來毀壞最後身菩薩的道業，那麼這一些生死軍就這樣摧毀了。

而這個境界中，當然不會再容許其他小的煩惱存在，所以「諸餘怨敵皆悉摧滅。」也就是說，凡是會遮障成佛之道的一切敵對之法，或者一切煩惱之法，全部都已經摧滅了。這一切的煩惱大多屬於無記性的異熟果，無記性的異熟果會使菩薩有世間法中不斷延續的輕微煩惱，不屬於分段生死的煩惱，只是習氣種子現行的隨煩惱，不名爲上煩惱。無記性的異熟果，譬如喜歡跳舞的習氣，即使未來世成爲大阿羅漢了，聽到菩薩彈琴時就會不自覺地隨樂起舞。

又如往昔多劫以來都很會炊煮或者很會做麵包，不論什麼樣的麵包他都做得出來；當他有一天突然間嗅到某一種香味時，心想：「這是什麼麵包？」隨後他就知道了，於是他想：「我可以做得比他更好，爲什麼我自己不做做看？證明一下也行。」所以哪一天眞的跑到超級市場去採購一些材料回來，他做出來還眞比人家做得好。那麼這就是無記業異熟的種子，無關善惡，而他會想要去作，卻是屬於三界流轉生死中的無記法。

也許他成佛之前在因地時，曾經有一段很長的時間在忉利天當乾闥婆，或者當緊那羅，那麼當人家彈起琴來的時候，他想：「唉！這個彈得不好，來！來！聽我彈彈看。」他就眞的自己上場了，他彈出來的樂音果然不得了。但爲什麼他會想要這樣？就是過去世的無記性異熟種子，那些種子流注出來時，他就是會這樣子作，這個都是很常見的事。更常見的是什麼呢？例如在佛教中，有時有一些唱唱誦誦的法事，在唱誦的過程裡面，聽到這位維那這樣唱，那位維那那樣唱，聽了都不中意，就說：「他們這個地方唱得不好，那裡也唱得不好，這裡應該如此改進。」什麼地方唱得好壞，他都聽得出來。

有一天忍不住了，站上來講：「欸！某某維那！你唱到這個地方如是、如是改一下，行不行？」維那蠻客氣說：「好！我試試看。」回去試著唱唱看，果然比較好聽。下一回重新再當維那時，大家一聽就說：「這回怎麼不一樣？好聽多了。」但維那偏偏沒有說出是誰指導的，於是他心裡面有一點不爽快，又去問：「欸！人家問你，你怎麼把我遮蓋起來？」這又是什麼？這煩惱就是「諸餘怨敵」。雖然不會起瞋，但會覺得不公平而提出來；這對成佛的道業也是有遮礙的，像這一類習氣種子是很多的。

還有就是貪著善業的異熟果，把善業作了以後心裡面老是叨叨唸唸著：「我這一世作了這麼多善事。」然後心裡面就想著：「我未來世會有好多可愛的異熟果報。」每個人都不可以這樣想，因爲這個跟道業有關。可是我們正覺卻要宣傳一下，因爲人家並不曉得我們作了多少善事，他們往往只看到正覺辨正法義的事，誤會了就說：「正覺一天到晚都在說別人不對，那個山頭也不對，這個山頭也不對，只有他們對，太可惡了！」所以我們作了那麼多善事，現在也得開始報導出來，改變大家對我們的印象，他們對正覺的究竟正法才會認同，也算是一個方便善巧。

那我們正覺作這一些布施，有沒有違背佛法？沒有！因爲我們要行六度或者要行十度波羅蜜，同樣都要布施啊！所以每年撥一部分經費出來作布施，要給社會知道正覺一向都在作好事，不是只有批評別人悟錯了在誤導眾生。那麼這也是方便善巧，可是正覺不會去想：我們今年作多少善事。而我們每一個人也都不要去想，因爲功不唐捐呀！正覺是一個法人，法人沒有頭腦、沒有腦袋，當然也不會想，所以會員與正覺兩廂無事——東廂西廂都平安無事。這一些法都屬於「諸餘怨敵」，對成佛都有妨礙，所以這一些在前面「破諸魔賊，壞生死軍」的狀態下，當然也已經不存在了。

接著說，諸佛對後末世五百歲時弘揚《法華經》而往生極樂世界轉生爲善男子的人說：「善男子！百千諸佛，以神通力共守護汝，於一切世間天人之中無如汝者，唯除如來；其諸聲聞、辟支佛乃至菩薩，智慧禪定無有與汝等者。」這段話是說：「善男子啊！你修到這個地步，百千諸佛都用神通力共同來守護你；在一切世間天人之中，沒有誰是能夠像你這樣的，只除了如來以外；」因爲他已經滿足十地心了，還有誰能夠超越他？所以諸菩薩、聲聞、緣覺都不可能超過他了，因此說「其諸聲聞、辟支佛乃至菩薩」，在「智慧禪定」上面沒有誰是可以和他相提並論的。所以這時已是他該受職的時候，受職以後就成爲法王子，位在等覺。

《楞伽經》中說菩薩修行到了十地以後，他自己繼續用功，有一天發起一個智慧，所以從頭頂放出無量光明到十方世界去，從諸佛腳下而入；於是諸佛就警覺座下一切九地菩薩，凡是有大神通可以去到那位菩薩身旁的，都要趕快去；於是諸佛隨後放光來到這位十地菩薩頭頂會合，爲他灌頂，這時他就滿足了十地心，正式進入等覺位，這就是法王子。像這樣的菩薩，其他的所有菩薩都不能與他相提並論，何況是聲聞與緣覺呀！這樣的菩薩爲什麼可以作到如此？其實還是因爲第八識「妙法蓮花」。正因爲轉依於眞如而繼續用功修行，所以他是眞正的「善男子」。因此他次第修行到十地時，百千諸佛當然都會用神通力共同來守護他；因爲像這樣的菩薩，在人間非常非常稀有，所以百千諸佛用神通力來共同守護於他。其他的菩薩所證的智慧禪定神通，當然都不可能跟他相提並論。

說完諸佛的祝福，接著　世尊又吩咐說：「宿王華！此菩薩成就如是功德智慧之力。若有人聞是〈藥王菩薩本事品〉，能隨喜讚善者，是人現世口中常出青蓮華香，身毛孔中常出牛頭栴檀之香，所得功德如上所說。」世尊又呼喚宿王華的名號。爲什麼要呼喚宿王華？這跟後面一品有關聯，這裡暫且不說它。在這裡告訴我們說，這一品的緣起者是宿王華，那我就要請問諸位了：你們每一個人身中各都具足的那一朵妙法蓮花，是不是宿王華？因爲宿昔就在，來到現在，盡未來際也永遠不會壞，這就是「宿」的意思。「王」，是說祂是一切花之王，「華」的意思就是能生。當大家看到過年時桃花開了、梅花開了、李花開了，表示什麼？表示夏天就有梅子、桃子、李子可以吃了，花是能生之意。

可是世間之花不能生一切法，而「妙法蓮花」如來藏心能出生一切法，所以說是王花，沒有任何一種花能與祂相提並論。而這個華是宿昔以來本自存在不曾有生，未來不滅，所以叫作「宿王華」。正因爲這個緣故，世尊特地再呼喚一次：「宿王華！」有智慧的菩薩一聽就知道世尊的言外之意。世尊接著說，這樣的菩薩成就這一種功德和智慧的力量。爲什麼說他能成就這樣的功德智慧而說是力量？因爲有這一種自受用功德可以利樂別人，成就了他受用功德；他有這個智慧而沒有人可以駁倒他，這就是力量。

例如有一些團體，不管它是政府機關的團體、社會的團體、黑道的團體，或者是原始社會的團體，那些首領是否都長得身強力壯身高七尺？不一定！有時候你看到一家建設公司規模好大，他們買一塊土地時動輒三十億、五十億元，你剛好在現場；當大家談得差不多了，該董事長出面簽約了，結果人來了，果眞相貌堂堂；你看到了想：「這位大概是董事長吧？」一般年輕人大概都會這樣看的。沒想到，繼續談條件，談到某些細節時他竟然說：「這個我沒辦法決定，我要請問董事長。」原來他不是董事長。但是有年紀的人看多了，就知道來者是不是董事長，只看他談條件時能不能下決定就知道了。結果等一下董事長來了，個子矮矮黑黑的，卻是眞正作最後決定的人。

所以身強力壯不足爲力，智慧功德才是眞實的力量，那他成就了這樣的「功德智慧之力」。如果有人聽聞到這個〈藥王菩薩本事品〉，而能夠隨喜讚善，這一個人一定有外在的表相示現出來。譬如這一品〈藥王菩薩本事品〉，自古以來註解的人應該也不少，雖然我沒讀過、不曉得，但因這是經王，一定會有人註解；那現在也有人講過《妙法蓮華經》了，問題來了：他們對於〈藥王菩薩本事品〉已經讀過了，就表示他已經聽聞過了，那他們能隨喜嗎？能讚善嗎？答案是「不能」。因爲他對　藥王菩薩的本事並不瞭解，他讀過的時候心中都還浮上很多的問號，何況能夠瞭解？

那麼這一品我爲大家解說了不少，最後我們再來作個總結，先回到這一句「能隨喜讚善者」。首先說到「隨喜」，就是說如實去理解　藥王菩薩往昔以來的本事，了知他本來所經過的這一些事情，心中是歡喜的，不是反對或疑心的，才能夠隨喜。那　藥王菩薩先作了多少的供養來供佛？咱們眼前還辦不到。可是咱們未來劫中會辦到，雖然現在還沒有這個能力。於未來劫福德不斷累積，功德不斷增長到達七地、八地以後就可以作到，那時就得去作。所以那些難能可貴的供養來供佛以後，接著還要燃身供養；燃身供養以後到了九地、十地時，他還燃臂供養。如果以咱們現在的境界，問你說：「你要不要這樣作？」你心裡面竟不知道該怎麼辦，答是也不對，答不是也不對。因爲如果說「要」，心中知道自己明明作不到；若是說「不要」，那麼對〈藥王菩薩本事品〉就是沒有隨喜；問題是自己爲什麼不能隨喜？所以說，答「要」或是答「不要」都不對，還眞爲難。

可是你如果眞實理解以後，還是要隨喜，還是會答「要」，而你可以加個但書：「但是我現在沒有這個能力，我有能力的時候一定會這樣作。」所以還是要答出這個字來，可別說不要，這才是「隨喜」。可是人家會問你：「你爲什麼這樣答？爲什麼你將來有能力時要這樣作？」那你可得要把理由講出來：「因爲這可以讓我成就『解一切眾生語言陀羅尼』，還可以讓我成就『得現一切色身三昧』，我那時就可以滿足十地心，爲什麼我不要？我當然要啊！不說我要，將來你有能力的時候，你也會想要這樣作啊！」

然後你再問對方說：「是不是這樣？」那時他不會口掛壁上，不會口似扁擔，一定會跟你說：「我將來如果有能力時，我也想要這樣作。」那就是你能夠隨喜的智慧與功德顯示出來了。所以說，想要能夠隨喜都不簡單！因爲你得要先知道藥王菩薩的本事，以及他這樣去作以後，能得到什麼樣的功德，心中才能夠隨喜啊！如果去作了以後什麼功德都不能成就，那你就不可能隨喜；所以要隨喜以前，一定要先知道 藥王菩薩的本事到底是什麼。

那麼能夠「隨喜」，接著你就能夠「讚善」，就讚歎說：「這樣作實在是太好了！善哉！善哉！」爲什麼這樣是好的？你也能夠瞭解、能夠爲大家說明，這才是眞正能夠讚善的人。可是我們現在能夠隨喜、能夠讚善的範圍依舊很有限；你如果已經修到十地的時候，能隨喜的範圍就很廣，能讚善的範圍也很廣，因爲你的功德已經差不多要滿足了，所以這個時候你還會成就「舌根清淨」以及「身根清淨」的功德。

至於「鼻根清淨」和「意根清淨」等等，這就不必談，因爲不會顯示於外，大家也看不見；可是這兩根清淨後的功德一定看得見，當一個人修到這個地步時，他在這一世之中，口中常出青蓮花香。這是什麼香？要不要去剪一朵青蓮花聞聞看？都不用！因爲這是從理上說的，不是指事相上的事。蓮花之中最美而且最清潔的，就是青蓮花；藍色的蓮花顏色太深，白色蓮花不夠美，紅色蓮花則有一點妖冶，青蓮花就沒有這種野性，因此形容諸佛的眼睛時都是說四個字：「目如青蓮。」

在菩提伽耶正覺大塔旁邊有一個很大的蓮花池，是長方形的，裡面有很多種顏色的蓮花，其中還是以青蓮花最美，因爲青蓮花讓你看起來不會覺得浮躁，紅色的蓮花感覺它不是很穩定，白色蓮花有一點平凡，所以還是青蓮花最美。那麼這裡說「口中常出青蓮華香」，意思是說他已經有法上的功德香，不斷地顯現出來；於佛法中的功德從他的口中不斷演說而示現出來，這叫作「口中常出青蓮華香」，因爲他所說的法不是會讓人家心中煩躁的。

如果有個大師每一次講經說法時都說：「大家要努力修布施喔！」三句不離本行，永遠在講布施，持戒以後的五度可就不講：「要先把布施修好了，福德修很多了，你才有辦法深入佛法。我們現在總本山電費付不起了，也需要大家幫忙。」每一次都講這個，你聽了煩不煩？煩啊！那他口中所出的可就不是青蓮花香，應該說是夜來香了。因爲白天他不能公開講，就隱藏著遮遮掩掩地講，總不能每次都明著講說：「你們要送錢來給我。」既不能明講，只好遮遮掩掩地講，就會像是夜來香一般，不能在白天綻放花香，只能夜裡飄香，因爲它的香味有的人聞了就頭暈。

不然就說：「我們有九品功德主，捐了多少錢就可以當第一品的功德主。」等等，很多人聽了就想：「我家錢又沒那麼多，那我就永遠當不了上品人。」

心中不就起煩惱了嗎？所以他那個香並不是青蓮花香，只能說他是夜來香，或者說他是千日紅而不香，人家看了都覺得好俗氣，不能使人把心清淨下來。可是如果你演說的妙法蓮花就是這個第八識眞如心，把這個境界描述出來的時候，大家聽了一定不會心浮氣躁；實證了以後也一定是住於眞實如如的境界中，有著智慧功德受用而心中覺得很清涼，這樣來爲大家說法才是「**出青蓮華香**」。這就是他「**舌根清淨**」的功德而顯示出來。

接著說，他的「**身毛孔中常出牛頭栴檀之香**」。一個人身上有多少毛孔？有沒有誰去算過？有啊！經中早就說過：叫作八萬四千。所以煩惱多少？也是八萬四千。八萬四千是譬喻很多。世間人也說有「三千煩惱絲」，是相對於八萬四千毛孔而說是三千；也就是說，「**身毛孔**」代表非常多的數目。譬如說：「**若九牛亡一毛，與螻蟻何異？**」九條牛身上的一根小小的毛，表示非常之少，而九條牛身上的毛就表示非常多；這意思是說，「**身毛孔**」是指非常多的數目。

那麼「**身毛孔中常出牛頭栴檀之香**」，是說他的一切行爲，也就是說他的八萬四千細行，都屬於「**身毛孔**」所攝。毛孔是很微細的，並不是粗糙的，就是說他的八萬四千細行全都是清淨的。八地、九地菩薩還有極少分不淨，六地、五地的不淨就更多，三地、二地的不淨又更多，若是三賢位中而有不淨可就是正常事。這些都是正常的，所以不要用很高的標準去要求三賢位菩薩說：「你為何這樣？你又是這樣、又是那樣！如何了得？」其實不必，該改正的地方你就幫他改正，改正以後就算了。改正以後就不必老是訶責說：「你昨天如何、如何。」到了明年還繼續在指責說：「你去年如何、如何。」過了十年以後還在數落他說：「你十年以前如何、如何。」別老是記著不放。人家自己都放過了，都已經全部忘了，他卻還記著不放，還保存在心中，根本不必要。

可是到十地滿心的時候，一切細行悉皆清淨；因為七地滿心時，三界愛的習氣種子已經斷盡了，剩下的只是異熟果上的不淨而已，其實已經不算是不淨了，因為都與三界愛無關了。而他又經過一大阿僧祇劫去修行而把異熟愚斷除了，所以不論任何的細行全部清淨了，這叫作「身毛孔中常出牛頭栴檀之香」。也就是說，他的八萬四千細行全部都是清淨的，猶如最上品的栴檀香一樣。然後 世尊作了一個結論：「他所得到的功德就如同前面所說的這樣子。」

然後說：「是故，宿王華！以此〈藥王菩薩本事品〉囑累於汝。我滅度後，後五百歲中，廣宣流布於閻浮提，無令斷絕，惡魔、魔民、諸天、龍、夜叉、鳩槃茶等，得其便也。」也就是說，這個〈藥王菩薩本事品〉的內涵，要囑託給宿王華菩薩；是因爲他實證「此經」已經很久了，所以叫作「宿王華」。可以被 世尊吩咐囑託的菩薩，都不是初學菩薩，全都是久學菩薩；而他的智慧功德足以承擔這個任務，所以 世尊呼喚他的名號，將這〈藥王菩薩本事品〉託付於他，希望他未來世把這一品繼續流通弘傳。爲什麼〈藥王菩薩本事品〉要囑託給他？正因爲他是宿王華；是因爲他無量劫以來，就已經依「妙法蓮花」的眞如法性來修習種種清淨妙蓮王花之行。也就是修習種種清淨行，他很清楚知道〈藥王菩薩本事品〉中，蘊藏著什麼樣的道理和行門；因爲他往世無量劫以來承事過許多佛，聽聞過很多次的《妙法蓮華經》，他知道這一品的意涵，所以 世尊就囑託給他了。

然後交代說：「我釋迦牟尼佛入滅度以後，末法時期最後的五百年之中，你要把〈藥王菩薩本事品〉廣爲宣揚，流布於南閻浮提洲，不要讓這一品經文中的勝妙法義斷絕。」換句話說，最後五百歲正法快要滅絕了，可是正法並不是只有在我們這個地球；南閻浮提洲只是四大部洲之一。娑婆世界中有許多沙渚，那就是一個又一個形成好像沙渚一樣的很多小世界。宿王華菩薩得要負責在這一些小世界中，不斷地安排弘揚的因緣；有時甚至他得要自己來宣揚、來解說，不要讓〈藥王菩薩本事品〉斷絕。也不要讓惡魔、魔民、諸天、龍、夜叉，以及鳩槃茶等等惡鬼，得到方便來破壞這一品的流通；免得大眾不知道證悟「妙法蓮華經」以後應該如何修行的事。其實 世尊在這一品裡面，是在告訴我們：「當你證得『妙法蓮花』以後，你在某一個階段是應該如何修行，所以不要讓這一些惡眾生來毀壞這一品流通的因緣。」好，今天講到這裡。

《妙法蓮華經》上一週講到一百八十四頁第一段講完了，今天要從第二段開始：

經文：【「宿王華！汝當以神通之力守護是經。所以者何？此經則為閻浮提人，病之良藥。若人有病，得聞是經，病即消滅，不老不死。宿王華！汝若見有受持是經者，應以青蓮花盛滿末香，供散其上。散已，作是念言：『此人不久必當取草坐於道場，破諸魔軍，當吹法螺、擊大法鼓，度脱一切眾生老病死海。』是故求佛道者、見有受持是經典人，應當如是生恭敬心。」

說是〈藥王菩薩本事品〉時，八萬四千菩薩得解一切眾生語言陀羅尼。多寶如來於寶塔中讚宿王華菩薩言：「善哉！善哉！宿王華！汝成就不可思議功德，乃能問釋迦牟尼佛如此之事，利益無量一切眾生。」

語譯：世尊付囑宿王華菩薩之後，接著還是要特地吩咐他，要用他的神通力來守護「此經」妙法蓮花最勝妙法教，所以就說：

【「宿王華！你應當以神通之力來守護這一部《妙法蓮華經》。為何這麼說呢？這一部經是南閻浮提洲的一切人，生病時所應該要用的良藥。如果有人生病了，只要他聽聞到這一部經典，他的病就消滅了，消滅以後既不老也不死。宿王華！你如果看見有人受持這一部《妙法蓮華經》，應該用青蓮花盛滿了末香，於他身上供養——從他上方的空中散下來供養他。這樣子供散了以後，心中應該這樣子想：『這個人不久以後一定會取吉祥草坐於金剛道場，並且破壞種種的魔軍，緊接著就吹起法螺來，打起大法鼓來，就能夠度脫一切眾生於老病死的大海。』由於這個緣故，求證佛菩提道的人，看見有人受持這一部經典時，就應該對他生起像這樣的恭敬心。」

世尊演說這個〈藥王菩薩本事品〉的時候，八萬四千菩薩得到瞭解一切眾生語言陀羅尼。多寶如來在寶塔中便讚歎宿王華菩薩說：「實在太好了！實在太好了！宿王華！你成就了不可思議的功德，才能夠請問釋迦牟尼佛這樣的事情，來利益無量的一切眾生。」】

講義：恭喜諸位不老也不死！可是現在一定有人在心中打了一個很大的問號：「既然您釋迦牟尼佛為人講這一部《妙法蓮華經》具足圓滿了，不是只講〈藥王菩薩本事品〉，那您應該也不老不死，為什麼您還是會捨壽示現入涅槃？」一定很多人會想到這一點。如果你是三年前就開始聽我演講這部經典，一直聽到現在，知道了這部經中的許多幽隱妙義，就不會生起這個懷疑，你就會想：「這一定有深妙義，不能依文解義啊！」話說回來，我講經時如果只像剛剛那樣依文解義，三世諸佛都要怨我。諸位是不是未來佛？是！那你們將來也要怨我呀！而現在十方諸佛、過去已成諸佛也都會怨我啊：「明明就不是這個意思，你怎麼可以依文解義！」所以祖師才說：「依文解義，三世佛怨。」

這了義經典，如果大師們只會依文解義，眞的過去、現在、未來諸佛都要怨他們，所以我當然不能依文解義。我們就要來談一下，世尊吩咐說：「宿王華！你應當以神通之力來守護這一部《妙法蓮華經》。」我們證得了「此經」，該不該用神通之力來守護這一部《妙法蓮華經》？啊？爲什麼搖頭？妳搖頭是爲啥？妳是心想說：「我又沒有神通，我怎麼能用神通之力守護『此經』？」我想是這樣！這也不能怪誰，一般人都會生起這樣的想法。

可是「此經」妙法蓮花非同尋常，不能依文解義。這裡教你們要用神通之力來守護「此經」，那你們要用什麼神通來守護？人家問那果子師父廣欽老和尚：「師父！你有通無？」他回答說：「我有吃就有通。」（閩南語）好！「神通之力」，譬如你實證之後，每天都看見這妙法蓮花如來藏心，每一朵妙法蓮花都守護著每一個有情，你要把這個道理告訴眾生；當你這樣子看見而且這樣教導眾生的時候，你就是在守護「此經」妙法蓮花。你每天醒來都不張眼嗎？當然要張開眼睛啊！每天看來看去就是「此經」妙法蓮花，這是從你的「眼根神通」來守護「此經」妙法蓮花。

神通有幾種？有六種，那你醒來的時候，或者作夢的時候，也許突然間想起來：「上一週的週二晚上，蕭老師說到『此經』妙法蓮花，有些什麼樣的法上功德，我也有隨喜、也有讚歎；當時我正在聽的時候非常歡喜，我也下定決心要好好地聽懂祂而受持祂。」所以你就很專心去聽。當你專心在聽「此經」妙法蓮花的時候，那你就是以「耳根神通」守護此經。

假使有人一直在外道法中繞，他始終進不了佛門；或者有人學佛三十年了，依舊不懂「此經」是什麼？那麼你就告訴他：「你也有耳根神通啊！可以依照世尊的付囑守護『此經』妙法蓮花，功德無量亦無邊。」他如果不懂，你就爲他稍微解說一下，讓他生起歡喜之心，願意到正覺講堂來聽經；當你看見他來了，就說：「他也用耳根神通來守護『此經』了。」因爲即使還沒有實證，人家說「有錢捧錢場，沒錢捧人場」，走江湖賣藝的世俗人都這麼講，那他來聽講時就是隨喜，就是擁護「此經」；當他來聽經時，就是用「耳根神通」來與我們大家共同守護「此經」啊！

那麼在正覺講堂聞法時，有時聞到沉香的味道，心想：「那我聞香的時候，這個香塵可眞厲害，上品的蜜沉點出來時，就是那麼濃郁的香味；中品的沉香顯示出來，讓我聞到的就是中品沉香的味道。可是不管哪一樣的沉香、哪一樣的檀香味道，甚至於一個不巧，今天鄰座剛好有香港腳，一股酸臭味——因爲他沒有洗腳換襪子就來，那個味道也是那麼眞實啊！」沒有人會說：「這個味道是假的，我都沒有聞到。」沒有聞到，是證悟者從如來藏來說才行的呀！但你眞的聞到了，因爲你的鼻根不壞。那你找到如來藏了，知道其中的道理，你就說：「我這個妙法蓮花如來藏還眞厲害，不管什麼樣的味道來了，祂都能夠變現出內相分的香塵，讓我如實嗅聞，一點都不差。『此經』妙法蓮花確實厲害啊！」那你這時就知道自己正在以「鼻根神通」守護「此經」。

你如果有因緣爲別人解說「此經」，甚至沒有人可以聽你解說，你在家裡面對著虛空講，也是以舌根神通守護「此經」呀！因爲家裡也還供奉著祖先，講給他們聽聽也不錯。要不然，繼承祖上的家業，人家把一片財產留給你，讓你有行道的資糧，這也是有恩於你，那你就回報一下。因爲菩薩得要知恩報恩嘛！若是不知恩、不報恩，就不能叫作菩薩，連世間人都不如了。好！那你就爲他們講一講也行，就是以「舌根神通」守護「此經」。假使剛好遇到祖先忌日或者遇到重陽節，你爲祖先作了供養時，如果堂上還有老人家，他們要求你說：「你一定要敬酒，若是不向祖先敬酒，我一定跟你翻臉。」那你就隨俗，依照習俗規矩先敬酒，酒過三巡以後你就開始爲他們說法，那你也是以「舌根神通」守護「此經」呀！

同樣的道理，每天一醒來要作很多事，作事時其實也是跟你在爲祖先說法時一樣的道理，都是守護「此經」。那你爲他們演說「此經」之法，是舌根放光爲祖先說法，他們一定聽得進去。你可別哪一天祭祀完了，到了週二來跟我說：「老師！我聽您的話祭祀祖先以後，酒過三巡眞的爲他們說法，可是我並沒有看見我舌頭放光啊！」欸！當心喔！你這話還沒說完，我就一拳往你胸膛捶過去。你自己放光，自己看不見，怎麼能怪我呢！同理，你起床以後作了很多事，不斷地爲護持「此經」守護「此經」而努力，那已經有幾根神通了？眼、耳、鼻、舌、身根，這樣就有五通了。而你能夠以這五通守護「此經」，並非不能夠守護呀！

當眾生來見你的時候請問說：「您已經證得『此經』妙法蓮花，那您能不能指導我：妙法蓮花究竟長什麼模樣？爲什麼佛陀在《法華經》裡面說祂是那樣的莊嚴？爲什麼佛陀在《華嚴經》裡面說這妙法蓮花如此的莊嚴？您能不能告訴我？」你就說：「能啊！」他問說：「那，什麼是妙法蓮花？」你就捧出來給他看說：「妙法蓮花，莊嚴吧？」他一定說：「那只是你的手，什麼『法華』莊嚴？」你說：「不！這就是眞正的『華嚴』，《華嚴經》講的都是在說明祂的富麗莊嚴，才會叫作『華嚴』。」那你這時就是已經以身根的神通守護「此經」啊！

即使他不信而否定了，也沒關係，你還是繼續守護著；他回去有一天想一想：「不對！這某甲師兄說法滔滔不絕，智慧高超，絕非凡俗；他那天告訴我的一定有道理，我得再去問一問，千萬不要入寶山空手而回啊！」於是他老哥有一天又來了，問了這一個問題：「爲什麼您把手這麼一捧出來，就說『妙法蓮花』是在這裡？可是那明明只是手，明明不外於五陰啊！那您能不能發個悲心教教我？」那你就告訴他：「天可憐見！佛可憐見！僧可憐見！法可憐見！我爲你入泥入水、眉毛拖地了！那你如果要更多的話，也可以，你再問我。」他就問：「如何是『妙法蓮華經』啊？」你就說：「綠瓦。」

你單拿祖師講的送給他，因爲他對你不太有信心，對祖師倒是有信心。

他也許沒讀過公案，就問你說：「爲什麼講『緣瓦』？別開玩笑好不好？」你說：「我完全是爲你著想，所以我拿祖師講的送給你，這可不是我自己編造的。」「那是誰講的？」「雲門禪師講的。」「喔？是雲門講的。可是我聽不懂啊！」那你就說：「那你再問啊！」他又問：「如何是『妙法蓮華經』啊？」你就說：「花藥欄。」他一定想不通：「種花藥的欄杆，那到底是什麼？」花藥就是芍藥，僅次於牡丹，非常漂亮；所以禪宗裡面往往有種花藥——種芍藥，然而怕人家當作雜草除掉，所以特地用欄杆圍起來。那你就告訴他說：「這也是雲門大師講的。」

欸！他還是不懂啊！也許就質問你：「欸！你去正覺學法，聽說你開悟了，然後你講話就跟禪師一樣七顛八倒，爲什麼都是答非所問？」你就告訴他：「笨蛋！『答非所問』才是禪。」他也許說了：「聽說你們蕭老師每回打禪三時，都舉稱聖嚴法師說的『答非所問是禪』，說人家講錯了，爲什麼你今天也這麼說？」你說：「蕭老師講的沒錯啊！可是我講的也沒錯啊！」管教他丈二（不是丈二），叫作百丈金剛摸不著後腦勺，看都看不見。

這時他如果纏著你說：「唉呀！請你無論如何要告訴我啦！」那你就告

訴他說：「再問一遍吧！」當他又問了：「如何是『妙法蓮華經』？」你一拳打過去，然後就走人。如果他很生氣說：「你給我記住，三年後我再來找你。」你就回說：「三年後來當我徒弟恰恰好。」他一定很不服氣：「正覺又不是只有你才可以去。」於是他來學了，等到他破參了以後，如果他學得很順利，三年整，剛好破參，他來找你時該作什麼？欸！一見面就往你胸前一拳打來：「謝啦！」這時他才知道說，原來你自始至終都用「身根神通」「守護是經」啊！這時他重新再來回想：「我曾經聽過幾次《法華經》，那些大師都是胡扯，原來蕭老師講的才對。」那他能夠入內門修菩薩道，正是因爲你以「身根神通」守護「此經」才導致的。

可是假使有人說：「啊！我知道了！」一般人之所以不能生起智慧，就是只看表相，所以去到祖師門下，或者來到正覺進了小參室就說：「老師！我知道了！什麼是如來藏？這就是如來藏。」結果沒想到親教師一棍就把他打出去了。爲什麼呢？因爲他落在五陰裡面啊！一般人總是學祖師們的應對，例如公案裡面有記載：如何是如來藏？擊拳。如何是如來藏？進前三步。如何是佛？退後三步。如何是佛？休去。他就學這個表相。

然而這都只是五陰，一切都不外於五陰，但是「此經」妙法蓮花和你的五陰同時同處。所以看人家那一些表相，永遠作不得準啦！有一些人是知其然，不知其所以然；可是更多的大師們是連「知其然」都還不懂，也學著人家禪師的作略，自以爲悟。這種事情古來已多，於今反而少，因爲現代大師們連「知其然」都還沒有看見。這就是說，如何以眼、耳、鼻、舌、身五根，以這五個神通，來守護「此經」妙法蓮花，是每一個證悟的菩薩都必須荷擔起來的重擔。

既然如此，更必須以意根、意識來守護此經；而意根與意識的神通力遠勝過前五根，所以悟後得要思惟一下：該如何「以神通力守護此經」？當你悟得深，有一天想起來：「我這個覺知心還眞好用，我想要思惟什麼都沒問題。」可是這個覺知心到底從哪裡來的？因爲以前破參的時候，在禪三道場整理過，知道覺知心是怎麼來的，是自己檢驗出來的，確實知道覺知心還是從「此經」妙法蓮花中生出來的。於是觀察到自己的這個覺知心聰明伶俐，一見之下就了了分明，原來這個分別的功能還眞不是自己能夠有，還得依靠根與塵的因緣呢！

覺知心還得要如來藏幫忙，把這個功能流注出來，咱們這個覺知心才有辦法這麼聰明伶俐；這時就想到：「啊！原來我這個覺知心在運作的時候，都是意根在背後幫忙，所以如來藏配合得恰到好處。」這就是你在思惟的時候，以意根的神通在「守護是經」啊！然後你又想起來：「我這眼、耳、鼻、舌、身五根，包括有人來請問我的時候，我是如何利樂於他。但我爲什麼能夠這樣子作，不假思索直接了當就幫助了對方？是因爲有意根在背後幫忙，也是因爲有如來藏『此經』妙法蓮花在背後幫忙，所以我才能夠這樣子。」那麼這就是你以意根示現神通來守護「此經」妙法蓮花。

所以千萬別妄自菲薄說：「我雖然證悟了，可是我又沒有修神通，我憑什麼以神通力來守護『此經』？」其實你們每天都在運用神通，只是此通非彼通。那龐蘊去石頭山，石頭禪師問他說：「你要不要出家呢？」他說：「請你隨順我本來的希望。」也就是他不想出家，那石頭也隨順他了。有一天他寫了一首偈，說他悟後有神通；但他的神通是什麼：「神通並妙用，運水及搬柴。」那就是他在顯現神通啊！他就是以搬柴挑水這個神通力，在守護「此經」！所以龐蘊說運水與搬柴就是神通。

那你每天醒來以後的一切事情，從張開眼睛見光、分別影像等等，一直到你晚上躺上床睡著，莫不在利用神通「守護是經」。因爲每一件事情你都跟「此經」妙法蓮花聯結在一起——無有一法而非妙法蓮花。你如果能夠這樣子好好去用心細觀，久後也就可以當宿王華菩薩了。雖然說，理上與事上畢竟還是有距離，但是何妨先從理入手，然後事以繼之？

世尊又開示說：「爲什麼宿王華應該以神通守護是經？因爲『此經』是南閻浮提洲一切世界的人生病時的良藥。」「此經」妙法蓮花眞是良藥啊！就說一個最簡單、最表顯的事例，有一天，有一個很有名的政治人物說：「我們不小心被刀子割傷了，你並沒有敷藥，它以後漸漸也會好起來。它一天一天也就痊癒了，這就是上帝的奇蹟。」你們可能有人知道這是誰講的，可是他每天享受的上帝的奇蹟，卻總是看不見上帝在哪裡。基督徒見了面也愛說：「願上帝與你同在！」我也願意如是爲他們祝願，但我不想這樣祝願，我就說：「上帝已經與你同在！」「上帝在哪裡？」「在哪裡？在你身中啊！」也許有人想：「我知道了，原來這樣子會，就是如來藏啊！我開悟了！我開悟了！」好啊！等到上了山，你就知道了；皮可繃緊一點，上了山可是一問三不知。

那麼由這個爲初機學人演說的最表淺的《妙法蓮華經》來說，祂到底是不是南閻浮提洲的一切人生病以後的良藥？或者被刀子割，也算是病的一種——創傷之病；欸！祂眞是你的良藥。然而病不是只有這一種，有很多人說：「**那個人得了大頭病。**」大頭病的意思是什麼？是說他笨。他的頭那麼大，可就是想不通，那就叫作大頭病；無論你怎麼爲他解說，他就是永遠聽不懂。大頭病的現象還有一種：他很聰明伶俐，但是不論你怎麼說，他就是怎麼誤會，然後又自以爲眞的聽懂，這也是大頭病啊！

等到學佛以後，咱們就說那個叫作無明病；全都是因爲無明，無明就是心理上的病。這個無明細分下來，可以分成六十二種病，也可以分成九十六種病。那你說，無明病多不多啊？太多了。凡夫眾生個個都生了這種病，特別是末法時代的大師們，這眞的很難治啊！有的人因爲一念無明而生病，可以用比較差一點的藥來治他；但這個藥雖然差，如今世間還眞買不到，這叫作二乘菩提聲聞、緣覺的解脫道。這一種我見的無明病，不必用到很好的藥，所以用便宜一點的藥，就叫作二乘菩提妙法；這一治呢，他的一念無明病就好了。

等到病好了，證得阿羅漢了，他又想：「我眞的不死了，因爲我捨壽後就可以入無餘涅槃啊！」入無餘涅槃就是證無生，不再有生了，無生也就無死呀！所以他又想：「我可以不再有死了，這一世過完以後就永遠不死。」可是到了某一個時節因緣現前時，譬如一個年輕小夥子來了，告訴他說：「這位聖僧！您出家那麼久，又證阿羅漢果了，眞不簡單啊！可是您還有病！」他嚇了一跳：「我明明不再有生，也就無死了，怎麼還會有生死病？」這個年輕小夥子就告訴他：「您這個病可重了，這病可不像您早前已經治好的病。以前那個病好治，只用解脫道的智慧就能治癒；但您還有這個病，而這病已經存在太久了，是從無始以來就病到現在。」他想：「我還有這種病啊？無始以來就病到現在，我怎麼不知道？」這年輕小夥子告訴他說：「您看，您連這個病症都不知道，可見您這個病就是這麼重。您還眞的有病。」他就問：「這個病叫作什麼名稱？」「這病叫作無始無明，您治癒的、斷除的只是一念無明啊！」欸！那麼這時他想要滅掉這個病，只有服用最好的藥；而這個最好的藥，得要從三界外去取來，否則還眞拿不到。

也許這時候有人想：「三界外無法呀！怎麼能去三界外取來？我如果去到三界外的時候，不就是入涅槃了嗎？都沒有我了，還能拿藥回來三界中嗎？」哪一天如果有誰這麼來問我，我眞的要罵他：「笨蛋！三界外這個妙藥，跟你這個三界法不即不離呀！你在三界中就已經住在三界外了，在生死當中已經是到達無生無死的彼岸了，爲什麼還要離開生死才能到達三界外？」欸！突然間被罵醒了，這一看：「唉呀！果然如此啊！」因爲妙法蓮花並不是三界中法，當然是在三界外，但卻跟我們三界法這個五陰十二處和合似一啊！所以這時懂了：「原來這年輕小夥子說的是這個道理。」這阿羅漢的無始無明累積很久了，到底有多久了，也無法計算，所以眞是病根深重啊！若沒有用這一味最好的藥，還眞的治不了這個無明病，這時就只有「此經」妙法蓮花才能治好他這個無始無明大病。所以只要是有這個病的人，一聽到「此經」妙法蓮花的眞實義，當他如實證得這個眞實義，他的病也就消滅了。

這時一定又有人想：「哼！我已經來正覺講堂聽經三年多了，聽到現在，倒是病得快沒命了。」那我就要問他：「汝喚什麼叫作『得聞是經』？」這個「得聞是經」可別依文解義，並不是語言文字講的這部經，也不是文字上印出來的這部經啊！至於怎麼樣才叫作眞的聽到此經了？等你開悟明心後，實證了，你才算是眞的聽到了。當你去打禪三，晚上普說或者進小參室應答的時候，一句話下突然間懂了：「唉呀！原來如此！」那你就「得聞是經」了。雖然說見道是有一段過程，也許兩三個小時、也許兩三天，有的人也許要打好幾次的禪三，才能完成眞見道的過程；因爲眞見道並不是找到「此經」就算了，還要能夠如理如法弄清楚了，有能力如實現觀，然後也不退轉了，才能夠轉依成功，這樣才算眞正的「得聞是經」。

當你像這樣子眞實聽聞到「此經」妙法蓮花，你這個無明病就滅了；我們就說你打破無始無明了，那麼這個病滅了，從此以後當然就「不老不死」啊！如果只聽到這兩句，前面都沒聽到，一定不信這句話。你們當然會知道，這「不老不死」也不能依文解義。什麼叫作不老？這個人想要不老不死，難道是爲這個五蘊來求不老不死嗎？諸位爲什麼搖頭？當然知道不是爲這個嘛！那麼又是爲什麼呢？當然是爲法身慧命而求。

假使實證了「此經」，那個「實證」的過程是人家爲他明講、直接送給他，這就像《無門關》裡面無門慧開禪師說的；他舉了一個例子，說那惠明將軍追趕六祖，追到大庾嶺時眼看就要追上了，六祖心想：「我個子小、力氣弱，衣缽一定會被他搶走。不如我就放在這大石頭上面，看他敢不敢拿。」於是就放在大磐石上，接著躲在草叢裡面看著；那惠明將軍追上來一看：「唉！衣缽就在這裡。」剛剛想要伸手把它拿起來時，心裡起了個念頭：「我拿了這個佛缽祖衣，但我拿回去時就等於得法了嗎？我拿回去以後能爲人說法嗎？能度眾生證悟般若嗎？」所以這時心中猶豫起來了，手摸著佛缽祖衣，雖然很想拿，可是拿不動啊，眞是「如山不動」。《六祖壇經》說他那時眼看著佛缽祖衣「如山不動」呀！爲什麼會像山那麼重、動也不動？因爲他不敢拿，「無法」可拿。

爲什麼像山那麼重、動也不動？因爲他不敢拿，怕拿回去以後人家問：「那您繼承衣缽了，您就是六祖，請您開堂爲我們說法。」那時該怎麼辦？一點兒都沒轍。這時惠明突然想通了：「我不該用搶的，我應該得法才是，這衣缽只是個表相。」於是高聲大呼：「行者！行者！我爲法來，不爲衣來。」本來是要搶衣缽的，現在知道不能搶，搶了沒用。

就好像法脈傳承，二十年前南部有一個法師去大陸某一個有名的山頭，歸依了那老和尚，說是去接法脈。怎麼接呢？那時很便宜，才只是臺幣五十萬元而已。那住持因爲是名山道場，他把繼承下來的法卷攤開來，只見那上面寫著第一代某某人……，一直寫到他這一代。於是那住持也弄一個卷軸來抄上去：第一代某某人……，一直抄到他的姓名爲止，最後再把那位法師的名字寫上去：第幾代某某某。就蓋上印章交給那位臺灣去的法師，說這樣叫作接法脈。臺幣五十萬元，眞的很便宜。問題是接了法脈以後呢？就眞的接到法了嗎？其實沒有接到法，所以那只能叫作接紙脈。

惠明將軍這時知道不能用搶的，應該誠心求法才是根本。六祖當時知道他不會搶了，只想得法，想一想：「他願意放過我，讓我往南方去，我就幫他也好。」所以不就告訴他嗎：「不思善，不思惡，正與麼時，那箇是明上座本來面目？」惠明將軍這時就說：「會了！會了！」唉呀！後來無門慧開禪師就爲他們師徒倆下了一個註腳：「六祖就好像把荔枝剝了殼、去了核，送到惠明嘴裡，只要他嚥一嚥。」說是只要惠明把它嚥下去就好了。你們看，六祖其實就等於是明講了。

好，「不思善，不思惡，這時候阿哪個是你的本來面目？」也許有人想：「我知道了，就是一念不生。」其實六祖這麼講，其中有玄機啊！雖然是敞明了講，可是仍然有玄機。這裡面的蹊蹺，如果能夠透得過，不是人家明著指點你的，那你的法身慧命一定不會老，不老也就不會死呀！那究竟以什麼而叫作老？就是因爲心中生疑，猶疑不定；如果再遇到一件不如意的事，他就退轉了；退轉時便叫作死，說他的法身慧命死了。

拉回到二〇〇三年時說。好快！已經十年出頭了。他們那些退轉的人，法身慧命正開始老的時候都不敢讓我知道。爲什麼他們的法身慧命會老？因爲當年是我明明白白用言語直接明講，我給他們的機鋒也是明明白白，所以他們沒有參究的過程；縱使悟得眞，智慧也起不來。因爲這個緣故，後來心中懷疑：「到底這是不是究竟法？」心中懷疑了就表示他們開始老了，懷疑越深就老得越多。如果已經全面懷疑的時候，就表示他們已經老態龍鍾；當他們後來決定說：「這個一定不對，一定還有另一個更究竟的法叫作眞如，是由眞如出生了阿賴耶識，阿賴耶識不是如來藏。」於是我說，當他們否定如來藏阿賴耶識的時候，想要外於眞如心阿賴耶識而另覓眞如時，他們的法身慧命就是死了。

可是人家說「強將手下無弱兵」，不管他們是老過或死過了，畢竟是我把他們拉拔出來的；而我算不算強將？算喔？好！所以他們也就不是弱兵；因此他們老了、死了以後，當我公開說他們所謂的「佛地眞如」是落入離念靈知去了，公開預記說：「他們沒有第二條路可走，將來還要偷偷回到阿賴耶識這個『妙法蓮華經』上面來；但是不會公布，只會偷偷回歸。」我當初是一開始就幫他們授記了，後來證明果然如是。所以人家說：「百足之蟲，死而不僵。」百足之蟲很厲害，死了以後一段時間也還是會繼續動作的；往往死過一會兒，牠們又活轉過來。

所以我說，是我把他們度出來的，雖然他們曾經老了、死了，最後也還是會活過來的，只是不敢回來見人啊！那麼假使自己親自走過，是親自參究的，全部的歷程一一經歷了；然後我們也不斷地考驗，我們考題多得很，不斷地淬鍊，考到最後他的理路就通了，就能夠自己現前觀察：我這個五陰沒有一法不從「妙法蓮華經」來。當他能夠自己這樣觀察出來時，還能講給我聽了，我就知道他的法身慧命不會老——永遠不會。

當他在心裡又不管怎麼推究，推究到最後一定只能看見五陰都是從「此經」妙法蓮花所生，永遠如是，那他的法身慧命當然不老，不老當然就不會死。他已經不可能再否定說：「這個第八識如來藏的妙法是後人編造的，第八識不存在。」永遠不會這麼講，永遠不會否定「妙法蓮華經」如來藏，就表示他的法身慧命永遠不死了。於是未來世假使又聽到人家講：「『妙法蓮華經』就是如來藏。」他一聽到如來藏時不是怒髮衝冠，而是汗毛直豎——全身都是雞皮疙瘩。有沒有看見？就是這樣子啊！頭髮都是豎起來了，一定會與正法相應。雖然剛聽到時還不懂那是什麼道理？因爲是剛學法而第一次聽到，以前沒聽人解釋過，但他就是會相應：「我要學這個法，這到底是什麼東西？」他就一心一意想要修學。我們有很多人就是這樣的呀！我在悟前沒有聽人家講過如來藏或阿賴耶識，所以沒有機會起雞皮疙瘩，都沒有機會怒髮衝冠；我是悟後自己去弄清楚說，這就是如來藏。反而是悟了以後弘法，爲人家講如來藏時自己生起雞皮疙瘩，眞的是怪人一個。

所以，如果患了最重、最深、最廣、最大的生死病——無始無明所攝的習氣種子生滅和異熟種子生滅的病，他非得要這個「妙法蓮華經」妙藥來醫治不行。也許有人問了：「如果有人患了病，不是這麼重的病，他只是我見與我執，那麼我們用這個最好的藥，能不能治他？」當然行啊！現在世間有好多騙子，對不對？隨便弄瓶水，其實就只是礦泉水，甚至於只是自來水，除掉那些化學味道以後裝瓶，就說是神水等等，宣稱：「這是我們加持過的，多麼有法力。」好多人就去買，一罐三百、五百元，也有賣一千、兩千元的。如果有人眞的要這種神水，我們家多的是，一罐三塊錢就行了，但是你們要自己帶罐子來。我幫你裝一罐，賺你三塊錢，絕對有加持，可是他們賣的那些水全都沒有加持。

現代佛教界也是如此啊！一天到晚誇口說：「你來我這裡，可證得什麼法、什麼法、什麼法。來我這裡學，開悟一定沒問題，一悟即至佛地，保證你成佛。」結果悟了以後回到家裡，把祖師公案請出來，依舊只能搖頭：那些字，每一個都認得，問題是那些字都不認得他。根本就讀不懂，有什麼用處？原來是依舊悟錯了。可是話說回來，這一個最上品的妙藥，從三界外取回來專治無明病，不管什麼樣的無明病，一體通治；所以一念無明的病也治，無始無明的病也一樣治，這可厲害了。所以像《阿含經》裡面講的六十二種外道見、九十六種外道見，用這一味藥可以全部通治。可是專治一念無明的那一種二乘菩提妙藥，可就治不了這種無始無明的大病。那麼如果這兩種藥賣同一種價錢，你們要買哪一種？對嘛！當然要買能治無始無明病的妙藥嘛！因爲這種藥可以一體通治，比任何神仙萬靈丹都還靈呀！所以六十二外道見、九十六外道見，來到這個藥面前統統治好。不但這一些病可以治，甚至於無始無明的病也一樣治好。

所以學佛是要學智慧，不是要學迷信。如果看哪裡人多就往那裡去，那便叫作迷信；人多的地方雖然不一定都沒有法，但也不一定就有法；所以先要去瞭解一下：到底他們那裡賣的藥，其中的成分是什麼？可別裡面都是一些砒霜、多氯聯苯，外表包裝得很精美，然後就去把它買回來每天努力吃，不必多久，法身慧命就都死掉了！多氯聯苯譬喻離念靈知，砒霜呢，譬喻密宗那個雙身法的即身成佛，那眞的是砒霜。多氯聯苯還只是慢慢中毒，砒霜可是藥到命除，法身慧命很快就死透了。

所以大家都要先弄清楚：到底咱們學佛時應該學什麼？佛法的內容到底有些什麼？佛道的次第又是如何？這是學佛前必須先弄清楚的。禪宗從來不跟你講這個，古時菩薩受生再來想要住持正法時，進入禪宗道場裡最方便。因爲禪宗已經把學佛人的基礎打好了，而禪師平常也不跟你陳列出整個佛法的內涵，只對入室弟子之中，準備要讓他荷擔如來家業的人，才會教導他們學這些內容。所以禪師往往是菩薩乘願再來的，他們對於入室弟子才講經，講經時並不對外公開，對外都只是用禪的方式接引人。所以最多是在初一、十五或者六齋日，才會有晚間上堂的普說，這就很不得了囉！

而禪師普說時講的也不多，大部分禪師是：大家白天作事很累，今天正逢六齋日，院主來請；等到大眾都上堂站定了，他老人家姍姍來遲；來到法堂時往往站在禪床前看著大家，看了好一會兒，一句話都不講，然後說：「諸位會麼？會麼？」看大家沒反應，拿起拂子來說：「**諸佛都在老僧拂子上現前。**」然後拂子一丟，他就下堂了，連法座都沒上去坐。就是這樣子呀！禪師通常是不說法的，能夠作普說的，已經夠慈悲了，所以他們通常都不講經。如果要他講經，一定是選很重要的經典，並且預先選定了幾個人將來要荷擔他的家業，才爲他們講經。在哪裡講？只在方丈室裡面。

所以若是爲眾生的法身慧命著想，像禪師那樣作，可就不夠慈悲了。我們為眾生的法身慧命著想，所以要作很多事：講經、傳戒、辦精進禪三，然後我還要寫一點書，等於是寫論。這樣夠不夠？古時候的三藏法師是經、律、論三種，我們可不止。事實上還要作更多，因為還要涉入世間法裡面去跟眾生結緣，跟眾生結緣以後，眾生會想要瞭解你們正覺在幹什麼？然後終於瞭解：「原來你們正覺不是只有在布施救濟這些窮苦人而已，還有這個佛法，這眞是勝妙啊！」那麼我們就藉這個因緣，用最上好的無上妙藥來治眾生所有的無明病，所以不管誰來學法，我們都給他們最好的藥。這一味藥，祂的名稱便叫作妙法蓮花，別名如來藏，小名叫作阿賴耶識。

這一味藥，一切病通治；如果有的人不想要這種上好妙藥，因為他聽到如來藏就煩惱，又因為聽說證得如來藏以後，生生世世都不許入涅槃：「我聽到正覺的學人們傳說：誰悟了以後想要入涅槃，蕭老師就要砍斷他的腳後跟。那我還是不要吃這一味藥。」那他就買《阿含正義》回去讀，不讀最好的大乘佛法妙義等書籍。這也好，就治了他的一念無明大病。可是我們應當發大心，我們應當要拿最好的藥；因為最好的藥裡面，也有治一念無明的功效，一切藥效全都在這裡面。那麼眾生只要能夠如法服藥，這二種病就可以完全消滅，而且盡未來際都「不老不死」。因爲咱們正覺這一味藥，既能治病又能保養，有沒有道理？（大眾回答：有！）對嘛！當你把無明病治好了以後，繼續聞熏聞修的結果，智慧越來越勝妙，這不就是在保養嗎？於是你的法身慧命越來越健壯，所以既治病又保養，這眞是天下難找啦！那麼這樣就瞭解：爲什麼「得聞是經，病即消滅，不老不死」了。

世尊又開示說：「宿王華！你如果看見有受持這部《妙法蓮華經》的人，應該用青蓮花來盛滿末香，供散其上。」「受持是經」，當然諸位已經知道不是這個經本，也不是這個經本中所寫的文字，更不是把經本唸誦出來的聲音，而是「此經」妙法蓮花，又名如來藏，就是每一個人都有的第八識心。世尊吩咐說，如果看見有受持這第八識如來藏的人，應該用青蓮花並且盛滿末香，來「供散其上」。青蓮花代表什麼？青蓮花是很清新的，紅色的蓮花就像是太陽西下時的晚霞，是很漂亮，只是近黃昏；可是青蓮花就好像旭日東昇，充滿了朝氣。

那麼「青蓮花」到底是譬喻什麼？三界中最有朝氣的是什麼？是二乘菩提的智慧嗎？還是佛菩提的智慧？（大眾回答：佛菩提。）欸！二乘菩提的智慧越是修證圓滿，他就越發的灰心喪志。世間人講的灰心喪志，是他的人生充滿了灰色；那麼二乘菩提的阿羅漢實證，他們的作意是時時刻刻準備要棄捨五陰自己而入無餘涅槃中，他還沒到命終時，依舊還有五蘊身心留在人間，稱之爲有餘依涅槃；這像不像晚霞——證阿羅漢果？唉呀！好美！大家都讚歎說：「他修行好厲害，他的解脫境界好美啊！」可是，近黃昏，表示他這一世捨壽後就永滅不存，就好像一片黑暗一樣，全都不存在了。

所以應該運用佛菩提的智慧來修行，佛菩提的智慧是很有活力的，而且充滿了朝氣，一點暮氣都沒有。朝氣跟暮氣是完全不一樣的，暮氣就是很累了、好想睡覺了。可是朝氣，卻是精神百倍！所以證悟佛菩提的時候，你剛開始會想：「如來藏完全無所得，那我不應該去執著任何世間法。」所以心中的想法是偏於寂靜的。可是後來再想一想：「那我證如來藏以後，不是爲了入涅槃呀！我雖然轉依了眞如，但我應該繼續進修而完成佛道。想要完成佛道之前，我有許多法要修學，有很多往世累積下來無量無邊的眷屬要去利樂，那我必須要奮發圖強。」

特別是後來哪一天又看見了佛性時，心中驚喜說：「唉呀！到處都是佛性，原來是這樣的洶湧澎湃，源源不絕，可是又不落到見聞覺知裡面，但卻不會偏空，因爲跟見聞覺知和合似一；唉呀！太好了！看到花時是看佛性，吃飯時是吃佛性，洗澡時是洗佛性，一切莫不是佛性。唉呀！眞的是很活潑，很生動！無以形容，只能叫作佛性！」所以佛菩提道是朝氣蓬勃的，就好像青蓮花一樣很清新、很有朝氣。

那麼這個青蓮花上面，還要加上滿滿的末香一起供養。你不能單單只有青蓮花供養，就好像音樂的主旋律寫好了，用一種樂器彈出來時覺得單調，於是加上鼓等等很多種樂器搭配起來，就會覺得好好聽。現在有的音樂有四、五十個聲道，你們聽我的那些公案CD時覺得好像沒什麼，其實裡面有幾首歌是四十幾個聲道組成的，想像不到喔？也就是說，你若是想要好聽，就必須要有很多的搭配。

那你修學佛菩提智，如果已經明心了說：「我有佛菩提智，我知道了，實相法界就是這樣。」這時就像一朵單純的青蓮花，別的什麼都沒有，也不足以莊嚴佛菩提道。所以你有了佛菩提智以後，還要繼之以無量無邊的菩薩行，在戒、定、慧三學上面不斷地增上。不斷地增上以後具足無量無邊的菩薩行，這些菩薩行數之不盡，以這樣的菩薩行來供養這位菩薩，就譬喻為「盛滿末香」，等於是用最好的香來磨成粉末，用這一朵青蓮花佛菩提智，加上裡面裝滿了無量無邊的菩薩八萬四千細行，這樣來「供散其上」，來供養這一位受持「妙法蓮華經」的人。

「供散其上」是供散於誰？（此時導師指著自己胸前說：）供散這個人——這個受持「妙法蓮華經」的人。所以應當每天這樣對自己作「法供養」，否則你要每天去找尋受持「法華經」經本的人而去對他供養。但其實並不是這個道理。這意思是說，你看見有一個受持「妙法蓮華經」的人，而那個人就是你自己，就是你這個五蘊，這個五蘊的你就是受持「妙法蓮華經」的人。那你看見了，就應該用佛菩提智以及無量無邊的菩薩細行來供養自己，這就是「盛滿末香」來「供散其上」——供散於自己身上。

接著 世尊又開示說：「散已，作是念言：『此人不久必當取草坐於道場，破諸魔軍，當吹法螺、擊大法鼓，度脫一切眾生老病死海。』」也就是說，你應該每天用青蓮花盛滿末香供散於自己身上，供散完了，就應該這樣子想：「我這個人（當然這時不能叫作「我」，應該說「這個人」，因為你都轉依眞如了，哪裡還有我？）不久以後一定會取吉祥草來鋪好，然後坐於道場；」「不久」，也許有人想說：「哪裡是不久？後面還要修行將近三大阿僧祇劫，眞的很久很久欸！」但是你要想一想，你從無始劫以前來到現在，到底有幾劫？不知道！無量數。那你受持「此經」以後到將來成佛，不過是短短的三大阿僧祇劫。三大阿僧祇劫比起你往昔的無量無量數劫——不可記數劫，這三大阿僧祇劫說起來，還眞的短！所以說：「你『不久』一定會取吉祥草坐於道場。」

吉祥草是什麼？吉祥草是天上種的嗎？不是呀！是在人間。吉祥草是什麼呢？我們拿禪宗祖師的開示來說，諸位就會知道了。有一天石霜禪師說：「出門便是草。」爲什麼出門便是草？後來有禪師聽了說：「就算是不出門，也是草漫漫地。」爲什麼不出門也是草？難道有人在屋子裡種草皮啊？有嗎？沒有啦！然而出門時究竟是出什麼門？出於「五根之門」。一旦出了五根之門，所接觸的莫非是草。禪師這麼說了，當然有的禪師跟著就說：「不出門亦是草。」因爲你閉著眼睛不接觸外境，單單住在定中的時候其實也是草，那也是三界煩惱。

那麼吉祥草只在人間才有，因爲天上不種草；天上只有奇花異草，不是人間這種草。那麼這句經文說的「取草」，就表示悟後進修將近三大阿僧祇劫之後，要到人間來示現人間的種種煩惱——取了人間的八萬四千煩惱，在這個時候坐道場成佛。釋迦如來在菩提伽耶從牧童手裡取來吉祥草，於菩提樹下敷座而坐，接著降魔明心又見性成佛。後來人們為了紀念，就用石頭打造一個長方形而有雕飾的石座，放在後來又補種的菩提樹下，就在正覺大塔後方。然而那只是一個象徵；眞正的金剛寶座是什麼呢？就是「此經」妙法蓮花。

可是你要坐上「妙法蓮華經道場」之前，得要先下來人間受生，住在人間的種種煩惱之中，這就是入草或取草。所以 世尊示現給我們看，所謂八相成道；在成道之前有很多的過程示現出來，全都住於人間的種種煩惱境界中，這叫作「取草」。也就是說，示現在人間而有種種的煩惱，然後接著「坐於道場」;「坐於道場」就能「破諸魔軍」，如果不「坐於道場」，也就是你如果沒有證悟明心，就無法破諸魔軍。但 釋迦如來很早就成佛了，所以祂取吉祥草坐於菩提樹下，就這樣示現，先降魔再說。其實往世早就成佛了，降魔有什麼困難？可是你如果不是往世成佛再來示現，再度來人間接引尚未得度的弟子，而是第一次成佛，像彌勒菩薩將來成佛一樣，那時如果是生在五濁惡世，就是取「吉祥草」，就得要先悟了才有辦法降魔，這時的示現就不同了。

當你取草坐於金剛寶座，就是你坐在這一朵妙法蓮花之上，你就可以「破諸魔軍」了。這時所破的主要是講天魔，因為生死魔、煩惱魔、五陰魔，全都已經破過了；現在要示現成佛的時候，就得要先降服天魔，所以「破諸魔軍」。「破諸魔軍」以後接著要幹什麼？要「吹法螺、擊大法鼓」。「吹法螺」表示開始為大眾說法了，但「吹法螺」可不能像以前有個小說家，用因緣附會的方式來說佛法。以前有一個很有名的小說家，他後來寫很多關於佛法的文章，都在月刊上連載；有一次他寫一篇文章說，日本有一種戲劇叫作能劇（能不能的「能」，叫作「能劇」）；這個能劇裡面有一種聲音唱得很長、很高亢，他說那就叫作「獅子吼」。看來他說的獅子吼，是用聲音去吼的，所以他是誤會了！

這意思是說，「吹法螺」並不是拿一個螺貝來吹，而是宣揚正道。我小時候，肉販除了在市場的肉案子賣以外，他們每天到了快中午時，沒有人上市場買肉了，就在單車後面放著一塊厚厚的大木板，板上就放著早上沒賣完的豬肉騎了出來，到街上每個巷口吹螺，人家聽了就知道賣肉的人來了。所以「吹法螺」並不是拿那個螺貝來吹，就好像密宗喜歡吹螺，就說是佛法中說的「吹法螺」，但其實他們這一吹可就變成賣肉的，至少是與賣肉的同等級了。「吹法螺」與「擊法鼓」的意思不同，「擊法鼓」是破邪顯正，從負面方向打擊邪說，「吹法螺」則是從正面來說明，如何是眞實之道，要把它高聲地演說出來。

高聲地說也不是指聲音弄得很大，而是講得很高調。唯一實相，不容有第二、第三種實相來混淆正訛，絕不妥協；法是怎麼樣就該怎麼說，不容許相似像法來混雜，絕不妥協。所以有的人對佛法的正知見不夠，總是會說：「你們正覺說法時，都說只有你們對，別人都不對，需要那麼高調嗎？」然而，我只針對某一些大師誤導眾生的妄說佛法加以評論，只對這些人判定說法不對。我必須永遠高調地說：開悟所證之標的只有一種，就是第八識如來藏。但是佛教界竟然有人勸告我說：「唉呀！八萬四千法門都可以學，你為什麼叫人家一定要學如來藏法門？」我說：「這個不通商量，我就是一定要你學著實證如來藏；你學的如果不是如來藏妙義，我就說你學錯了！」

為了正法的純清與長遠流傳，這件事情絕不妥協；我一定很高調，這叫作「吹法螺」。你們想想：世間人吹螺時，或者道教裡的道士吹法螺時，有人是吹到只有自己能夠聽見的嗎？就好像賣肉的販子出來吹好了，他也是要吹得很大聲讓大家都聽見嘛！絕對不會吹到只有自己聽見。所以我們演說正法時就是要設法讓大家都知道：現在有人正在弘揚這《妙法蓮華經》——有人正在宣講如來藏正法。所以我持續高調地弘揚第八識如來藏，也就是《妙法蓮華經》妙義；講到後來，六、七年前已有密宗很有名的一個紅教上師，他旅居加拿大，也開始把密宗的一些書籍註解說：這個就是如來藏。他也開始在講如來藏了。

所以法螺要吹得響，響得大聲還不夠，更要吹得震天價響，讓大家不得不聽到，才能夠警覺他們呀！可是你吹了法螺，聲聞菩提、緣覺菩提、佛菩提三種法義，是哪一種要吹得最響亮？（大眾回答：佛菩提。）是佛菩提，諸位有智慧。因為聲聞、緣覺，我對他們的心態就如一句閩南話說的「愛度罔度」，只是順便度一度，沒有強烈意願要度他們。就好像世俗人生了一個不想要的孩子，就說「囝腰」（閩南話），有時候說「囝市」（閩南話），也就是隨便照顧、隨便養吧！但如果是刻意要生的，安排好的這一個孩子出生了，一定很高調慶祝，滿月酒、紅蛋、油飯，什麼都有，到處送人。若是那個「囝腰、囝市」的孩子，什麼都沒有，不但生得很低調，而且養得很低調，好像從來沒生過、養過一般。

所以，我們弘揚二乘菩提時總是低調一點，因爲這不是 世尊降尊紆貴來人間示現的主要目的；但是弘揚佛菩提時一定很高調，我一定要「**吹法螺**」吹得震天價響，讓大家全都聽到，不想聽到的人也得聽。可是我們這樣吹，目前還沒有達到我要的目的，因爲有的人眞是冥頑不靈；告訴他說阿含諸經講的是依第八識的道理來教導解脫，阿含講的是依第八識的道理來講因緣法；我都已經這麼講了，告訴他們說不是只有佛菩提才主張有第八識；但他們偏偏要跟我反對到底，那我能怎麼辦？那我就「**擊大法鼓**」吧！

這《大法鼓經》，未來看有沒有因緣來正式開講（編案：《大法鼓經》已於二〇一七年十二月開講）。擊大法鼓是什麼意思？就是祖師說的「佛菩薩擊大法鼓，聞者皆喪」。佛菩薩把大法鼓用力敲打起來，凡是聽到大法鼓聲音的人都要死掉——五陰全部喪身捨命，法身慧命就活轉了。爲何這麼厲害？因爲這一面大法鼓塗滿了最劇烈的法毒，當這個毒藥塗上去以後，佛菩薩把那個鼓槌用力一敲，這面毒鼓的強烈聲音出來了，鼓上的劇毒隨著鼓聲傳播出去，所以聞者五陰皆死。這是什麼意思？（有人答話，聽不清楚。）大聲一點！（有人大聲答：摧邪顯正。）叫作「**摧邪顯正**」啦！主要是在摧破邪說上面著眼，這樣才能把眾生的法身慧命救活。說實話，這毒藥其實就是《大法鼓經》說的滅毒之妙藥。

也就是說，當你爲大眾「**吹法螺**」，吹到震天價響時，他們依舊充耳不聞；充耳不聞也就罷了，反而出來跟你對抗，猶如使用擴音機來跟你對抗；但是他們那個擴音機播放的聲音沒有人要聽，因爲太吵了。既然他們要這樣子對抗，咱們就把「**大法鼓**」請出來放到室外，整面鼓塗滿了聲塵劇毒，然後用力把它敲打，只要誰一聽到大法鼓的聲音，他們的邪命一定要死掉，要教他們個個死掉我見，這叫作「**擊大法鼓**」。

所以菩薩成佛的時候，不單是要「**吹法螺**」，一定還要「**擊大法鼓**」；若是不能「**擊大法鼓**」，單靠「**吹法螺**」，正法最後還是會被相似像法淹沒。一定要把眾生的邪知邪見全部殺盡，他們的法身慧命才有可能活轉過來。所以諸位將來成佛時一定要同時「擊大法鼓」，是兩種互相配合；也就是有時「吹法螺」，先把眾生的正知見建立起來，然後「擊大法鼓」，把眾生的邪見雜毒摧滅。法鼓打過一段時間又回來「吹法螺」，反覆運作，眾生的法身慧命就可以出生，而且進而「不老不死」。好！今天講到這裡。

《妙法蓮華經》上週講到一百八十四頁第二段第四行的前兩句。那兩句是說「破諸魔軍」以後，「當吹法螺、擊大法鼓」。接著要說的是「度脫一切眾生老病死海」，上週這兩句我們講解過了，然而「當吹法螺」是指什麼？還應當「擊大法鼓」又是什麼道理？這兩句其實是一正一反，換句話說，「徒法不足以自行」，我們把它套到弘揚正法上面來說；你單單演說正法來度眾生時，不能達到「度脫一切眾生老病死海」之目的，一定是「吹法螺」的時候，要配合「擊大法鼓」；「吹法螺」是正面的，「擊大法鼓」卻是從反面來產生作用。

譬如我們剛開始弘法那五、六年，都只是「吹法螺」而沒有「擊大法鼓」；但是螺聲響起來時，有的人聽了歡喜，更多的人則是聽了就隨即抵制與否定；後來不但毀謗，還加上沒有根據的毀謗，直接說如來藏正法是自性見外道，甚至於作人身攻擊，所以我們最早五、六年「吹法螺」沒有什麼績效。辦事要講績效，我們「吹法螺」既然不怎麼成功，反而招來當時佛教界毀謗說：「正覺只是個新興宗教，弘揚的是外道的神我思想。」他們自己是自性見外道的法，反而毀謗說我們講的如來藏妙義就是外道的神我，於是咱們不得不開始「擊大法鼓」。

雖然我們所擊的法鼓不像 世尊的法鼓那麼大，但好歹也是法鼓，所以我們開始破斥邪說；開始把佛門大師們講的那些邪說，一一舉出來辨正。因爲我們以前「吹法螺」時，跟他們本來是井水不犯河水；可是他們私下裡不斷地罵正覺，說我們是邪魔、是外道；又說我們的法有毒，讀了我們的書以後法身慧命就會死掉。我們不說他們講錯了，他們倒反而說我們的法有問題；既然他們要如此顚倒是非，我們就開始「擊大法鼓」了。當我們「擊大法鼓」以後，第一個受我們影響的是法鼓山，所以他們那時很煩惱。但是我預先設限說：「咱們度人時，盡量不要度他們的人，免得說我們是在拉人。」就吩咐大家：「我們只要流通書籍就好，遇到法鼓山的人，你們就盡量避開。」

後來是釋印順的邪說影響最大，我看到了這一點。因為他的影響幾乎要遍及全臺灣了，所以我就拿他的東西來說明，辨正出他錯在哪裡；也就是從《楞伽經詳解》的第三輯開始把他寫進去，這就是「擊大法鼓」的開始。

如同上週所說的，世尊說的「大法鼓」是什麼？是說那一面大鼓塗上了可以經由聲音傳播的劇毒，這種毒會隨著鼓聲飄散，所以這一面鼓打了以後，不論誰聽到這個鼓聲，五陰常住等雜毒邪見就必定會死掉——邪見雜毒全部消失。不是他們的生命死掉，而是他們認為五陰是真我、是實我、是常我、是不壞我的邪見，就會開始死掉。那我們也弄了這麼一面鼓，就在那個時候打起來；就從那個時候開始，佛教界裡的大師、小師、居士們，只要他們學佛夠久了，就從那時開始願意讀我們的書，我們就讓他們的我見喪身捨命。也就是說，這是幫助他們不再認定見聞覺知心、或者離念靈知、或者放下一切的覺知心是常住心的邪見，把這些邪見殺光了。

然後越來越多的人讀了我們的書，就有越來越多的學佛人死掉了邪見，法身慧命就健康了。我們的法鼓就藉著書本一本又一本把它敲出去，這大法聲音所及，佛教界的邪見就開始死滅。但為什麼需要這樣作？是因為單單「吹法螺」時，就好像一句話說的「曲高和寡」；我們弘傳的佛法太深，對於一般的佛教徒而言，他們大多人是讀不懂的。也許你們覺得說：「不會吧？我們每週二晚上來聽經時，都是聽得很歡喜啊！」可是往往有會外人士第一次來聽經時，聽到一半時，實在是如坐針氈，不得不離開。

又譬如我們在電視上面弘法，我交代錄影的老師們要盡量講淺一點；因爲一般的佛教徒程度很低，你稍微講深一點他們就聽不懂了，所以諸位老師都刻意講得很淺；因此你們從網路上去點出來看的時候會覺得說：講得這麼淺！可是會外依然有好多人來電反應說：「你們講得太深了，我們都聽不懂，能不能再講淺一點？」但是如果要再淺下去，我們這些老師們可能會抗議說：「你不如殺了我。」因爲無法再淺了，再淺下去就會像那些大山頭講的世俗化佛法一樣了。

所以說，你單單「吹法螺」時，眞正是曲高和寡，佛教界不但不能應和，而且他們完全不懂你在吹什麼。因此必須探究他們爲何聽不懂？原因就是他們先入爲主的邪見一直存在著；依他們被假名大師教導而存在著的原有的邪知邪見，想要聽懂法螺的意涵，可就很困難了，於是我們得要再去幫他們消除邪見。至於他們心中那些邪見的消除，就得要靠正法之毒，才有辦法消弭；所以我們用正法之毒塗上了大鼓，就這樣咚咚咚咚不斷敲出去，要叫他們「**聞者皆喪**」——所有的邪知邪見，在聽到這法鼓之聲就得要死掉。假使聽一遍沒有死掉，我們就讓他聽第二遍，讓他們不斷地聽，最後終於死掉了，他們終於開始可以聽懂一些些法螺的妙音。

所以「**吹法螺**」與「**擊大法鼓**」必須要兩相配合，若是單有其一，都不能具足成就利樂眾生的大業！換句話說，正法傳揚時一定要「**有破有立**」，你如果不作各種破邪的工作，那麼你傳的正法與那一些相似像法或者附佛外道之法，眾生也就不能區別出來。所以我們最早五、六年「**吹法螺**」的時候，一直被人家攻擊說：「**正覺講如來藏的法，就是自性見外道，就是執著於我，也就是外道的神我。**」因此我們被逼得必須要「**擊大法鼓**」。

也就是說，你先有立，然後也得要有破；若是始終「**不破**」，就不能顯示你的「**所立**」與外道法有什麼差異。所以我們先立出宗旨來——第八識如來藏這個眞如心是可證的，第八識才是眞如。先作了這個建立以後，接著再來破；因爲人家開始污衊我們是外道神我了，那我們就得要來破了：外道神我與如來藏有什麼差異，外道神我與他們所謂開悟的離念靈知其實相同。於是開始破斥。那麼正覺從那時開始有破有立之後，大家才會注意到我們所建立的法，是否與 佛陀所說完全相同。再加上二〇〇三年有人窩裡反，刻意要推翻我們，給我們機會可以作更深入的破與立，因此我們正覺的勝妙法就這樣被佛教界肯定下來；現在敢公開否定我們的就只剩下附佛法外道，叫作密宗——喇嘛教。

所以「吹法螺」的時候一定要繼之以「擊大法鼓」，獨一不能成事。現在如此，古時候也如此，以前玄奘菩薩造《成唯識論》時，是把諸方大師的所說拿來加以評論、辨正，就成爲《成唯識論》十卷的內容；論中是在告訴我們，如何成就萬法唯識的正理，所以叫作「成唯識」。那他剛寫的時候，論中都有寫到某某人如何說，這個說法到底對不對？就加以辨正。又寫到某人如何說、某某論師又如何說，一一加以辨正。可是當他定稿的時候，他的弟子窺基大師建議說：「爲了維持佛教界的和諧，請師父不要指名道姓。」所以就全部改爲「有義」，不論是玄奘自己說的，或是那些佛門外道所說，全都註記爲「有義」，也就是說，這是「有人這麼說」，因此《成唯識論》裡面就有很多的「有義」。

有時候一個題目的辨正中，列舉出來有三個有義、四個有義，你們讀《成唯識論》時得要留意，最後一個有義才是正確的，前面的有義大多是錯誤的，那些都是別的凡夫論師們所講的。雖然論中有一小部分不是這樣子，但大部分都是如此列舉而作辨正的。由於窺基如此建議而不指名道姓辨正法義，《成唯識論》在當代才流通不過一、二十年，大家都已經不知道論中那些「有義」到底是誰說的，所以玄奘菩薩已經辨正過的諸方錯誤說法，仍然繼續在佛教界流傳，依舊繼續在弘揚著，導致《成唯識論》破邪顯正的功效不彰。

後來他的弟子窺基大師開始註解《成唯識論》時，也就是有名的《成唯識論述記》，佛教界簡稱爲《述記》，就把那一些「有義」是誰所說的，一一加以註明：這個「有義」是安慧論師說的，那個「有義」是清辨論師說的。以前是他勸玄奘不要指名道姓，等到他註解《成唯識論》的時候，他倒是自己開始指名道姓了。緣何如此呢？因爲他發覺破邪顯正的功德完全不能彰顯出來，玄奘菩薩的《成唯識論》寫了也等於白寫；所以他只好違背了自己以前的主張，反而指名道姓起來，終於有了補救的作用。

那麼回到《成唯識論》來說，玄奘菩薩有一句話說：「若不摧邪、難以顯正。」也就是說，如果你都不能「擊大法鼓」，那你光是「吹法螺」，吹到嘴脣破皮了，人家也聽不見；聽見了也當作是沒有意義的事，連聽都不想聽。所以玄奘在《成論》中才會提出「摧邪顯正」的主張。他這樣講其實是有緣故的，他去天竺取經時幾乎死在沙漠裡，是 觀世音菩薩的指點與安排而保住了命，才終於九死一生去到天竺。他想追隨的戒賢論師，那時已經一百零幾歲了，身體很不好，很痛苦，想要絕食捨報；後來有一天夢見 文殊師利告訴他：「你不要捨報，你絕食而亡以後，原來的業並沒有消掉，未來世還要繼續再受報，直到受完爲止。你不如繼續活下來，不要絕食，痛苦得要忍受；因爲在大唐國度，有一位樂通大法的僧人將會到來這裡，三年後就會來到，你得要等候他，把你所知道的傳授給他。」

他答應了，第二天開始，病就漸漸減輕了；然而玄奘菩薩從大唐出發去西天的過程中，他並不是一個無知於法的僧寶，他那時對於法已經探究到很精通了；只是他還有隔陰之迷，以往的證量因爲沒有經典啓發而無法發起，以致法上的深度與廣度還不夠，但他本來就有阿羅漢的解脫德，也已經有開悟的功德了，所以他去西天取經的路程中，在路上的任何寺院掛單，或者遇到各國的國王要交換國書時——就好像是一個通行證；各國國王聽到大唐的玄奘法師來到了，都想要與他相見；都是與國王見過討論佛法以後，國王才會准他通過那個國家。

但諸國國王與他論法時，都會邀請各寺院的住持一起與他談論佛法，之後大家都很驚訝他的證量；所以他還沒有去到西天，而他的名聲早就在西天流傳了。那麼玄奘法師到了西天以後，終於有一天去拜見戒賢論師，跟他學法，這時戒賢論師就問了：「你是什麼時候出發的，路途如何？」結果跟文殊師利菩薩預記的時間與內容完全相符合，不禁落下淚來，所以就確定是該把更深妙的法傳給他了，主要就是根本論《瑜伽師地論》。

那麼玄奘在西天與諸大論師學法，有在家人也有出家人；可是有的論師教授完了以後，就被玄奘推翻了，因爲那些論師所寫的論是錯誤的。那些用錯誤的相似佛法教導他的論師，後來有不少就被他寫在《成唯識論》裡面；因爲他們根本就是凡夫，還敢寫論出來當論師，眞的叫作欺世盜名。那時玄奘菩薩在天竺的名聲可謂如日中天，可是那時聲聞法中的凡夫僧多到不得了，因爲那時大部分佛教道場都是聲聞法部派佛教的遺緒，那時依附於佛門的外道也非常猖獗。

後來戒日王說：「爲了佛教正法的復興，我要幫你辦一個無遮大會。」無遮大會有兩種：一種是布施的無遮大會，不遮止任何人，不論是誰，只要來了都同樣獲得一份供養，這類最有名的無遮大會就是阿育王所辦的。另外一種則是法義辨正的無遮大會。戒日王就訂下日期通報各國，因爲那時各國都臣服於他，他就請玄奘菩薩立下一個宗旨貼出去公告。同時定下規矩：如果誰上臺來論法，能夠推翻他的宗旨，那麼玄奘菩薩要不就是自裁，要不就是認對方爲師，跟隨修學。對方上來質疑辯論後，如果不能推翻他的立論，結果也是一樣執行。戒日王爲了這個無遮大會，派了好多官兵在那邊要執行規矩。

到最後一天，終於有一個人被推舉上來；他其實也是被人家推舉而不得不上臺來，他上來以後當然辯不過玄奘菩薩，玄奘菩薩的威德力是什麼呢？他建立一個現量，叫作「眞唯識量」。也就是說，一切的現量都是「眞實唯識」。那人其實只是那爛陀寺裡的學聲聞法的凡夫僧，後來當然不能不認輸。

以前也曾有個外道來那爛陀寺挑戰，無人敢應戰，後來被玄奘法師撕了他貼在門上的文字，論辯之後外道當然輸了，那外道就說：「那我就自裁！」但玄奘沒要他的命，只是讓他當僕人，後來也放他自由。那一次玄奘說：「不用自裁，咱們以後就當作好朋友，你只要改變你的邪見就沒事了。」就因爲這樣，結果雙方倒是變成莫逆之交。

就因爲那十八天的法義辨正無遮大會，所以西天的外道們，以及聲聞遺緒的部派佛教所有聲聞僧，大家各個噤聲不語，那些六識論的部派佛教凡夫僧們再也不敢猖狂了。因爲那時好像是般若毱多寫了一部什麼《破大乘論》，玄奘菩薩才接到那部論，當夜寫了一千六百頌，一一把它破掉了；是在一個晚上就寫好，把它全破了，玄奘寫的那部論就叫作《制惡見論》。可惜沒有抄回中土留傳下來。

玄奘正因爲看見這個情形，知道說：「擊大法鼓」之後，再來「吹法螺」時，大家就願意好好來聽法螺了。所以他後來回到中國，那時的國都在長安，他就因爲唐太宗的主張，而在長安大城門上掛了很大的布招，上面寫著「眞唯識量」四個大字。不論是誰想要來推翻，都可以舉行法義辨正無遮大會，終其一生都沒有人敢來推翻。

在正法危亡之際，就是一定要用無遮大會的方式來辨正法義；假使誰敢公開來推翻這個正法，那就在無遮大會上來公開討論。例如我在《邪見與佛法》書上印著法義辨正無遮大會的聲明，那些狐鼠之輩就在網路上謾罵：「嘿！蕭平實居心不良，怎麼可以要人家自裁。」這就是無知之人。因爲必須自裁的人也可能是論主我呀！因爲這是雙方同樣要遵守的條件，不是只約束前來質疑我的人。總不能夠說：「我來挑戰，輸了不必自裁，不必拜你爲師；但你蕭平實輸了就一定要自裁，或者一定要拜我爲師。」天下沒有這麼不公平的事呀！無遮大會的條件是雙方對等的，才能叫公平！

更好笑的是有人在網路上貼文說：「我要跟蕭老師辯論，在網路上公開辯論。」至於電話號碼呢？不讓你知道。姓名？也不讓你知道。地址呢？更不讓你知道。那麼輸了的一方，是不是也在網路上自裁或拜師？學法時是不是也要在網路上受學？這就是不懂無遮大會的規矩，才敢這樣胡鬧啊！所以玄奘菩薩當年早就看清楚了：單單「吹法螺」是沒有大作用的，一定要配合「擊大法鼓」。這面法鼓用力一敲，聞者皆喪——他們心裡面的邪知邪見一定全部死掉。當他們的邪知邪見一壞掉了，就不再認五蘊爲眞實我了！也就是說，在見解上、在見地上，他們的五陰已經死掉了，這不就是聞者皆喪嗎？那麼隨後就可能使實證第一義諦的法身慧命活轉過來了。所以單是「吹法螺」沒有大作用，一定要配合著「擊大法鼓」，才能彰顯法螺音聲的勝妙。如此雙管齊下、齊頭並進，就能夠「度脫一切眾生老病死海」。

一切眾生生來就不免這四種大病，也就是「生老病死」。世間的醫生能夠治身病而不能治心病，所以世間的醫生只能醫「不死之病」，眞正會死人的病，他們都是醫不了的。那麼一切眾生有沒有哪一個眾生可以叫作「眾死」？都不行啊，都要叫作眾生啊！因爲全部都會不斷地出生去後世呀！所以都叫作眾生。然而有生就跟著有老，也一定有病、有死，針對這個生老病死，唯一能治的人就叫作「大醫王」，也就是十方諸佛。

世尊來人間的示現，就是爲了醫治眾生的生老病死，要教大家能夠超脫於生老病死的大海。那麼一般人聽了就想：「哪有可能？釋迦佛自己最後不是也死了嗎？」然而祂有死嗎？其實都沒有死，可是世間人只看表相而不知道實質的內涵。且不說諸佛、諸大菩薩，單說世尊座下的阿羅漢弟子們；

那些聖弟子們，一千兩百五十位大阿羅漢以外，還有許多阿羅漢弟子——這些大阿羅漢們座下也各各都有弟子，很多都是阿羅漢；那他們捨報時都可以入無餘涅槃，是不是都已經度脫了生老病死大海？當然是度脫了，再也無生了，哪裡還會有老、有病、有死呢？

然而，這還不足以顯示佛法之勝妙，所以 世尊又開演第二轉法輪般若系列諸經，都是不迴心的大阿羅漢們聞所未聞，或是聞不能解、思不能到、義不能知，唯有迴小向大的大阿羅漢們成爲菩薩以後，藉著 世尊的教外別傳實證了，然後這個聞所未聞不可思議妙法的實相般若，也就能夠實證，最後具足了知而通達了，乃至入地。

當這些聖弟子成爲實證的菩薩以後，世尊在第二轉法輪諸經中，把第八識命名爲非心心、無住心、無心相心、不念心。當大阿羅漢們成爲菩薩而且通達而入地以後，世尊又展開了第三轉法輪唯識系列諸經；這時把眞如心明確地給了一個名字，叫作阿賴耶識。講《楞嚴經》的時候還給祂另一個明確的名字，叫作阿陀那識；講《解深密經》——也就是《深密解脫經》的時候，同樣叫祂作阿陀那識、異熟識、無垢識。這樣是更進一步教導菩薩們解脫於生老病死大海；因爲這時要修學的不只是初轉法輪時期，聲聞法的修證中所要斷除的分段生死而已，甚至於超越了變易生死的境界，最後可以成就究竟佛果。

然而這些法義眞的太深、太妙、太廣，極難理解，其他同時聽聞的凡夫僧與外道們難免誤會，就亂說、亂傳而混淆正法，所以世尊才需要不斷地「擊大法鼓」，不斷地「吹法螺」，前前後後講了四十九年。因此，看見善知識破斥附佛法外道或者佛門外道的邪說，心中不應該生起煩惱，因爲單靠「吹法螺」並不足以眞正利樂有情；若能同時「擊大法鼓」，就能把外道度入佛門之中，也能免除佛弟子眾中可能發生的大妄語業成就，永遠脫離三惡道的境界。這樣才能夠廣利人天啊！

在《阿含經》裡面 世尊早就說過了：「**將來正法滅沒，不是因爲正法的失傳，而是因爲正法被相似像法所掩蓋。**」那時漫天遍地都是相似像法，正法很難得被看見，大家都不易看到如實的正法，因此使得相似像法大爲流通，正法也就漸漸消失了，沒有人要信受修學了。那麼在末法時代，相似像法猖狂的現象，就是大家互相去轉告說：「**正覺所證的如來藏，祂就是那**

個……心。」可是大家講來講去都同樣落在公案表相上，都是「知其然而不知其所以然」，依舊我見具足，還是像以前一樣被三縛結綁住了。

廣為流傳到最後的結果，就是佛教界大家都說：「我知道啦！正覺那個所謂開悟明心就是……。」可是失之毫釐、差之千里，這又有誰知道呢？但是相似像法擴大流傳以後，究竟的正法就會被掩蓋了，最後也就漸漸消失了。所以我們對於那些相似像法，必須藉著「擊大法鼓」的手段來處理。可是佛教界不免有凡夫僧為了顧慮名聞與利養，就出來鼓動鄉愿的作風；所以他們的相似像法被我們的老師們用法鼓給震壞了以後，就開始口語流傳了：「你走你的陽關道，我過我的獨木橋，咱們井水不犯河水，你們正覺就不要講別人的法不對嘛！」

不明就裡的人就跟著起哄：「對呀！你們正覺就是專門講別人的法不對！」問題是，他們口語流傳講了那麼多話說我們的法不對，這事實怎麼大家全都看不見？所以當我們要救護他們離開邪知邪見時，他們還來責怪我們哪！這就是愚癡以及鄉愿的心態。所以玄奘菩薩看見這個狀況，於是他回國以後，反正在西天十八天的法義辨正無遮大會的故事都已經傳回中土了，大家全都知道了，乾脆就同意唐太宗的要求，在大唐再來召開一遍，所以長安城門上就掛著好大的四個字——「眞唯識量」；看誰要來挑戰，隨時奉陪。

對玄奘菩薩或我來說，如果有人眞能挑戰成功，其實是好事，因爲那是送上門來的好師父呀！若是挑戰不成功，也會是心志勇猛的好徒弟呀！你想要找個好徒弟也不容易啊！偏偏他自己送上門來了，你這時不收他爲徒，還要等何時呢？這眞是好機會啊！因此，如果有人來連絡說要挑戰我，那可眞是巴不得。只是說，我的時間很寶貴，不能浪費在那一些只想浪費我時間的密宗人士身上；因爲有的密宗道場可能會設計：我今天派某甲法師去與你蕭平實辯論，明天改派某乙法師去，我一年三百六十五天都有法師去跟你討論法義，你就什麼事都別作了。

考慮可能發生這一類的事情，我得要設定一個條件：對象是被我評論過的人。那些被我評論過的都是佛教界有名氣的人，如果他們敢來辨正，我不收這些徒弟更等何時？當然收下了！可是他們全都不想當我的徒弟呀！所以至今無人上門。豈止門可羅雀，簡直就是「玉階青苔生」啊！歇後語叫作「無人行腳到（閩南語）」（大眾笑⋯）。後來有一個密宗的道場，那個仁波切也還蠻有名的，他們打電話來說，要來與正覺作法義辨正。我聽了就說好，只派一位老師跟他談就行了。結果爽約沒來，連打個電話取消都沒有，也眞沒格調。所以說，「擊大法鼓」眞的有作用，因爲你如果眞的擊了大法鼓以後，佛教界都會對你刮目相看，他們就不敢隨便再來踐踏你，那麼正法就能彰顯出來。所以「吹法螺」的時候一定要配合著「擊大法鼓」，這兩個同時運作，就能「度脫一切眾生老病死海」。

那麼這一段經文是 世尊交代宿王華菩薩說：「如果有人，是這樣受持《妙法蓮華經》，你應當用青蓮花盛滿末香，供散其上，然後心中要有這樣的想法：『這個人不久以後一定會取吉祥草坐於道場，破諸魔軍，他將來一定會吹法螺、擊大法鼓，一定會度脫一切眾生於生老病死海。』」也許有人想說：「有那麼快嗎？我已經證得如來藏了，可是我看到自己的成佛之道，也還是遙遙無期呢，怎麼說是『不久』呢？」可是我跟諸位說：「眞的不久。」因爲往昔 釋迦如來成佛修行的過程非常之久啊！祂那時經歷的阿僧祇劫，可不是像我們這樣只要三個阿僧祇劫，而是非常多、非常多的阿僧祇劫才摸索到一個階段，然後遇到最初一位 威音王佛時，才開始快速成就佛道的；相對而言，我們一證悟明心不退轉的時候，最多不會超過三個阿僧祇劫就能成佛了，這一比較起來，豈不是要叫作「不久」嗎？

你現在已經確定自己接下去剩下多少歷程就可以成佛了，當然可以說是「不久」！可是在走到這一步之前，你永遠都不能確定自己到底還要再走多久才能成佛，所以這眞的該叫作「不久」啊！因此，讀經時不要亂解釋，可別說：「既然是不久，應該是未來的三、五年吧？」要看 佛陀說「不久」時的那個背景是什麼？釋迦如來成佛以來，已經是無量無邊百千萬億那由他劫了，可是在眞正成佛的那個時候之前，祂已經修道多久了？還眞的沒辦法計算欸！因爲祂是很早以前就開始在摸索，是在最初 威音王佛成佛之前就已經在修行成佛之道了；所以祂修行成佛的時程，可不止是三大阿僧祇劫呢！那我們今天如果證悟明心了，接下去已經可以確定不會超過三大阿僧祇劫，當然要叫作「不久」，眞的不是很久啊！

那麼這樣瞭解了以後，回到經文來，世尊吩咐宿王華菩薩說：「由於這個緣故，眞正在求證佛菩提道的人，當他看見有人受持《妙法蓮華經》如來藏心的人，就應當對他生起像這樣子的恭敬之心。」爲什麼要對這種人生起恭敬心？在《阿含經》裡面　佛有許多地方說：「以善心來面對別人就有功德，還不一定你要去讚歎或去作什麼事情，單單是以善心來面對。」當人家拿出一筆錢來行善，我們看見了就以善心來面對，心中應當想：「這個人有善心又有錢，能夠行善眞是太好了，令人讚歎！」即使不出口而只在心中讚歎都有功德。可是如果以惡心來看待時，可就損福德了。

所以有些人腦袋眞的很奇怪，他們心裡會嫉妒；因爲上週他拿了一萬塊錢去救濟貧窮，這週卻看見別人拿了五萬塊錢救濟貧窮，看來是比自己有錢，所以他才一看見就輕輕搖頭，稍微撇一下嘴；然而人家旁邊冷眼旁觀，早看見了：「唉呀！這個人嫉妒人家行善。」旁邊的人都能看見，那麼他身邊的鬼神們呢，難道還瞧不見嗎？當然是看得清清楚楚。特別是他心中嘮嘮叨叨說著：「哼！愛現！他家有錢，故意表現得比我更樂善好施。」當他心中這麼嘮嘮叨叨的時候，那聲音在鬼神法界中，或是在天界中可都是好像雷聲在響一樣，他的福德可就大損了呀！

所以看到有人證悟「妙法蓮華經」，受持「妙法蓮華經」時，就應該知道這個人不必再經歷整整三大阿僧祇劫了，他未來一定會「取草坐於道場，破諸魔軍，當吹法螺、擊大法鼓，度脫一切眾生老病死海。」心中要有這樣的想法：我要隨喜讚歎！這樣也能獲得一分功德。不必作什麼事情就能得到一分功德，何樂不爲？千萬不要生起嫉妒心：「他去正覺修學開悟了，反正他行啦，我就是不行。」講起話來有些酸溜溜地，人家在旁邊聽了不是不懂呀，人家在心裡面就會嘮嘮叨叨唸起來：「某甲打破醋罈子了。」於是傳到鬼神界無所不知。所以看見「有受持是經典人，應當如是生恭敬心」。起恭敬心一定對自己有利無害，特別是還沒有證悟的人；因爲這一念恭敬心，在心中一念隨喜，就種下未來自己開悟得道的因緣。除非他修行不是爲了求佛菩提道，那咱們就沒話說；假使他求的不是聲聞道、不是緣覺道、不是外道，他求的是佛菩提道，就應當如是生恭敬心。

那麼 世尊演說這〈藥王菩薩本事品〉時，八萬四千菩薩或是證得、或者理解「一切眾生語言陀羅尼」，有得有解各自不同。「得」是他可以啓用了，「解」是他已經瞭解而不能啓用。這意思就是說，「得解一切眾生語言陀羅尼」，有理有事；解就是理上，事就是實證。譬如說，當你證悟了以後從理上來說，你已經「解一切眾生語言陀羅尼」；因爲不論是什麼眾生，只要他發出聲音來，不管是口中出聲、色身出聲或者他心裡面有語言文字等等發出聲音，都稱之為語言；這個語言有一個總持叫作「妙法蓮華經」，不管什麼語言都從「妙法蓮華經」中生出來。

語言的意涵很廣，我們說話時叫作語言，因為人家可以聽懂我們表達什麼意思。我們唱歌時也叫作語言，人家可以聽懂。甚至有的音樂旋律不斷地彈奏，聽者可以聽出他在表達什麼意思；乃至於動物也藉著不同的聲音，在告訴同伴有什麼狀況發生了，這也叫作語言。如果生來耳聾而沒辦法學說話，他們就用手語表達，手語也是語言。甚至於科學家、生物學家藉著手語去教導黑猩猩，然後牠學會了，雙方可以用手語來互相溝通，更是語言。或如軍隊裡面用密碼發電報，這是不是語言？也是啊！軍艦上面打燈光，是不是語言？也是！童子軍打旗號，同樣也是啊！所以語言的層次意涵很廣。但是我跟你說：「只要你真的證悟了，你都知道這一切語言全都叫作如來藏語。」

有的人用跳舞來表示意思，有的人用撞球傳達訊息。聽說以前戴笠領導情報單位，他們很厲害，可以用撞球來傳遞軍事密語，這也是語言啊！那麼不管他用什麼樣的方式來表達意思，那些語言全都叫作「如來藏語」。有人說：「梵語好難學喔！」也有人說：「天語，我都聽不懂。」天知道那是不是眞的天語。但不管什麼語，你都可以說「我懂」，因爲那全部都叫作如來藏語。這就是說，你在理上已經理解一切眾生語言的總持是什麼。陀羅尼就是總持。

可是你從這裡出發，實際上運用實相般若繼續進修，將來次第到達諸地時，你會開始懂得許多的語言陀羅尼；特別是有許多經中所說的那一些文字音聲的表面，並不是它眞要表達的意思，暗地裡還有另一層意思蘊藏在裡面，要等有慧眼的人讀了才會懂得。這也就是說，你已經證得一部分的「一切眾生語言陀羅尼」；一直進修到達九地圓滿時，具足「四無礙辯」，那時不論眾生在想什麼、在說什麼，你全都能理解。但這個能力從什麼時候開始發生的，從三地滿心開始，這就是在事相上說的「一切眾生語言陀羅尼」。但是到九地滿心具足四無礙辯的時候，這一個陀羅尼才算圓滿。

所以 世尊演說這〈藥王菩薩本事品〉時，八萬四千菩薩之中有得有解，各不相同，不能一概而論。這時 多寶如來在七寶塔中看見〈藥王菩薩本事品〉已經演說完了，祂就來讚歎宿王華菩薩說：「太好了！太好了！宿王華！

你成就了不可思議的功德，所以你才能夠請問釋迦牟尼佛這樣的事情，來利益無量的一切眾生。」諸位有沒有觀察到　釋迦如來演說法義的時候，多寶如來都不講話，就是專要讓　釋迦牟尼佛演講，因爲祂是這裡的法主呀！祂不可以說：「你是佛，我也是佛，怎麼你不留一些時間給我講？」因爲一主一賓本來應該如此。

當這一品講完了，顯然利益了很多的菩薩們；這部經典流傳下去以後，未來同樣也會利益很多正法時期、像法時期、末法時期的菩薩們。甚至於能夠對一些有善根的凡夫眾生，讓他們對佛菩提生起一念善信，種下未來成佛之因，所以就應該讚歎，多寶如來因此就加以讚歎！但　多寶如來會不會補充什麼法義？不會的。才一補充可就壞事了，因爲　釋迦如來所說的法義，最後一定是圓滿了，不會有所缺漏，再要增說時就會成爲畫蛇添足了。

可是在人間，譬如說你有個好朋友，他修行很有成就，有一天他對座下的弟子們說法，你也剛好在場；那你知道他還沒有開悟，所以他依文解義之後，你千萬不可以插話；不可以當場說：「欸！老兄！下面還有許多妙法，換我上來講。」千萬不行。因爲在佛法的行道過程中，一定要尊重對方。你如果覺得那些部分需要補充，應該等散會之後私下再與他談；否則他一定會認爲你專門壞他的事，讓他的弟子們對他沒信心；以後他的寺院再也不邀請你去了。當你強行上去補說以後，他的徒弟們聽完了你補充的妙法以後，也不會人人認同你，至少會有一半人嫌棄你說：「唉呀！你這某某人眞不懂事，竟然喧賓奪主。」所以 多寶如來終究不違所願，祂只是爲了聽聞《法華經》而來，那麼 世尊說完的時候，多寶如來當然要隨喜而代爲讚歎宿王華呀！因爲宿王華菩薩製造出這個機會，讓 世尊來宣演〈藥王菩薩本事品〉的勝妙法，所以 多寶如來對宿王華菩薩作了這樣的讚歎。

那麼這個〈藥王菩薩本事品〉跟《法華經》有什麼關係？從表面看來，其中的一品又一品之間，好像沒什麼關聯，但是其實都有緊密的關聯性。所以 多寶如來的弟子很早就請求祂說「可以回去了」，多寶如來卻一直都沒有回去，一直繼續再聽 釋迦如來演說《法華經》。因爲知道還有很多的下文，而祂的弟子請求回去本國，也只是顯示 多寶如來之尊貴，不應該多所逗留，就起來請求說：「應當回去本國了。」這樣請求，讓 多寶如來表示應當繼續再聽聞下去；當 多寶如來這樣表示了以後，就等於推崇了 釋迦如來的成就，可是有多少人知道其中的關聯？

那麼宿王華菩薩向　世尊請問在法華會上的　藥王菩薩的事情，當然也不是無因而問，因為從佛法的修行中來看，這是一位很重要的菩薩；甚至於他方的菩薩若是對這裡的眾生很重要的時候，也應該要請他來示現，但在場的菩薩不見得就輸給他方來的菩薩；就是要這樣互相輝映，顯示出佛法的勝妙完整，然後大家就可以理解到：原來十方諸佛的法界，都是互相讚歎、互相支持的。那麼大家就會知道：「原來佛佛道同，不分彼此。」

那麼這〈藥王菩薩本事品〉裡面，究竟講了哪些中心主旨？藥王菩薩過去劫是怎麼修行的？而他對於所追隨的　如來作了好多好多的供養，是世間人難以想像、難以作到的；不僅於此，還以身供養，這樣的供養都是法供養，不是只有表面上看到的財物以及燃身的供養。然後捨身而重新受生之後又度了父王同時來學佛，又再一次燃臂供養；而他的修行都是依於妙法蓮花，也就是依於第八識眞如心而修這種苦行。他不是證得「此經」妙法蓮花以後，就一天到晚放逸享樂。那麼他這樣示現之後，跟著他修學的眾生就不會放逸懈怠。他就以這個方式度眾生，也用這個方式以身作則，讓隨學的弟子們看見，知道應當努力廣修福德，對三寶作「廣供養」。這就是〈藥王菩薩本事品〉裡面，要表達給大家知道的道理。

生病了是不是要吃藥？那些草藥裡面是不是要專挑其中好吃的來吃？好吃的都是生在樹上的一顆一顆水果，但是能治病嗎？不能！那些苦苦的藥草卻能夠治病。有一句話說「良藥苦口」，藥王菩薩就專修苦行，以此來對治眾生的煩惱病，所以欲界煩惱就可以很容易對治，因爲良藥苦口。欲界的這一些享樂，就好像那些好吃的東西，大家不斷地吃下去的結果是吃壞身子，這時得要用這個苦口的藥來對治；雖然藥很難吃，然而能治大病。

這就是說，《法華經》講到這個地步，是以〈藥王菩薩本事品〉來綜攝《法華經》要說的道理；也就是說，眞如心，並不是每天住於放逸心中不修福德、而又寡聞的眾生所能實證；一定是廣修福德，聞熏正知見，修集了定力，然後殷勤精進努力修學辛苦參究方得。悟後還得要努力修行，這樣才能成就藥王菩薩的境界。藥王菩薩有什麼境界呢？他先有一個「現一切色身三昧」，還有就是這裡講的「解一切眾生語言陀羅尼」，於是就這樣子滿足九地心，自然就進入十地心去了。

而藥王菩薩是在法華會上的菩薩，換句話說，他是歷史上眞實存在的菩薩，就像宿王華菩薩等人一樣，這就告訴我們說：藥王菩薩把《法華經》的道理綜攝起來，告訴我們說：「不是悟了就沒事，悟了還要繼續自度度他，然後把一切的修行以及智慧福德都歸於『妙法蓮華經』如來藏心。」在這一品裡面告訴大家說：假使有人以遍滿三千大千世界的七寶用來布施，不如有人受持讀誦或爲人演說《妙法蓮華經》，也就是如來藏心；甚至不如只受持「此經」中的一首偈。這就是〈藥王菩薩本事品〉要告訴我們的道理。好，那麼這一品講完了，接著要進入卷七第二十四品：〈妙音菩薩來往品〉第二十四：

《妙法蓮華經》

〈妙音菩薩來往品〉第二十四

經文：【爾時，釋迦牟尼佛放大人相肉髻光明，及放眉間白毫相光，遍照東方百八萬億那由他恒河沙等諸佛世界。過是數已，有世界名淨光莊嚴，其國有佛，號淨華宿王智如來，應供、正遍知、明行足、善逝、世間解、無上士、調御丈夫、天人師、佛、世尊，爲無量無邊菩薩大衆恭敬圍繞而爲說法，釋迦牟尼佛白毫光明遍照其國。爾時一切淨光莊嚴國中，有一菩薩名曰妙音，久已植衆德本，供養親近無量百千萬億諸佛，而悉成就甚深智慧，得妙幢相三昧、法華三昧、淨德三昧、宿王戲三昧、無緣三昧、智印三昧、解一切衆生語言三昧、集一切功德三昧、清淨三昧、神通遊戲三昧、慧炬三昧、莊嚴王三昧、淨光明三昧、淨藏三昧、不共三昧、日旋三昧，得如是等百千萬億恒河沙等諸大三昧。釋迦牟尼佛光照其身，即白淨華宿王智佛言：「世尊！我當往詣娑婆世界，禮拜親近供養釋迦牟尼佛，及見文殊師利法王子菩薩、藥王菩薩、勇施菩薩、宿王華菩薩、上行意菩薩、莊嚴王菩薩、藥上菩薩。」】

語譯：接著是〈妙音菩薩來往品〉第二十四。

【這時釋迦牟尼佛從頂上三十二大人相之一的肉髻放出了光明，同時也放出了眉間白毫相的光明，往東方照去，遍照東方一百零八萬億那由他恆河沙等諸佛世界。佛光照耀經過了這麼多的世界以後，來到一個世界名為淨光莊嚴，那個國度中有一尊佛，佛號為淨華宿王智如來，應供、正遍知、明行足、善逝、世間解、無上士、調御丈夫、天人師、佛、世尊，十號具足。有無量無邊的菩薩大眾，恭敬於佛、圍繞於佛，而佛為大眾說法，釋迦牟尼佛的白毫光明普遍照耀於這整個佛國。這時一切淨光莊嚴的淨佛國土中，有一位菩薩名字叫作妙音，很久以來就已經不斷地種植各種功德以及根本法，也供養親近了無量百千萬億諸佛，他因此而成就了很多深妙的智慧；大略而言，他所得到的智慧，有妙幢相三昧、法華三昧、淨德三昧、宿王戲三昧、無緣三昧、智印三昧、解一切眾生語言三昧、集一切功德三昧、清淨三昧、神通遊戲三昧、慧炬三昧、莊嚴王三昧、淨光明三昧、淨藏三昧、不共三昧、日旋三昧，得到像這樣的百千萬億恆河沙等各種大三昧。釋迦牟尼佛的光明照耀在他的身上時，他隨即稟白淨華宿王智佛說：「世尊！我應當前往娑婆世界，禮拜親近供養釋迦牟尼佛，以及面見文殊師利法王子菩薩、藥王菩薩、勇施菩薩、宿王華菩薩、上行意菩薩、莊嚴王菩薩、藥上菩薩。」】

講義：這是說〈藥王菩薩本事品〉講完了，多寶如來也隨喜讚歎宿王華菩薩了，就應該繼續顯示「**此經**」妙法蓮花的勝妙，所以釋迦世尊從頂上肉髻放出光明，並且也從眉間的白毫相放出了白毫之光；這兩種光明往東方照耀，普遍地照耀了東方一百零八萬億那由他數的恆河沙等諸佛世界。顯然這是非常遙遠的距離，以人類現在的天文科學，只能證實佛經裡面說的十方世界中的一個部分，而且是非常非常微小的部分。因爲我們所屬的這個「**蓮花藏世界海**」中，單單我們這一層的部分就已經無法全部了知了，只看到其中非常小的部分。

以前外國的宗教瞧不起佛教，他們說：「**佛教經典裡面講十方虛空有多**

少世界，騙人！根本就看不見，也不可證實，所以由著他們亂講。」但是隨著天文科學的發展，現在已經有兩個很有名的太空望遠鏡了，一個叫「哈伯」；未來還會有一個更新、更好的韋伯太空望遠鏡，預定二〇二〇年發射。現在哈伯已經能夠看見以前所不知道的類似我們這個銀河系的世界，就是這個娑婆世界一樣的三千大千世界；他們發覺太空中更遙遠、更遙遠的地方，有像我們這個銀河系世界一樣的世界，還有非常多，也知道無法全部看見，因為有的實在太遠而無法看到，所以現在外教不敢再說佛經上亂講。那他們現在所能找到的所謂的星雲漩系，也就只是那麼多，他們依舊無法想像佛經中說的，十方虛空有那麼多的世界。

這裡經文中說的「東方百八萬億那由他恒河沙等諸佛世界」，且不說前面百八萬億那由他，單說一個恆河沙數的佛世界就好了，到底是有多少的世界？他們現在所找到的還及不上一個恆河沙數的世界啊！成佛的時候所見則是無量無邊、無有邊際的；結果在一個小小地球上的臺灣佛教界裡，卻已經是互相爭名奪利：我要當信徒最多的第一，他要當佛學學術上的第一……，大家都要當第一。結果呢，都只在這個地球上，又只在小小的臺灣互相計較。後來兩岸有交流了，也只是在海峽兩岸的佛教界裡互相計較，都還離不開這一個小小的太陽系。可是太陽系在我們這個娑婆世界裡面，你得要用放大鏡才能看得見；而這個娑婆世界在我們蓮華藏世界海同一層的無量世界之中，也得要用顯微鏡才能看得見，何況這還及不上一個恆河沙數世界；那你說，「百八萬億那由他恒河沙等諸佛世界」的地方，那到底是多麼遙遠？眞的太遠了！簡直無法想像。

經過了這麼遠的地方才終於看見一個世界，叫作「淨光莊嚴」，顧名思義就是以清淨的光明來莊嚴的世界。這個淨土佛國有一尊佛，名號叫作淨華宿王智如來；同樣是十號具足，這十號在前面已解說過了，這裡不再重複解說。淨華宿王智如來身邊有無量無邊的菩薩大眾圍繞著，大家恭敬地聽聞如來演說妙法；正在這個時候，釋迦牟尼佛所放出來的白毫光明，普遍照耀這一個佛土世間。在這個佛土世界中有一位菩薩名爲「妙音」，諸位想一想，爲什麼他叫作「妙音」？是什麼人發出聲音值得被稱爲妙音？當然得要具足「四無礙辯」，否則的話，你找了一個全世界頂尖的聲樂家來，他的音質最好，咬字清晰來唱歌給你聽，也還不是眞正的妙音；因爲那只能叫作靡靡之音，沒有什麼妙處。

年輕人不懂三乘菩提的深妙道理，對這類人都是很崇拜的，所以叫作歌迷；既然被稱或自稱迷，就表示他沒有智慧，所以佛教裡面從來沒有人會被叫作佛迷、菩薩迷。人間最行的歌星其實是忉利天的緊那羅來下生，緊那羅在忉利天的地位有多高呢？不過是唱歌來娛樂釋提桓因的天人而已；如果說某某人是鋼琴家、小提琴家、大提琴家，不管他叫作什麼家，都是一家之德，都只能侷限在他所擅長的那個部分。音樂家們只不過是忉利天的乾闥婆，福報享盡了下來人間當音樂家，繼續享受他們的花報。那咱們有智慧就能夠清楚了：那些都不是妙音，因為那一些只能夠讓人著迷而流轉生死。所以真正的妙音是具足「四無礙辯」，讓聞者一聞之下即能實證佛菩提，甚至於證得更勝妙的三昧，有這樣的能力才能稱為「妙音菩薩」。所以咱們都還不夠格稱為 妙音菩薩，但是未來很多劫以後一樣要成為 妙音菩薩，這個叫作見聖思齊。

那麼 妙音菩薩之所以能有這樣的功德，是因為「久已植眾德本」，他是依於根本法而廣種福田的。經中都告訴你說「植眾德本」，為什麼要加這個「本」字？因爲你在佛菩提道中修集佛法的時候，得要廣種福田；但是廣種福田時一定要有一個「根本法」作爲你的所依，若不依根本之法而種福田，可得要小心了，因爲種福田之後往往變成種毒田。

你們看會外不是有很多人在種福田嗎？結果所種的田中長出來的果實有毒，他們未來世還得要接受，不能拒絕。所以有很多人去捐錢護持喇嘛，那個未來世的果實是有毒的，而他們未來世還得要親自去嚐，那就很寃枉了！所以「**植衆德本**」時一定要依於根本法來種福田，離開根本法如來藏心——離開根本法「**妙法蓮華經**」而種福田，不免會出問題。甚至於種福田的時候是在幫助相似像法的增長，來淹沒了義正法，看起來是福田，實質上那個福德會障礙他未來世在佛菩提道中的實證。所以「**植衆德本**」時一定要依於根本法而種，這個「本」就叫作「**妙法蓮華經**」——如來藏妙眞如心。今天講到這裡。

《妙法蓮華經》上週講到一百八十五頁第五行「**久已植衆德本**」。「**植衆德本**」，是告訴大家說：每一個階位的菩薩凡是有所實證，都必須要有福德作基礎；下從十信位，上至初地乃至到達等覺位，莫不如此；一直要不斷地「植眾德本」到達了妙覺位，才不再欠缺福德；也就是到達了一生補處的階段，才能說不再欠缺福德。但這不代表成佛之後就不修福，所以成佛之後仍然過著聲聞法中的修行生活。菩薩們世間福德具足，所以頭戴寶冠，胸佩瓔珞，腰帶也許還有很值錢的寶石裝飾，手臂上還有臂釧。像這樣的示現正是福德圓滿的表徵，這也是在莊嚴佛法。

可是成佛以後，有沒有看見哪一尊佛——不論是雕像或畫像，是戴著寶冠、穿著天衣，加上臂釧瓔珞腰帶等等？沒有的。諸佛都示現類似聲聞相一樣，所以諸佛身上什麼樣的莊嚴物都沒有，跟座下的聲聞出家眾服飾幾乎是一樣的，只是上衣的長度寬度以及袖子有別，其他跟聲聞眾幾乎是一樣的。而諸佛座下的大菩薩們，各個寶冠、瓔珞、臂釧、腰帶等莊嚴，穿的又都是天衣；有的菩薩身上披著價值百千兩金的莊嚴物，甚至於衣服的本身就是金縷衣。但諸佛並不是這樣子，諸佛以所證的諸法以及福德作莊嚴，最重要的是在法上的具足圓滿作為莊嚴。可是諸佛為何如此？因為諸佛不浪費一絲一毫福德，要作為菩薩們的表率。因此成佛之後在一個三千大千世界中，處處示現八相成道的過程裡面，也一直都是惜福、修福，從不中斷。

最有名的一個故事是阿那律尊者，他因為出家修行時懈怠而被 佛陀責備，所以覺得羞愧，自責哭泣七日七夜都不睡覺，結果眼根壞了；佛陀因此教他修證天眼，他的一切行動都要靠天眼運作才能看見，所以他的天眼修得最好。可是日常生活中卻不許使用神通，有一天他的僧服破了，得要縫補，穿線的時候該怎麼辦？除非身旁沒有人，他才能用神通去穿針，否則不許使用天眼通。於是他就開口呼叫說：「有哪位師兄弟在附近啊！誰想要修福啊！來幫我穿針吧！」佛陀剛好在附近就說：「我來幫你穿針。」世尊就幫他穿好針。

然而 佛陀平常的教導是：凡是有人為你作了什麼事情，你得要為他祝福。他當然要問對方是什麼名字：「請問您是誰啊？我好跟您祝福。」當時阿那律聽見聲音時知道是 如來，好奇問道：「世尊！您還要修福喔？」佛陀說：「世間修福的人之中，沒有人超過我的。福德不嫌多啊！」從 佛陀的示現中，我們得要學著這些道理。所以「植眾德本」不是只有一種福德而已，要有很多種、很多種的福德，才稱之為「眾」。因此最後成佛的時候，是在三界一切世間法的福德，以及出世間法、世出世間法的福德全部都具足圓滿了，才能叫作「植眾德本」已經圓滿。那我們上週最後也談到所修的一切福德，應當全部都以實證眞如作爲根本來修集，這樣修各種福德時才叫作「植眾德本」；否則就變成植眾德「末」了，那就不妙，變成世間福德了。

這是說，妙音菩薩很久以來就已經「植眾德本」了，那麼其中的一個部分就是「供養親近無量百千萬億諸佛」。能夠「供養親近無量百千萬億諸佛」是不簡單的，在前面〈授記品〉中，世尊授記說要供養最多尊佛才能成佛的人是須菩提，未來還要再供養最少尊佛就可以成佛的人是摩訶迦旃延。至於阿難則不許相提並論，因爲他發心學佛是跟 世尊同一個時候；所以阿難與須菩提等人不同輩分，阿難的輩分很高，他是因爲願力要護持千佛的法藏，所以不速求成佛，其實他的輩分是很高的。不懂的人往往會說：「唉呀！阿難！阿難修證很差啦！」都不曉得他是 世尊所有諸大聲聞相的菩薩弟子中，將來最快成佛的人。因爲他的輩分與 世尊是同一個輩分，所以不能拿他來與其他的師兄弟們相提並論。

阿難只是一個示現，故意示現修行很差，來幫千佛記持諸法。話說回來，「供養親近無量百千萬億諸佛」，這個時劫也是非常的長，因爲有時很多劫空過而沒有一佛出現，若是像賢劫這樣，一劫之中有一千佛，機會並不是很多。那麼能夠「供養親近無量百千萬億諸佛」，顯然 妙音菩薩已經修集了非常多的福德；而 世尊授記的這些弟子之中，如果還必須要供養很多佛之後才能成佛，這表示他在過去無量劫中少修福德。如果過去無量劫中已經供養了很多佛，接下來不必再供養很多佛便能成佛，表示他過去肯修福德。也就是說他好像很笨，願意付出，不求自己的利益，所以他修福德最多；如果對於所曾經親近追隨過的諸佛都願意盡心供養，那他對於其他的人同樣也願意供養，表示他的私心很少，也就容易成佛。

那麼須菩提對眾生願意盡心盡力供養嗎？諸位猜猜看。他是被授記成佛的弟子中，將來最慢成佛的人；他對於那一些師兄弟們，有時也是不假顏色的。須菩提就是很刻板，而且對師兄弟們比較冷漠而沒有非常友好；所以難陀比丘雖然成爲阿羅漢了，但習氣使他很喜歡看女性袒胸露背，有一次他想：「舍利弗尊者在爲比丘尼們說法，我爲什麼不能跟那些比丘尼們親近？」這樣的阿羅漢，是因爲他的習性而這樣子；他不但畏懼大迦葉，錯開大迦葉說法的日子，又觀察說：「明天我可不可以先去爲比丘尼們說法？」「不行，明天是須菩提為她們說法，我去了不曉得會被他怎麼樣。」他心裡害怕須菩提。

同樣是師兄弟，同樣是大阿羅漢，他就是怕須菩提，因為須菩提太嚴肅。然後他又想到某一天可以，因為那一天是輪到舍利弗去為比丘尼們說法；舍利弗對人不會很兇，但是講話往往很直接。所以他那天就刻意先去為比丘尼們說法，舍利弗按照時間來了，看到難陀在講經說法了，也就靜悄悄地離開。你們看，難陀也會怕須菩提呀！難陀是 世尊的弟弟，他有三十種大人相，又喜歡模仿 世尊穿衣，就像 世尊一樣穿得特別長，常常使師兄弟們誤會，敢這樣子作卻還是怕須菩提。

你們有沒有看見南部一位大法師也穿得很長，有沒有？不像你們出家眾穿得這麼客氣。他可是老大不客氣，穿得很長，也就是模仿 佛陀的穿法。這難陀喜歡搞怪，又有三十種大人相，穿得又很像 世尊，所以有時候遠遠走來時，阿羅漢們不知道是他，還以為是 佛來了，大家都站起身來等候；等他走近一看，原來不是佛，「唉呀！坐下！」（大眾笑…）後來有人去跟 世尊報告，然後才規定說阿羅漢們不許像 佛陀這樣子穿法，他才改掉的啊！

可是你看，他是佛的弟弟，但他心中依舊怕須菩提，然而他未來成佛時會比須菩提快，爲什麼？因爲他願意布施，只要有好東西，看見了女眾他就送過去，但是他不太會送給男眾，卻是依舊害怕須菩提。而須菩提對一切人，不管是男眾或女眾都不假以辭色，你想他會故意拿個東西說：「欸！送給你這個。這東西好，你用用看。」他一定不會這樣作，所以他成佛最晚。這表示說，他過去世所親近過的諸佛不是非常多，就算曾經親近了很多，也不會是大力供養的人，所以他是有一點純智慧而冷漠的。

佛陀去忉利天爲摩耶夫人說法，三個月下來人間時，是誰最先見到佛陀？蓮花色比丘尼啊！她變化作轉輪聖王的身分去迎接佛陀，所以大家都依世間法而讓了她。可是佛陀當眾責備她：「雖然妳用了這個技巧最先見我，但妳不是眞正最先見我的人。」她就想：「還有人在我前面？明明沒有啊！」世尊告訴她：「最先見我的人，是在巖中靜坐的須菩提。」因爲這樣才是眞實的見如來，是見法身而不是看見應身。那你想想，他喜歡住在空性境界中，都是在理上看待世尊、奉侍世尊；對世尊如是，對過去、未來諸佛亦復如是，所以他的福德修得多或少？少啊！

他只在智慧上去修學，但事相上修的福德遠遠不夠，他就跟後山那個比丘尼互相顛倒。也就是說，後山那位比丘尼是這邊福德翅膀好大，而那一邊的智慧翅膀才剛剛長芽，連一根毛都還沒有，那要怎麼飛翔呢？根本就不能飛嘛！須菩提卻是反過來，這邊智慧翅膀長很大，而另一邊福德翅膀只有一個巴掌大，又能怎麼飛呢？所以他成佛的時間需要最久，不無原因啊！這個道理我得要說給諸位聽，那麼大家未來成佛才會快速。在佛菩提道中非常公平，聰明的佔不了便宜，傻瓜反而走得快。

所以「供養親近無量百千萬億諸佛」非常重要，只要值遇了任何一尊佛，都一定要盡心盡力供養；不論是在事相上的供養或者是在法上的供養，都應該盡心盡力去作；願意當傻瓜的人，成佛才會快。有一句成語說「凡有所作，功不唐捐」！特別是在三寶上面更是如此。如果你遇見的每一尊佛，你都願意盡心奉事供養，那你對於眾生當然也願意親近供養，不會看見了一切人都撇著嘴、抬高下巴，心裡還生起一個作意說：「欸！這一些眾生懂什麼！」一定不會這樣想；反而是願意跟眾生親近，因爲他的心性就是喜歡跟大眾親近，不會拒大眾於千里之外，那麼這樣上承下化，成佛才會快速啊！所以「供養親近無量百千萬億諸佛」時，能夠這樣子作到的人，每一尊佛都願意加持他、都願意教導他，他的智慧增長自然就很快速。

瞭解了這個道理，回頭再來觀察一下剛剛講的阿難尊者；他在無量劫前跟釋迦牟尼佛同時發心，但他發願要護持賢劫一千尊佛的法藏，那麼你想：「這樣的人會不會有慢心、私心呢？」一定不會。所以阿難尊者長得很莊嚴，比丘眾們很多人並不瞭解阿難尊者過去世的本事，因此對他不是很尊重，特別是那一些定性聲聞阿羅漢。可是其他比丘們都很喜歡他，而且更多的是所有比丘尼們全都喜歡他，因為他都願意幫忙，只要幫得上的他就幫忙。

（未完，詳續第二十二輯續說。）

佛菩提二主要道次第概要表——二道並修，以外無別佛法

佛菩提道——大菩提道

資糧位

十信位修集信心 —— 一劫乃至一萬劫

初住位修集布施功德（以財施爲主）。

二住位修集持戒功德。

三住位修集忍辱功德。

四住位修集精進功德。

五住位修集禪定功德。

六住位修集般若功德（熏習般若中觀及斷我見，加行位也）。

外門廣修六度萬行

遠波羅蜜多

見道位

七住位明心般若正觀現前，親證本來自性清淨涅槃。

八住位起於一切法現觀般若中道。漸除性障。

十住位眼見佛性，世界如幻觀成就。

一至十行位，於廣行六度萬行中，依般若中道慧，現觀陰處界猶如陽焰，至第十行滿心位，陽焰觀成就。

一至十迴向位熏習一切種智；修除性障，唯留最後一分思惑不斷。第十迴向滿心位成就菩薩道如夢觀。

內門廣修六度萬行

初地：第十迴向位滿心時，成就道種智一分（八識心王一一親證後，領受五法、三自性、七種第一義、七種性自性、二種無我法）復由勇發十無盡願，成通達位菩薩。復又永伏性障而不具斷，能證慧解脫而不取證，由大願故留惑潤生。此地主修法施波羅蜜多及百法明門。證「猶如鏡像」現觀，故滿初地心。

二地：初地功德滿足以後，再成就道種智一分而入二地；主修戒波羅蜜多及一切種智。滿心位成就「猶如光影」現觀，戒行自然清淨。

解脫道：二乘菩提

→ 斷三縛結，成初果解脫

→ 薄貪瞋癡，成二果解脫

→ 斷五下分結，成三果解脫

入地前的四加行令煩惱障現行悉斷，成四果解脫，留惑潤生。分段生死已斷，煩惱障習氣種子開始斷除，兼斷無始無明上煩惱。

近波羅蜜多 —— 大波羅蜜多 —— 圓滿波羅蜜多

修道位

三地：二地滿心再證道種智一分，故入三地。此地主修忍波羅蜜多及四禪八定、四無量心、五神通。能成就俱解脫果而不取證，留惑潤生。滿心位成就「猶如谷響」現觀及無漏妙定意生身。

四地：由三地再證道種智一分故入四地。主修精進波羅蜜多，於此土及他方世界廣度有緣，無有疲倦。進修一切種智，滿心位成就「如水中月」現觀。

五地：由四地再證道種智一分故入五地。主修禪定波羅蜜多及一切種智，斷除下乘涅槃貪。滿心位成就「變化所成」現觀。

六地：由五地再證道種智一分故入六地。此地主修般若波羅蜜多——依道種智現觀十二因緣一一有支及意生身化身，皆自心眞如變化所現，「非有似有」，成就細相觀，不由加行而自然證得滅盡定，成俱解脫大乘無學。

七地：由六地「非有似有」現觀，再證道種智一分故入七地。此地主修一切種智及方便波羅蜜多，由重觀十二有支一一支中之流轉門及還滅門一切細相，成就方便善巧，念念隨入滅盡定。滿心位證得「如犍闥婆城」現觀。

八地：由七地極細相觀成就故再證道種智一分而入八地。此地主修一切種智及願波羅蜜多。至滿心位純無相觀任運恆起，故於相土自在，滿心位復證「如實覺知諸法相意生身」故。

九地：由八地再證道種智一分故入九地。主修力波羅蜜多及一切種智，成就四無礙，滿心位證得「種類俱生無行作意生身」。

十地：由九地再證道種智一分故入此地。此地主修一切種智——智波羅蜜多。滿心位起大法智雲，及現起大法智雲所含藏種種功德，成受職菩薩。

等覺：由十地道種智成就故入此地。此地應修一切種智，圓滿等覺地無生法忍；於百劫中修集極廣大福德，以之圓滿三十二大人相及無量隨形好。

究竟位

妙覺：示現受生人間已斷盡煩惱障一切習氣種子，並斷盡所知障一切隨眠，永斷變易生死無明，成就大般涅槃，四智圓明。人間捨壽後，報身常住色究竟天利樂十方地上菩薩；以諸化身利樂有情，永無盡期，成就究竟佛道。

圓滿成就究竟佛果

七地滿心斷除故意保留之最後一分思惑時，煩惱障所攝色、受、想三陰有漏習氣種子全部斷盡。 ←

煩惱障所攝行、識二陰無漏習氣種子任運漸斷，所知障所攝上煩惱任運漸斷。 ←

斷盡變易生死成就大般涅槃

佛子蕭平實 謹製
（二〇〇九、〇二 修訂）
（二〇一二、〇二 增補）

佛教正覺同修會〈修學佛道次第表〉

第一階段

* 以憶佛及拜佛方式修習動中定力。
* 學第一義佛法及禪法知見。
* 無相拜佛功夫成就。
* 具備一念相續功夫—動靜中皆能看話頭。
* 努力培植福德資糧，勤修三福淨業。

第二階段

* 參話頭，參公案。
* 開悟明心，一片悟境。
* 鍛鍊功夫求見佛性。
* 眼見佛性〈餘五根亦如是〉親見世界如幻，成就如幻觀。
* 學習禪門差別智。
* 深入第一義經典。
* 修除性障及隨分修學禪定。
* 修證十行位陽焰觀。

第三階段

* 學一切種智真實正理—楞伽經、解深密經、成唯識論…。
* 參究末後句。
* 解悟末後句。
* 透牢關—親自體驗所悟末後句境界，親見實相，無得無失。
* 救護一切衆生迴向正道。護持了義正法，修證十迴向位如夢觀。
* 發十無盡願，修習百法明門，親證猶如鏡像現觀。
* 修除五蓋，發起禪定。持一切善法戒。親證猶如光影現觀。
* 進修四禪八定、四無量心、五神通。進修大乘種智，求證猶如谷響現觀。

佛教正覺同修會 共修現況 及 招生公告　2019/02/18

一、共修現況：（請在共修時間來電，以免無人接聽。）

台北正覺講堂 103 台北市承德路三段 277 號九樓 捷運淡水線圓山站旁 Tel..**總機** 02-25957295（晚上）（**分機：九樓**辦公室 10、11；知客櫃檯 12、13。 **十樓**知客櫃檯 15、16；書局櫃檯 14。 **五樓**辦公室 18；知客櫃檯 19。**二樓**辦公室 20；知客櫃檯 21。）Fax..25954493

第一講堂　台北市承德路三段 277 號九樓

禪淨班：週一晚班、週三晚班、週四晚班、週五晚班、週六下午班、週六上午班（共修期間二年半，全程免費。皆須報名建立學籍後始可參加共修，欲報名者詳見本公告末頁。）

進階班：週一晚班、週三晚班、週四晚班、週五晚班（禪淨班結業後轉入共修）。

增上班：瑜伽師地論詳解：每月單數週之週末 17.50～20.50。平實導師講解，2003 年 2 月開講至今，預計 2019 年圓滿，僅限已明心之會員參加。

禪門差別智：每月第一週日全天　平實導師主講（事冗暫停）。

不退轉法輪經詳解　本經所說妙法極爲甚深難解，時至末法，已然無有知者；而其甚深絕妙之法，流傳至今依舊多人可證，顯示佛法眞是義學而非玄談，其中甚深極妙令人拍案稱絕之第一義諦妙義。已於 2019 年元月底開講，由平實導師詳解。每逢周二晚上開講，第一至第六講堂都可同時聽聞，歡迎菩薩種性學人，攜眷共同參與此殊勝法會現場聞法，不限制聽講資格。本會學員憑上課證進入第一至第四講堂聽講，會外學人請以身分證件換證進入聽講（此爲大樓管理處安全管理規定之要求，敬請諒解）；第五及第六講堂（B1、B2）對外開放，不需出示任何證件，請由大樓側門直接進入。

第二講堂　台北市承德路三段 267 號十樓。

禪淨班：週一晚上班。

進階班：週三晚班、週四晚班、週五晚班、週六下午班。禪淨班結業後轉入共修。

不退轉法輪經詳解：平實導師講解。每週二 18.50~20.50 影像音聲即時傳輸

第三講堂　台北市承德路三段 277 號五樓。

禪淨班：週六下午班。

進階班：週一晚班、週三晚班、週四晚班、週五晚班。

不退轉法輪經詳解：平實導師講解。每週二 18.50~20.50 影像音聲即時傳輸

第四講堂　台北市承德路三段 267 號二樓。

進階班：週一晚上班、週三晚上班、週四晚上班（禪淨班結業後轉入共修）。

不退轉法輪經詳解：平實導師講解。每週二 18.50~20.50 影像音聲即時傳輸

第五、第六講堂

念佛班 每週日晚上，第六講堂共修（B2），一切求生極樂世界的三寶弟子皆可參加，不限制共修資格。

進階班：週一晚班、週三晚班、週四晚班。

不退轉法輪經詳解：平實導師講解。每週二 18.50~20.50 影像音聲即時傳輸。第五、第六講堂爲**開放式講堂**，不需以身分證件換證即可進入聽講，台北市承德路三段 267 號地下一樓、地下二樓。每逢週二晚上講經時段開放給會外人士自由聽經，請由大樓側面梯階逕行進入聽講。**聽講者請尊重講者的著作權及肖像權，請勿錄音錄影，以免違法；若有錄音錄影被查獲者，將依法處理。**

正覺祖師堂 大溪區美華里信義路 650 巷坑底 5 之 6 號（台 3 號省道 34 公里處 妙法寺對面斜坡道進入）電話 03-3886110 傳眞 03-3881692 本堂供奉 克勤圓悟大師，專供會員每年四月、十月各三次精進禪三共修，兼作本會出家菩薩掛單常住之用。除禪三時間以外，公元 2018 年前每逢單月第一週之週日 9:00~17:00 開放會內、外人士參訪，當天並提供午齋結緣，自公元 2019 年後開放參訪日期請參見本會公告。教內共修團體或道場，得另申請其餘時間作團體參訪，務請事先與常住確定日期，以便安排常住菩薩接引導覽，亦免妨礙常住菩薩之日常作息及修行。

桃園正覺講堂（第一、第二講堂）：桃園市介壽路 286、288 號 10 樓（陽明運動公園對面）電話：03-3749363（請於共修時聯繫，或與台北聯繫）

禪淨班：週一晚上班（1）、週一晚上班（2）、週三晚上班、週四晚上班、週五晚上班。

進階班：週四晚班、週五晚班、週六上午班。

增上班：雙週六晚上班（增上重播班）。

不退轉法輪經詳解：平實導師講解。每週二晚上，以台北正覺講堂所錄 DVD 放映；歡迎會外學人共同聽講，不需出示身分證件。

新竹正覺講堂 新竹市東光路 55 號二樓之一 電話 03-5724297（晚上）

第一講堂：

禪淨班：週一晚上班、週五晚上班、週六上午班。

進階班：週三晚上班、週四晚上班（由禪淨班結業後轉入共修）。

增上班：單週六晚上班。雙週六晚上班（重播班）。

不退轉法輪經詳解：平實導師講解。每週二晚上，以台北正覺講堂所錄 DVD 放映。歡迎會外學人共同聽講，不需出示身分證件。

第二講堂：

禪淨班：週三晚上班、週四晚上班。

不退轉法輪經詳解：每週二晚上與第一講堂同步播放講經 DVD。

第三、第四講堂：裝修完畢，即將開放。

台中正覺講堂　04-23816090（晚上）

第一講堂　台中市南屯區五權西路二段 666 號 13 樓之四（國泰世華銀行樓上。鄰近縣市經第一高速公路前來者，由五權西路交流道可以快速到達，大樓旁有停車場，對面有素食館）。

禪淨班：週三晚上班、週四晚上班。

進階班：週一晚上班、週六上午班（由禪淨班結業後轉入共修）。

增上班：增上班：單週六晚上班。雙週六晚上班（重播班）。

不退轉法輪經詳解：平實導師講解。每週二晚上，以台北正覺講堂所錄 DVD 放映。歡迎會外學人共同聽講，不需出示身分證件。

第二講堂　台中市南屯區五權西路二段 666 號 4 樓

禪淨班：週一晚上班、週三晚上班、週六上午班。

進階班：週五晚上班（由禪淨班結業後轉入共修）。

不退轉法輪經詳解：每週二晚上與第一講堂同步播放講經 DVD。

第三講堂、第四講堂：台中市南屯區五權西路二段 666 號 4 樓。

嘉義正覺講堂　嘉義市友愛路 288 號八樓之一　電話：05-2318228

第一講堂：

禪淨班：週一晚上班、週四晚上班、週五晚上班、週六上午班。

進階班：週三晚上班（由禪淨班結業後轉入共修）。

增上班：單週六晚上班。雙週六晚上班（重播班）。

不退轉法輪經詳解：平實導師講解。每週二晚上，以台北正覺講堂所錄 DVD 放映。歡迎會外學人共同聽講，不需出示身分證件。

第二講堂　嘉義市友愛路 288 號八樓之二。

台南正覺講堂

第一講堂　台南市西門路四段 15 號 4 樓。06-2820541（晚上）

禪淨班：週一晚上班、週三晚上班、週四晚上班、週五晚上班、週六下午班。

增上班：增上班：單週六晚上班。雙週六晚上班（重播班）。

不退轉法輪經詳解：平實導師講解。每週二晚上，以台北正覺講堂所錄 DVD 放映。歡迎會外學人共同聽講，不需出示身分證件。

第二講堂　台南市西門路四段 15 號 3 樓。

不退轉法輪經詳解：每週二晚上與第一講堂同步播放講經 DVD。

第三講堂　台南市西門路四段 15 號 3 樓。

進階班：週三晚上班、週四晚上班、週六上午班（由禪淨班結業後轉入共修）。

不退轉法輪經詳解：每週二晚上與第一講堂同步播放講經 DVD。

高雄正覺講堂　高雄市新興區中正三路 45 號五樓 07-2234248（晚上）

第一講堂（五樓）：

禪淨班：週一晚班、週三晚班、週四晚班、週五晚班、週六上午班。

增上班：單週週末下午，以台北增上班課程錄成 DVD 放映之，限已明心之會員參加。

不退轉法輪經詳解：平實導師講解。每週二晚上，以台北正覺講堂所錄 DVD 放映。歡迎會外學人共同聽講，不需出示身分證件。

第二講堂（四樓）：

進階班：週三晚上班、週四晚上班、週六上午班（由禪淨班結業後轉入共修）。

不退轉法輪經詳解：每週二晚上與第一講堂同步播放講經 DVD。

第三講堂（三樓）：

進階班：週四晚班（由禪淨班結業後轉入共修）。

香港正覺講堂　☆已遷移新址☆

九龍觀塘，成業街 10 號，電訊一代廣場 27 樓 E 室。

（觀塘地鐵站 B1 出口，步行約 4 分鐘）。電話：(852) 23262231

英文地址：Unit E，27th Floor, TG Place, 10 Shing Yip Street, Kwun Tong, Kowloon

禪淨班：雙週六下午班 14:30-17:30，已經額滿。
雙週日下午班 14:30-17:30。
單週六下午班 14:30-17:30，已經額滿。

進階班：雙週五晚上班（由禪淨班結業後轉入共修）。

增上班：單週週末上午，以台北增上班課程錄成 DVD 放映之。

增上重播班：雙週週末上午，以台北增上班課程錄成 DVD 放映之。

不退轉法輪經詳解：平實導師講解。雙週六 19:00-21:00，以台北正覺講堂所錄 DVD 放映；歡迎會外學人共同聽講，不需出示身分證件。

美國洛杉磯正覺講堂　☆已遷移新址☆

825 S. Lemon Ave Diamond Bar, CA 91789 U.S.A.

Tel. (909) 595-5222（請於週六 9:00~18:00 之間聯繫）

Cell. (626) 454-0607

禪淨班：每逢週末 15：30~17：30 上課。

進階班：每逢週末上午 10：00~12：00 上課。

不退轉法輪經詳解：平實導師講解。每週六下午 13：00~15：00 以台北所錄 DVD 放映。歡迎各界人士共享第一義諦無上法益，不需報名。

二、招生公告 本會台北講堂及全省各講堂、香港講堂，每逢四月、十月下旬開新班，每週共修一次（每次二小時。開課日起三個月內仍可插班）；但美國洛杉磯共修處之禪淨班得隨時插班共修。各班共修期間皆爲二年半，全程免費，欲參加者請向本會函索報名表（各共修處皆於共修時間方有人執事，非共修時間請勿電詢或前來洽詢、請書），或直接從本會官方網站(http://www.enlighten.org.tw/newsflash/class)或成佛之道網站下載報名表。共修期滿時，若經報名禪三審核通過者，可參加四天三夜之禪三精進共修，有機會明心、取證如來藏，發起般若實相智慧，成爲實義菩薩，脫離凡夫菩薩位。

三、新春禮佛祈福 農曆年假期間停止共修：自農曆新年前七天起停止共修與弘法，正月 8 日起回復共修、弘法事務。新春期間正月初一～初七 9.00～17.00 開放台北講堂、正月初一~初三開放桃園、新竹、台中、嘉義、台南、高雄講堂，以及大溪禪三道場（正覺祖師堂），方便會員供佛、祈福及會外人士請書。美國洛杉磯共修處之休假時間，請逕詢該共修處。

密宗四大派修雙身法，是外道性力派的邪法；又以生滅的識陰作為常住法，是常見外道，是假的藏傳佛教。

西藏覺囊巴以他空見弘揚第八識如來藏勝法，才是真藏傳佛教

佛教正覺同修會　弘法行事表

2019/02/18

1、**禪淨班**　以無相念佛及拜佛方式修習動中定力，實證一心不亂功夫。傳授解脫道正理及第一義諦佛法，以及參禪知見。共修期間：二年六個月。每逢四月、十月開新班，詳見招生公告表。

2、**進階班**　禪淨班畢業後得轉入此班，進修更深入的佛法，期能證悟明心。各地講堂各有多班，繼續深入佛法、增長定力，悟後得轉入增上班修學道種智，期能證得無生法忍。

3、**增上班　瑜伽師地論**詳解　詳解論中所言凡夫地至佛地等 17 師之修證境界與理論，從凡夫地、聲聞地……宣演到諸地所證無生法忍、一切種智之眞實正理。由平實導師開講，每逢一、三、五週之週末晚上開示，僅限已明心之會員參加。2003 年二月開講至今，預定 2019 年講畢。

4、**不退轉法輪經**詳解　本經所說妙法極爲甚深難解，時至末法，已然無有知者；而其甚深絕妙之法，流傳至今依舊多人可證，顯示佛法眞是義學而非玄談，其中甚深極妙令人拍案稱絕之第一義諦妙義。已於 2019 年元月底開講，由平實導師詳解。不限制聽講資格。

5、**精進禪三**　主三和尙：平實導師。於四天三夜中，以克勤圓悟大師及大慧宗杲之禪風，施設機鋒與小參、公案密意之開示，幫助會員剋期取證，親證不生不滅之眞實心——人人本有之如來藏。每年四月、十月各舉辦三個梯次；平實導師主持。僅限本會會員參加禪淨班共修期滿，報名審核通過者，方可參加。並選擇會中定力、慧力、福德三條件皆已具足之已明心會員，給以指引，令得眼見自己無形無相之佛性遍佈山河大地，眞實而無障礙，得以肉眼現觀世界身心悉皆如幻，具足成就如幻觀，圓滿十住菩薩之證境。

6、**阿含經**詳解　選擇重要之阿含部經典，依無餘涅槃之實際而加以詳解，令大眾得以現觀諸法緣起性空，亦復不墮斷滅見中，顯示經中所隱說之涅槃實際—如來藏—確實已於四阿含中隱說；令大眾得以聞後觀行，確實斷除我見乃至我執，證得**見到**眞現觀，乃至**身證**……等眞現觀；已得大乘或二乘見道者，亦可由此聞熏及聞後之觀行，除斷我所之貪著，成就慧解脫果。由平實導師詳解。不限制聽講資格。

7、**解深密經**詳解　重講本經之目的，在於令諸已悟之人明解大乘法道之成佛次第，以及悟後進修一切種智之內涵，確實證知三種自性性，並得據此證解七眞如、十眞如等正理。每逢週二 18.50~20.50 開示，由平實導師詳解。將於《**不退轉法輪經**》講畢後開講。不限制聽講資格。

8、**成唯識論**詳解　詳解一切種智眞實正理，詳細剖析一切種智之微細深妙廣大正理；並加以舉例說明，使已悟之會員深入體驗所證如來藏之微密行相；及證驗見分相分與所生一切法，皆由如來藏—阿賴耶識—直接或展轉而生，因此證知一切法無我，證知無餘涅槃之本際。將於增上班《瑜伽師地論》講畢後，由平實導師重講。僅限已明心之會員參加。

9、**精選如來藏系經典**詳解　精選如來藏系經典一部，詳細解說，以此完全印證會員所悟如來藏之眞實，得入不退轉住。另行擇期詳細解說之，由平實導師講解。僅限已明心之會員參加。

10、**禪門差別智**　藉禪宗公案之微細淆訛難知難解之處，加以宣說及剖析，以增進明心、見性之功德，啓發差別智，建立擇法眼。每月第一週日全天，由平實導師開示，僅限破參明心後，復又眼見佛性者參加（事冗暫停）。

11、**枯木禪**　先講智者大師的《小止觀》，後說《釋禪波羅蜜》，詳解四禪八定之修證理論與實修方法，細述一般學人修定之邪見與岔路，及對禪定證境之誤會，消除枉用功夫、浪費生命之現象。已悟般若者，可以藉此而實修初禪，進入大乘通教及聲聞教的三果心解脫境界，配合應有的大福德及後得無分別智、十無盡願，即可進入初地心中。親教師：平實導師。未來緣熟時將於正覺寺開講。不限制聽講資格。

註：本會例行年假，自 2004 年起，改爲每年農曆新年前七天開始停息弘法事務及共修課程，農曆正月 8 日回復所有共修及弘法事務。新春期間（每日 9.00~17.00）開放台北講堂，方便會員禮佛祈福及會外人士請書。大溪區的正覺祖師堂，開放參訪時間，詳見〈正覺電子報〉或成佛之道網站。本表得因時節因緣需要而隨時修改之，不另作通知。

佛教正覺同修會　贈閱書籍 目錄

2018/10/20

1.**無相念佛**　平實導師著　回郵 36 元
2.**念佛三昧修學次第**　平實導師述著　回郵 52 元
3.**正法眼藏—護法集**　平實導師述著　回郵 76 元
4.**真假開悟簡易辨正法&佛子之省思**　平實導師著　回郵 26 元
5.**生命實相之辨正**　平實導師著　回郵 31 元
6.**如何契入念佛法門**（附：印順法師否定極樂世界）平實導師著　回郵 26 元
7.**平實書箋**—答元覽居士書　平實導師著　回郵 52 元
8.**三乘唯識**—如來藏系經律彙編　平實導師編　回郵 80 元
（精裝本　長 27 cm　寬 21 cm　高 7.5 cm　重 2.8 公斤）
9.**三時繫念全集**—修正本　回郵掛號 52 元（長 26.5 cm×寬 19 cm）
10.**明心與初地**　平實導師述　回郵 31 元
11.**邪見與佛法**　平實導師述著　回郵 36 元
12.**甘露法雨**　平實導師述　回郵 36 元
13.**我與無我**　平實導師述　回郵 36 元
14.**學佛之心態**—修正錯誤之學佛心態始能與正法相應　孫正德老師著　回郵52元
附錄：平實導師著《**略說八、九識並存…等之過失**》
15.**大乘無我觀**—《悟前與悟後》別說　平實導師述著　回郵 36 元
16.**佛教之危機**—中國台灣地區現代佛教之真相（附錄：公案拈提六則）
平實導師著　回郵 52 元
17.**燈　影**—燈下黑（覆「求教後學」來函等）　平實導師著　回郵 76 元
18.**護法與毀法**—覆上平居士與徐恒志居士網站毀法二文
張正圜老師著　回郵 76 元
19.**淨土聖道**—兼評**選擇本願念佛**　正德老師著　**由正覺同修會購贈** 回郵 52 元
20.**辨唯識性相**—對「紫蓮心海《辯唯識性相》書中否定阿賴耶識」之回應
正覺同修會 台南共修處法義組 著　回郵 52 元
21.**假如來藏**—對法蓮法師《如來藏與阿賴耶識》書中否定阿賴耶識之回應
正覺同修會 台南共修處法義組 著　回郵 76 元
22.**入不二門**—公案拈提集錦 第一輯（於平實導師公案拈提諸書中選錄約二十則，
合輯爲一冊流通之）平實導師著　回郵 52 元
23.**真假邪說**—西藏密宗索達吉喇嘛《破除邪說論》真是邪說
釋正安法師著　上、下冊回郵各 52 元
24.**真假開悟**—真如、如來藏、阿賴耶識間之關係　平實導師述著　回郵 76 元
25.**真假禪和**—辨正釋傳聖之謗法謬說　孫正德老師著　回郵 76 元
26.**眼見佛性**—駁慧廣法師**眼見佛性的含義**文中謬說
游正光老師著　回郵 52 元

27.**普門自在**—公案拈提集錦 第二輯（於平實導師公案拈提諸書中選錄約二十則，合輯爲一冊流通之）平實導師著　回郵52元

28.**印順法師的悲哀**—以現代禪的質疑為線索　恒毓博士著　回郵52元

29.**識蘊真義**—現觀識蘊內涵、取證初果、親斷三縛結之具體行門。
—依《成唯識論》及《唯識述記》正義，略顯安慧《大乘廣五蘊論》之邪謬
平實導師著　回郵76元

30.**正覺電子報** 各期紙版本　免附回郵　每次最多函索三期或三本。
（已無存書之較早各期，不另增印贈閱）

31.**現代人應有的宗教觀**　蔡正禮老師 著　回郵31元

32.**遠惑趣道**—正覺電子報般若信箱問答錄　第一輯　回郵52元

33.**遠惑趣道**—正覺電子報般若信箱問答錄　第二輯　回郵52元

34.**確保您的權益**—器官捐贈應注意自我保護　游正光老師 著　回郵31元

35.**正覺教團電視弘法三乘菩提 DVD 光碟（一）**

由正覺教團多位親教師共同講述錄製 DVD 8片，MP3一片，共9片。有二大講題：一爲「三乘菩提之意涵」，二爲「學佛的正知見」。內容精闢，深入淺出，精彩絕倫，幫助大眾快速建立三乘法道的正知見，免被外道邪見所誤導。有志修學三乘佛法之學人不可不看。（製作工本費100元，回郵 52元）

36.**正覺教團電視弘法 DVD 專輯（二）**

總有二大講題：一爲「三乘菩提之念佛法門」，一爲「學佛正知見（第二篇）」，由正覺教團多位親教師輪番講述，內容詳細闡述如何修學念佛法門、實證念佛三昧，以及學佛應具有的正確知見，可以幫助發願往生西方極樂淨土之學人，得以把握往生，更可令學人快速建立三乘法道的正知見，免於被外道邪見所誤導。有志修學三乘佛法之學人不可不看。（一套17片，工本費160元。回郵 76元）

37.**喇嘛性世界**—揭開假藏傳佛教譚崔瑜伽的面紗　張善思 等人合著
由正覺同修會購贈　回郵52元

38.**假藏傳佛教的神話**—性、謊言、喇嘛教　張正玄教授編著
由正覺同修會購贈　回郵52元

39.**隨 緣**—理隨緣與事隨緣　平實導師述　回郵52元。

40.**學佛的覺醒**　正枝居士 著　回郵52元

41.**導師之真實義**　蔡正禮老師 著　回郵31元

42.**淺談達賴喇嘛之雙身法**—兼論解讀「密續」之達文西密碼
吳明芷居士 著　回郵31元

43.**魔界轉世**　張正玄居士 著　回郵31元

44.**一貫道與開悟**　蔡正禮老師 著　回郵31元

45.**博愛**—愛盡天下女人　正覺教育基金會 編印　回郵36元

46.**意識虛妄經教彙編**—實證解脫道的關鍵經文　正覺同修會編印　回郵36元

47.**邪箭囈語**—破斥藏密外道多識仁波切《破魔金剛箭雨論》之邪說

陸正元老師著　上、下冊回郵各 52 元

48.**真假沙門**—依　佛聖教闡釋佛教僧寶之定義

蔡正禮老師著　俟正覺電子報連載後結集出版

49.**真假禪宗**—藉評論釋性廣《印順導師對變質禪法之批判

及對禪宗之肯定》以顯示真假禪宗

附論一：凡夫知見　無助於佛法之信解行證

附論二：世間與出世間一切法皆從如來藏實際而生而顯

余正偉老師著　俟正覺電子報連載後結集出版　回郵未定

★ 上列贈書之郵資，係台灣本島地區郵資，大陸、港、澳地區及外國地區，請另計酌增（大陸、港、澳、國外地區之郵票不許通用）。尚未出版之書，請勿先寄來郵資，以免增加作業煩擾。

★ 本目錄若有變動，唯於後印之書籍及「成佛之道」網站上修正公佈之，不另行個別通知。

函索書籍請寄：佛教正覺同修會　103 台北市承德路 3 段 277 號 9 樓
台灣地區函索書籍者請附寄郵票，無時間購買郵票者可以等值現金抵用，但不接受郵政劃撥、支票、匯票。大陸地區得以人民幣計算，國外地區請以美元計算（請勿寄來當地郵票，在台灣地區不能使用）。欲以掛號寄遞者，請另附掛號郵資。

親自索閱：正覺同修會各共修處。　★請於共修時間前往取書，餘時無人在道場，請勿前往索取；共修時間與地點，詳見書末正覺同修會共修現況表（以近期之共修現況表爲準）。

註：正智出版社發售之局版書，請向各大書局購閱。若書局之書架上已經售出而無陳列者，請向書局櫃台指定洽購；若書局不便代購者，請於正覺同修會共修時間前往各共修處請購，正智出版社已派人於共修時間送書前往各共修處流通。　郵政劃撥購書及　大陸地區　購書，請詳別頁正智出版社發售書籍目錄最後頁之說明。

成佛之道　網站：http://www.a202.idv.tw　　正覺同修會已出版之結緣書籍，多已登載於　成佛之道　網站，若住外國、或住處遙遠，不便取得正覺同修會贈閱書籍者，可以從本網站閱讀及下載。　　書局版之《宗通與說通》亦已上網，台灣讀者可向書局洽購，售價 300 元。《狂密與眞密》第一輯~第四輯，亦於 2003.5.1.全部於本網站登載完畢；台灣地區讀者請向書局洽購，每輯約 400 頁，售價 300 元（網站下載紙張費用較貴，容易散失，難以保存，亦較不精美）。

＊＊假藏傳佛教修雙身法，非佛教＊＊

正智出版社 籌募弘法基金發售書籍目錄 2019/02/18

1.**宗門正眼**—公案拈提 第一輯 重拈 平實導師著 500 元
因重寫內容大幅度增加故，字體必須改小，並增爲 576 頁 主文 546 頁。比初版更精彩、更有內容。初版《禪門摩尼寶聚》之讀者，可寄回本公司免費調換新版書。免附回郵，亦無截止期限。（2007 年起，每冊附贈本公司精製公案拈提〈超意境〉CD 一片。市售價格 280 元，多購多贈。）

2.**禪淨圓融** 平實導師著 200 元（第一版舊書可換新版書。）

3.**真實如來藏** 平實導師著 400 元

4.**禪—悟前與悟後** 平實導師著 上、下冊，每冊 250 元

5.**宗門法眼**—公案拈提 第二輯 平實導師著 500 元
（2007 年起，每冊附贈本公司精製公案拈提〈超意境〉CD 一片）

6.**楞伽經詳解** 平實導師著 全套共 10 輯 每輯 250 元

7.**宗門道眼**—公案拈提 第三輯 平實導師著 500 元
（2007 年起，每冊附贈本公司精製公案拈提〈超意境〉CD 一片）

8.**宗門血脈**—公案拈提 第四輯 平實導師著 500 元
（2007 年起，每冊附贈本公司精製公案拈提〈超意境〉CD 一片）

9.**宗通與說通**—成佛之道 平實導師著 主文 381 頁 全書 400 頁售價 300 元

10.**宗門正道**—公案拈提 第五輯 平實導師著 500 元
（2007 年起，每冊附贈本公司精製公案拈提〈超意境〉CD 一片）

11.**狂密與真密 一～四輯** 平實導師著 西藏密宗是人間最邪淫的宗教，本質不是佛教，只是披著佛教外衣的印度教性力派流毒的喇嘛教。此書中將西藏密宗密傳之男女雙身合修樂空雙運所有祕密與修法，毫無保留完全公開，並將全部喇嘛們所不知道的部分也一併公開。內容比大辣出版社喧騰一時的《西藏慾經》更詳細。並且函蓋藏密的所有祕密及其錯誤的中觀見、如來藏見……等，藏密的所有法義都在書中詳述、分析、辨正。每輯主文三百餘頁 每輯全書約 400 頁 售價每輯 300 元

12.**宗門正義**—公案拈提 第六輯 平實導師著 500 元
（2007 年起，每冊附贈本公司精製公案拈提〈超意境〉CD 一片）

13.**心經密意**—心經與解脫道、佛菩提道、祖師公案之關係與密意 平實導師述 300 元

14.**宗門密意**—公案拈提 第七輯 平實導師著 500 元
（2007 年起，每冊附贈本公司精製公案拈提〈超意境〉CD 一片）

15.**淨土聖道**—兼評「選擇本願念佛」 正德老師著 200 元

16.**起信論講記** 平實導師述著 共六輯 每輯三百餘頁 售價各 250 元

17.**優婆塞戒經講記** 平實導師述著 共八輯 每輯三百餘頁 售價各 250 元

18.**真假活佛**—略論附佛外道盧勝彥之邪說（對前岳靈犀網站主張「盧勝彥是證悟者」之修正） 正犀居士（岳靈犀）著 流通價 140 元

19.**阿含正義**—唯識學探源 平實導師著 共七輯 每輯 300 元

20.**超意境** CD 以平實導師公案拈提書中超越意境之頌詞，加上曲風優美的旋律，錄成令人嚮往的超意境歌曲，其中包括正覺發願文及平實導師親自譜成的黃梅調歌曲一首。詞曲雋永，殊堪翫味，可供學禪者吟詠，有助於見道。內附設計精美的彩色小冊，解說每一首詞的背景本事。每片 280 元。【每購買公案拈提書籍一冊，即贈送一片。】

21.**菩薩底憂鬱** CD 將菩薩情懷及禪宗公案寫成新詞，並製作成超越意境的優美歌曲。 1.主題曲〈菩薩底憂鬱〉，描述地後菩薩能離三界生死而迴向繼續生在人間，但因尚未斷盡習氣種子而有極深沈之憂鬱，非三賢位菩薩及二乘聖者所知，此憂鬱在七地滿心位方才斷盡；本曲之詞中所說義理極深，昔來所未曾見；此曲係以優美的情歌風格寫詞及作曲，聞者得以激發嚮往諸地菩薩境界之大心，詞、曲都非常優美，難得一見；其中勝妙義理之解說，已印在附贈之彩色小冊中。 2.以各輯公案拈提中直示禪門入處之頌文，作成各種不同曲風之超意境歌曲，值得玩味、參究；聆聽公案拈提之優美歌曲時，請同時閱讀內附之印刷精美說明小冊，可以領會超越三界的證悟境界；未悟者可以因此引發求悟之意向及疑情，眞發菩提心而邁向求悟之途，乃至因此眞實悟入般若，成眞菩薩。 3.正覺總持咒新曲，總持佛法大意；總持咒之義理，已加以解說並印在隨附之小冊中。本 CD 共有十首歌曲，長達 63 分鐘。每盒各附贈二張購書優惠券。每片 280 元。

22.**禪意無限** CD 平實導師以公案拈提書中偈頌寫成不同風格曲子，與他人所寫不同風格曲子共同錄製出版，幫助參禪人進入禪門超越意識之境界。盒中附贈彩色印製的精美解說小冊，以供聆聽時閱讀，令參禪人得以發起參禪之疑情，即有機會證悟本來面目而發起實相智慧，實證大乘菩提般若，能如實證知般若經中的眞實意。本 CD 共有十首歌曲，長達 69 分鐘，每盒各附贈二張購書優惠券。每片 280 元。

23.**我的菩提路**第一輯　釋悟圓、釋善藏等人合著　售價 300 元

24.**我的菩提路**第二輯　郭正益、張志成等人合著　售價 300 元

25.**我的菩提路**第三輯　王美伶等人合著　售價 300 元

26.**我的菩提路**第四輯　陳晏平等人合著　售價 300 元

27.**鈍鳥與靈龜**—考證後代凡夫對大慧宗杲禪師的無根誹謗。
平實導師著 共 458 頁 售價 350 元

28.**維摩詰經講記** 平實導師述 共六輯 每輯三百餘頁 售價各 250 元

29.**真假外道**—破劉東亮、杜大威、釋證嚴常見外道見　正光老師著　200 元

30.**勝鬘經講記**—兼論印順《勝鬘經講記》對於《勝鬘經》之誤解。
平實導師述　共六輯　每輯三百餘頁　售價 250 元

31.**楞嚴經講記** 平實導師述 共 **15** 輯，每輯三百餘頁 售價 300 元

32.**明心與眼見佛性**—駁慧廣〈蕭氏「眼見佛性」與「明心」之非〉文中謬說
正光老師著　共 448 頁　售價 300 元

33.**見性與看話頭** 黃正倖老師 著，本書是禪宗參禪的方法論。
內文 375 頁，全書 416 頁，售價 300 元。
34.**達賴真面目**—玩盡天下女人 白正偉老師 等著 中英對照彩色精裝大本 800 元
35.**喇嘛性世界**—揭開假藏傳佛教譚崔瑜伽的面紗　張善思 等人著　200 元
36.**假藏傳佛教的神話**—性、謊言、喇嘛教　正玄教授編著　200 元
37.**金剛經宗通**　平實導師述　共九輯　每輯售價 250 元。
38.**空行母**—性別、身分定位，以及藏傳佛教。
珍妮·坎貝爾著 呂艾倫 中譯 售價 250 元
39.**末代達賴**—性交教主的悲歌　張善思、呂艾倫、辛燕編著 售價 250 元
40.**霧峰無霧**—給哥哥的信　辨正釋印順對佛法的無量誤解
游宗明 老師著　售價 250 元
41.**第七意識與第八意識？**—穿越時空「超意識」
平實導師述　每冊 300 元
42.**黯淡的達賴**—失去光彩的諾貝爾和平獎
正覺教育基金會編著　每冊 250 元
43.**童女迦葉考**—論呂凱文〈佛教輪迴思想的論述分析〉之謬。
平實導師 著 定價 180 元
44.**人間佛教**—實證者必定不悖三乘菩提
平實導師 述，定價 400 元
45.**實相經宗通**　平實導師述　共八輯　每輯 250 元
46.**真心告訴您(一)**—達賴喇嘛在幹什麼？
正覺教育基金會編著　售價 250 元
47.**中觀金鑑**—詳述應成派中觀的起源與其破法本質
孫正德老師著　分為上、中、下三冊，每冊 250 元
48.**藏傳佛教要義**—《狂密與真密》之簡體字版　平實導師 著 上、下冊
僅在大陸流通　每冊 300 元
49.**法華經講義**　平實導師述　共二十五輯　每輯 300 元
已於 2015/05/31 起開始出版，每二個月出版一輯
50.**西藏「活佛轉世」制度**—附佛、造神、世俗法
許正豐、張正玄老師合著　定價 150 元
51.**廣論三部曲**　郭正益老師著　定價 150 元
52.**真心告訴您(二)**—達賴喇嘛是佛教僧侶嗎？
—補祝達賴喇嘛八十大壽
正覺教育基金會編著　售價 300 元
53.**次法**—實證佛法前應有的條件
張善思居士著　分為上、下二冊，每冊 250 元
54.**涅槃**—解說四種涅槃之實證及內涵　平實導師著 上、下冊　各 350 元
55.**山法**—西藏關於他空與佛藏之根本論
篤補巴·喜饒堅贊著　傑弗里·霍普金斯英譯
張火慶教授、張志成、呂艾倫等中譯　精裝大本 1200 元

56.**假鋒虛焰金剛乘**—揭示顯密正理，兼破索達吉師徒《般若鋒兮金剛焰》
釋正安法師著 簡體字版 即將出版 售價未定

57.**廣論之平議**—宗喀巴《菩提道次第廣論》之平議 正雄居士著
約二或三輯 俟正覺電子報連載後結集出版 書價未定

58.**救護佛子向正道**—對印順法師中心思想之綜合判攝
游宗明老師著 書價未定

59.**菩薩學處**—菩薩四攝六度之要義 陸正元老師著 出版日期未定。

60.**八識規矩頌**詳解 ○○居士 註解 出版日期另訂 書價未定。

61.**印度佛教史**—法義與考證。依法義史實評論印順《印度佛教思想史、佛教史地考論》之謬說 正偉老師著 出版日期未定 書價未定

62.**中國佛教史**—依中國佛教正法史實而論。○○老師 著 書價未定。

63.**中論正義**—釋龍樹菩薩《中論》頌正理。
孫正德老師著 出版日期未定 書價未定

64.**中觀正義**—註解平實導師《中論正義頌》。
○○法師（居士）著 出版日期未定 書價未定

65.**佛藏經講記** 平實導師述 出版日期未定 書價未定

66.**阿含經講記**—將選錄四阿含中數部重要經典全經講解之，講後整理出版。
平實導師述 約二輯 每輯 300 元 出版日期未定

67.**寶積經講記** 平實導師述 每輯三百餘頁 優惠價 300 元 出版日期未定

68.**解深密經講記** 平實導師述 約四輯 將於重講後整理出版

69.**成唯識論略解** 平實導師著 五～六輯 每輯300 元 出版日期未定

70.**修習止觀坐禪法要講記** 平實導師述 每輯三百餘頁
將於正覺寺建成後重講、以講記逐輯出版 出版日期未定

71.**無門關**—《無門關》公案拈提 平實導師著 出版日期未定

72.**中觀再論**—兼述印順《中觀今論》謬誤之平議。正光老師著 出版日期未定

73.**輪迴與超度**—佛教超度法會之真義。
○○法師（居士）著 出版日期未定 書價未定

74.**《釋摩訶衍論》平議**—對偽稱龍樹所造《釋摩訶衍論》之平議
○○法師（居士）著 出版日期未定 書價未定

75.**正覺發願文**註解—以真實大願為因 得證菩提
正德老師著 出版日期未定 書價未定

76.**正覺總持咒**—佛法之總持 正圜老師著 出版日期未定 書價未定

77.**三自性**—依四食、五蘊、十二因緣、十八界法，說三性三無性。
作者未定 出版日期未定

78.**道品**—從三自性說大小乘三十七道品 作者未定 出版日期未定

79.**大乘緣起觀**—依四聖諦七真如現觀十二緣起 作者未定 出版日期未定

80.**三德**—論解脫德、法身德、般若德。 作者未定 出版日期未定

81.**真假如來藏**—對印順《如來藏之研究》謬說之平議 作者未定 出版日期未定

82.**大乘道次第** 作者未定 出版日期未定 書價未定

83.**四緣**—依如來藏故有四緣。 作者未定 出版日期未定

84.**空之探究**—印順《空之探究》謬誤之平議　作者未定 出版日期未定
85.**十法義**—論阿含經中十法之正義　作者未定　出版日期未定
86.**外道見**—論述外道六十二見　作者未定　出版日期未定

正智出版社有限公司 書籍介紹

禪淨圓融：言淨土諸祖所未曾言，示諸宗祖師所未曾示；禪淨圓融，另闢成佛捷徑，兼顧自力他力，闡釋淨土門之速行易行道，亦同時揭櫫聖教門之速行易行道；令廣大淨土行者得免緩行難證之苦，亦令聖道門行者得以藉著淨土速行道而加快成佛之時劫。乃前無古人之超勝見地，非一般弘揚禪淨法門典籍也，先讀為快。平實導師著 200元。

宗門正眼—公案拈提第一輯：繼承克勤圜悟大師碧巖錄宗旨之禪門鉅作。先則舉示當代大法師之邪說，消弭當代禪門大師鄉愿之心態，摧破當今禪門「世俗禪」之妄談；次則旁通教法，表顯宗門正理；繼以道之次第，消弭古今狂禪；後藉言語及文字機鋒，直示宗門入處。悲智雙運，禪味十足，數百年來難得一睹之禪門鉅著也。平實導師著 500元（原初版書《禪門摩尼寶聚》，改版後補充為五百餘頁新書，總計多達二十四萬字，內容更精彩，並改名為《宗門正眼》，讀者原購初版《禪門摩尼寶聚》皆可寄回本公司免費換新，免附回郵，亦無截止期限）（2007年起，凡購買公案拈提第一輯至第七輯，每購一輯皆贈送本公司精製公案拈提〈超意境〉CD一片，市售價格280元，多購多贈）。

禪—悟前與悟後：本書能建立學人悟道之信心與正確知見，圓滿具足而有次第地詳述禪悟之功夫與禪悟之內容，指陳參禪中細微淆訛之處，能使學人明自眞心、見自本性。若未能悟入，亦能以正確知見辨別古今中外一切大師究係眞悟？或屬錯悟？便有能力揀擇，捨名師而選明師，後時必有悟道之緣。一旦悟道，遲者七次人天往返，便出三界，速者一生取辦。學人欲求開悟者，不可不讀。 平實導師著。上、下冊共500元，單冊250元。

真實如來藏：如來藏眞實存在，乃宇宙萬有之本體，並非印順法師、達賴喇嘛等人所說之「唯有名相、無此心體」。如來藏是涅槃之本際，是一切有智之人竭盡心智、不斷探索而不能得之生命實相；是古今中外許多大師自以爲悟而當面錯過之生命實相。如來藏即是阿賴耶識，乃是一切有情本自具足、不生不滅之眞實心。當代中外大師於此書出版之前所未能言者，作者於本書中盡情流露、詳細闡釋。眞悟者讀之，必能增益悟境、智慧增上；錯悟者讀之，必能檢討自己之錯誤，免犯大妄語業；未悟者讀之，能知參禪之理路，亦能以之檢查一切名師是否眞悟。此書是一切哲學家、宗教家、學佛者及欲昇華心智之人必讀之鉅著。　平實導師著　售價400元。

宗門法眼—公案拈提第二輯：列舉實例，闡釋土城廣欽老和尚之悟處；並直示這位不識字的老和尚妙智橫生之根由，繼而剖析禪宗歷代大德之開悟公案，解析當代密宗高僧卡盧仁波切之錯悟證據，並例舉當代顯宗高僧、大居士之錯悟證據（凡健在者，爲免影響其名聞利養，皆隱其名）。藉辨正當代名師之邪見，向廣大佛子指陳禪悟之正道，彰顯宗門法眼。悲勇兼出，強捋虎鬚；慈智雙運，巧探驪龍；摩尼寶珠在手，直示宗門入處，禪味十足；若非大悟徹底，不能爲之。禪門精奇人物，允宜人手一冊，供作參究及悟後印證之圭臬。本書於2008年4月改版，增寫爲大約500頁篇幅，以利學人研讀參究時更易悟入宗門正法，以前所購初版首刷及初版二刷舊書，皆可免費換取新書。平實導師著　500元（2007年起，凡購買公案拈提第一輯至第七輯，每購一輯皆贈送本公司精製公案拈提〈超意境〉CD一片，市售價格280元，多購多贈）。

宗門道眼—公案拈提第三輯：繼宗門法眼之後，再以金剛之作略、慈悲之胸懷、犀利之筆觸，舉示寒山、拾得、布袋三大士之悟處，消弭當代錯悟者對於寒山大士……等之誤會及誹謗。　亦舉出民初以來與虛雲和尚齊名之蜀郡鹽亭袁煥仙夫子——南懷瑾老師之師，其「悟處」何在？並蒐羅許多眞悟祖師之證悟公案，顯示禪宗歷代祖師之睿智，指陳部分祖師、奧修及當代顯密大師之謬悟，作爲殷鑑，幫助禪子建立及修正參禪之方向及知見。假使讀者閱此書已，一時尚未能悟，亦可一面加功用行，一面以此宗門道眼辨別眞假善知識，避開錯誤之印證及歧路，可免大妄語業之長劫慘痛果報。欲修禪宗之禪者，務請細讀。平實導師著　售價500元（2007年起，凡購買公案拈提第一輯至第七輯，每購一輯皆贈送本公司精製公案拈提〈超意境〉CD一片，市售價格280元，多購多贈）。

楞伽經詳解：本經是禪宗見道者印證所悟眞僞之根本經典，亦是禪宗見道者悟後起修之依據經典；故達摩祖師於印證二祖慧可大師之後，將此經典連同佛缽祖衣一併交付二祖，令其依此經典佛示金言、進入修道位，修學一切種智。由此可知此經對於眞悟之人修學佛道，是非常重要之一部經典。此經能破外道邪說，亦破佛門中錯悟名師之謬說，亦破禪宗部分祖師之狂禪：不讀經典、一向主張「一悟即成究竟佛」之謬執。並開示愚夫所行禪、觀察義禪、攀緣如禪、如來禪等差別，令行者對於三乘禪法差異有所分辨；亦糾正禪宗祖師古來對於如來禪之誤解，嗣後可免以訛傳訛之弊。此經亦是法相唯識宗之根本經典，禪者悟後欲修一切種智而入初地者，必須詳讀。　平實導師著，全套共十輯，已全部出版完畢，每輯主文約320頁，每冊約352頁，定價250元。

宗門血脈—公案拈提第四輯：末法怪象—許多修行人自以爲悟，每將無念靈知認作眞實；崇尙二乘法諸師及其徒衆，則將外於如來藏之緣起性空—無因論之無常空、斷滅空、一切法空—錯認爲　佛所說之般若空性。這兩種現象已於當今海峽兩岸及美加地區顯密大師之中普遍存在；人人自以爲悟，心高氣壯，便敢寫書解釋祖師證悟之公案，大多出於意識思惟所得，言不及義，錯誤百出，因此誤導廣大佛子同陷大妄語之地獄業中而不能自知。彼等書中所說之悟處，其實處處違背第一義經典之聖言量。彼等諸人不論是否身披袈裟，都非佛法宗門血脈，或雖有禪宗法脈之傳承，亦只徒具形式；猶如螟蛉，非眞血脈，未悟得根本眞實故。禪子欲知　佛、祖之眞血脈者，請讀此書，便知分曉。平實導師著，主文452頁，全書464頁，定價500元（2007年起，凡購買公案拈提第一輯至第七輯，每購一輯皆贈送本公司精製公案拈提〈超意境〉CD一片，市售價格280元，多購多贈）。

宗通與說通：古今中外，錯誤之人如麻似粟，每以常見外道所說之靈知心，認作眞心；或妄想虛空之勝性能量爲眞如，或錯認物質四大元素藉冥性（靈知心本體）能成就吾人色身及知覺，或認初禪至四禪中之了知心爲不生不滅之涅槃心。此等皆非通宗者之見地。復有錯悟之人一向主張「宗門與教門不相干」，此即尙未通達宗門之人也。其實宗門與教門互通不二，宗門所證者乃是眞如與佛性，教門所說者乃說宗門證悟之眞如佛性，故教門與宗門不二。本書作者以宗教二門互通之見地，細說「宗通與說通」，從初見道至悟後起修之道、細說分明；並將諸宗諸派在整體佛教中之地位與次第，加以明確之教判，學人讀之即可了知佛法之梗概也。欲擇明師學法之前，允宜先讀。平實導師著，主文共381頁，全書392頁，只售成本價300元。

宗門正道—公案拈提第五輯：修學大乘佛法有二果須證—解脫果及大菩提果。二乘人不證大菩提果，唯證解脫果；此果之智慧，名為聲聞菩提、緣覺菩提。大乘佛子所證二果之菩提果為佛菩提，故名大菩提果，其慧名為一切種智—函蓋二乘解脫果。然此大乘二果修證，須經由禪宗之宗門證悟方能相應。而宗門證悟極難，自古已然；其所以難者，咎在古今佛教界普遍存在三種邪見：1.以修定認作佛法，2.以無因論之緣起性空—否定涅槃本際如來藏以後之一切法空作為佛法，3.以常見外道邪見（離語言妄念之靈知性）作為佛法。如是邪見，或因自身正見未立所致，或因邪師之邪教導所致，或因無始劫來虛妄熏習所致。若不破除此三種邪見，永劫不悟宗門真義、不入大乘正道，唯能外門廣修菩薩行。平實導師於此書中，有極為詳細之說明，有志佛子欲摧邪見、入於內門修菩薩行者，當閱此書。主文共496頁，全書512頁。售價500元（2007年起，凡購買公案拈提第一輯至第七輯，每購一輯皆贈送本公司精製公案拈提〈超意境〉CD一片，市售價格280元，多購多贈）。

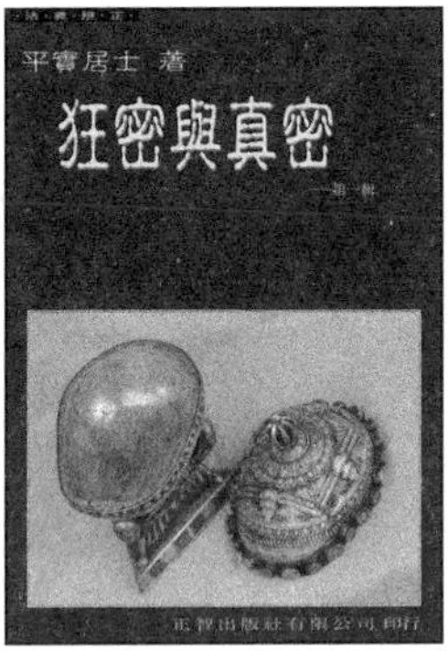

狂密與真密：密教之修學，皆由有相之觀行法門而入，其最終目標仍不離顯教經典所說第一義諦之修證；若離顯教第一義經典、或違背顯教第一義經典，即非佛教。西藏密教之觀行法，如灌頂、觀想、遷識法、寶瓶氣、大聖歡喜雙身修法、喜金剛、無上瑜伽、大樂光明、樂空雙運等，皆是印度教兩性生生不息思想之轉化，自始至終皆以如何能運用交合淫樂之法達到全身受樂為其中心思想，純屬欲界五欲的貪愛，不能令人超出欲界輪迴，更不能令人斷除我見；何況大乘之明心與見性，更無論矣！故密宗之法絕非佛法也。而其明光大手印、大圓滿法教，又皆同以常見外道所說離語言妄念之無念靈知心錯認為佛地之真如，不能直指不生不滅之真如。西藏密宗所有法王與徒眾，都尚未開頂門眼，不能辨別真偽，以依人不依法、依密續不依經典故，不肯將其上師喇嘛所說對照第一義經典，純依密續之藏密祖師所說為準，因此而誇大其證德與證量，動輒謂彼祖師上師為究竟佛、為地上菩薩；如今台海兩岸亦有自謂其師證量高於　釋迦文佛者，然觀其師所述，猶未見道，仍在觀行即佛階段，尚未到禪宗相似即佛、分證即佛階位，竟敢標榜為究竟佛及地上法王，誑惑初機學人。凡此怪象皆是狂密，不同於真密之修行者。近年狂密盛行，密宗行者被誤導者極眾，動輒自謂已證佛地真如，自視為究竟佛，陷於大妄語業中而不知自省，反謗顯宗真修實證者之證量粗淺；或如義雲高與釋性圓…等人，於報紙上公然誹謗真實證道者為「騙子、無道人、人妖、癩蛤蟆…」等，造下誹謗大乘勝義僧之大惡業；或以外道法中有為有作之甘露、魔術……等法，誑騙初機學人，狂言彼外道法為真佛法。如是怪象，在西藏密宗及附藏密之外道中，不一而足，舉之不盡，學人宜應慎思明辨，以免上當後又犯毀破菩薩戒之重罪。密宗學人若欲遠離邪知邪見者，請閱此書，即能了知密宗之邪謬，從此遠離邪見與邪修，轉入真正之佛道。平實導師著　共四輯　每輯約400頁（主文約340頁）每輯售價300元。

宗門正義—公案拈提第六輯：佛教有六大危機，乃是藏密化、世俗化、膚淺化、學術化、宗門密意失傳、悟後進修諸地之次第混淆；其中尤以宗門密意之失傳，爲當代佛教最大之危機。由宗門密意失傳故，易令 世尊本懷普被錯解，易令 世尊正法被轉易爲外道法，以及加以淺化、世俗化，是故宗門密意之廣泛弘傳與具緣佛弟子，極爲重要。然而欲令宗門密意之廣泛弘傳予具緣之佛弟子者，必須同時配合錯誤知見之解析、普令佛弟子知之，然後輔以公案解析之直示入處，方能令具緣之佛弟子悟入。而此二者，皆須以公案拈提之方式爲之，方易成其功、竟其業，是故平實導師續作宗門正義一書，以利學人。 全書500餘頁，售價500元（2007年起，凡購買公案拈提第一輯至第七輯，每購一輯皆贈送本公司精製公案拈提〈超意境〉CD一片，市售價格280元，多購多贈）。

心經密意—心經與解脫道、佛菩提道、祖師公案之關係與密意。 二乘菩提所證之解脫道，實依第八識心之斷除煩惱障現行而立解脫之名；大乘菩提所證之佛菩提道，實依親證第八識如來藏之涅槃性、清淨自性、及其中道性而立般若之名；禪宗祖師公案所證之眞心，即是此第八識如來藏；是故三乘佛法所修所證之三乘菩提，皆依此如來藏心而立名也。此第八識心，即是《心經》所說之心也。證得此如來藏已，即能漸入大乘佛菩提道，亦可因證知此心而了知二乘無學所不能知之無餘涅槃本際，是故《心經》之密意，與三乘佛菩提之關係極爲密切、不可分割，三乘佛法皆依此心而立名故。今者平實導師以其所證解脫道之無生智及佛菩提之般若種智，將《心經》與解脫道、佛菩提道、祖師公案之關係與密意，以演講之方式，用淺顯之語句和盤托出，發前人所未言，呈三乘菩提之眞義，令人藉此《心經密意》一舉而窺三乘菩提之堂奧，迴異諸方言不及義之說；欲求眞實佛智者、不可不讀！ 主文317頁，連同跋文及序文…等共384頁，售價300元。

宗門密意—公案拈提第七輯：佛教之世俗化，將導致學人以信仰作爲學佛，則將以感應及世間法之庇祐，作爲學佛之主要目標，不能了知學佛之主要目標爲親證三乘菩提。大乘菩提則以般若實相智慧爲主要修習目標，以二乘菩提解脫道爲附帶修習之標的；是故學習大乘法者，應以禪宗之證悟爲要務，能親入大乘菩提之實相般若智慧中故，般若實相智慧非二乘聖人所能知故。此書則以台灣世俗化佛教之三大法師，說法似是而非之實例，配合眞悟祖師之公案解析，提示證悟般若之關節，令學人易得悟入。平實導師著，全書五百餘頁，售價500元（2007年起，凡購買公案拈提第一輯至第七輯，每購一輯皆贈送本公司精製公案拈提〈超意境〉CD一片，市售價格280元，多購多贈）。

淨土聖道—兼評選擇本願念佛：佛法甚深極廣，般若玄微，非諸二乘聖僧所能知之，一切凡夫更無論矣！所謂一切證量皆歸淨土是也！是故大乘法中「聖道之淨土、淨土之聖道」，其義甚深，難可了知；乃至眞悟之人，初心亦難知也。今有正德老師眞實證悟後，復能深探淨土與聖道之緊密關係，憐憫眾生之誤會淨土實義，亦欲利益廣大淨土行人同入聖道，同獲淨土中之聖道門要義，乃振奮心神、書以成文，今得刊行天下。主文279頁，連同序文等共301頁，總有十一萬六千餘字，正德老師著，成本價200元。

起信論講記：詳解大乘起信論心生滅門與心眞如門之眞實意旨，消除以往大師與學人對起信論所說心生滅門之誤解，由是而得了知眞心如來藏之非常非斷中道正理；亦因此一講解，令此論以往隱晦而被誤解之眞實義，得以如實顯示，令大乘佛菩提道之正理得以顯揚光大；初機學者亦可藉此正論所顯示之法義，對大乘法理生起正信，從此得以眞發菩提心，眞入大乘法中修學，世世常修菩薩正行。平實導師演述，共六輯，都已出版，每輯三百餘頁，售價各250元。

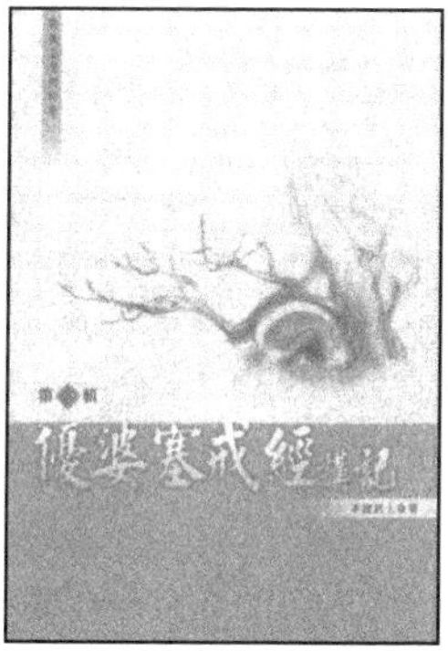

優婆塞戒經講記：本經詳述在家菩薩修學大乘佛法，應如何受持菩薩戒？對人間善行應如何看待？對三寶應如何護持？應如何正確地修集此世後世證法之福德？應如何修集後世「行菩薩道之資糧」？並詳述第一義諦之正義：五蘊非我非異我、自作自受、異作異受、不作不受……等深妙法義，乃是修學大乘佛法、行菩薩行之在家菩薩所應當了知者。出家菩薩今世或未來世登地已，捨報之後多數將如華嚴經中諸大菩薩，以在家菩薩身而修行菩薩行，故亦應以此經所述正理而修之，配合《楞伽經、解深密經、楞嚴經、華嚴經》等道次第正理，方得漸次成就佛道；故此經是一切大乘行者皆應證知之正法。平實導師講述，每輯三百餘頁，售價各250元；共八輯，已全部出版。

真假活佛—略論附佛外道盧勝彥之邪說：人人身中都有真活佛，永生不滅而有大神用，但眾生都不了知，所以常被身外的西藏密宗假活佛籠罩欺瞞。本來就真實存在的真活佛，才是真正的密宗無上密！諾那活佛因此而說禪宗是大密宗，但藏密的所有活佛都不知道、也不曾實證自身中的真活佛。本書詳實宣示真活佛的道理，舉證盧勝彥的「佛法」不是真佛法，也顯示盧勝彥是假活佛，直接的闡釋第一義佛法見道的真實正理。真佛宗的所有上師與學人們，都應該詳細閱讀，包括盧勝彥個人在內。正犀居士著，優惠價140元。

阿含正義—唯識學探源：廣說四大部《阿含經》諸經中隱說之真正義理，一一舉示佛陀本懷，令阿含時期初轉法輪根本經典之真義，如實顯現於佛子眼前。並提示末法大師對於阿含真義誤解之實例，一一比對之，證實唯識增上慧學確於原始佛法之阿含諸經中已隱覆密意而略說之，證實 世尊確於原始佛法中已曾密意而說第八識如來藏之總相；亦證實 世尊在四阿含中已說此藏識是名色十八界之因、之本—證明如來藏是能生萬法之根本心。佛子可據此修正以往受諸大師（譬如西藏密宗應成派中觀師：印順、昭慧、性廣、大願、達賴、宗喀巴、寂天、月稱、……等人）誤導之邪見，建立正見，轉入正道乃至親證初果而無困難；書中並詳說三果所證的心解脫，以及四果慧解脫的親證，都是如實可行的具體知見與行門。全書共七輯，已出版完畢。平實導師著，每輯三百餘頁，售價300元。

超意境CD：以平實導師公案拈提書中超越意境之頌詞，加上曲風優美的旋律，錄成令人嚮往的超意境歌曲，其中包括正覺發願文及平實導師親自譜成的黃梅調歌曲一首。詞曲雋永，殊堪翫味，可供學禪者吟詠，有助於見道。內附設計精美的彩色小冊，解說每一首詞的背景本事。每片280元。【每購買公案拈提書籍一冊，即贈送一片。】

我的菩提路第一輯：凡夫及二乘聖人不能實證的佛菩提證悟，末法時代的今天仍然有人能得實證，由正覺同修會釋悟圓、釋善藏法師等二十餘位實證如來藏者所寫的見道報告，已為當代學人見證宗門正法之絲縷不絕，證明大乘義學的法脈仍然存在，為末法時代求悟般若之學人照耀出光明的坦途。由二十餘位大乘見道者所繕，敘述各種不同的學法、見道因緣與過程，參禪求悟者必讀。全書三百餘頁，售價300元。

我的菩提路第二輯：由郭正益老師等人合著，書中詳述彼等諸人歷經各處道場學法，一一修學而加以檢擇之不同過程以後，因閱讀正覺同修會、正智出版社書籍而發起抉擇分，轉入正覺同修會中修學；乃至學法及見道之過程，都一一詳述之。其中張志成等人係由前現代禪轉進正覺同修會，張志成原為現代禪副宗長，以前未閱本會書籍時，曾被人藉其名義著文評論 平實導師（詳見《宗通與說通》辨正及《眼見佛性》書末附錄…等）；後因偶然接觸正覺同修會書籍，深覺以前聽人評論平實導師之語不實，於是投入極多時間閱讀本會書籍、深入思辨，詳細探索中觀與唯識之關聯與異同，認為正覺之法義方是正法，深覺相應；亦解開多年來對佛法的迷雲，確定應依八識論正理修學方是正法。乃不顧面子，毅然前往正覺同修會面見平實導師懺悔，並正式學法求悟。今已與其同修王美伶（亦為前現代禪傳法老師），同樣證悟如來藏而證得法界實相，生起實相般若真智。此書中尚有七年來本會第一位眼見佛性者之見性報告一篇，一同供養大乘佛弟子。全書四百頁，售價300元。

我的菩提路第三輯：由王美伶老師等人合著。自從正覺同修會成立以來，每年夏初、冬初都舉辦精進禪三共修，藉以助益會中同修們得以證悟明心發起般若實相智慧；凡已實證而被平實導師印證者，皆書具見道報告用以證明佛法之眞實可證而非玄學，證明佛法並非純屬思想、理論而無實質，是故每年都能有人證明正覺同修會的「實證佛教」主張並非虛語。特別是眼見佛性一法，自古以來中國禪宗祖師實證者極寡，較之明心開悟的證境更難令人信受；至2017年初，正覺同修會中的證悟明心者已近五百人，然而其中眼見佛性者至今唯十餘人爾，可謂難能可貴，是故明心後欲冀眼見佛性者實屬不易。黃正倖老師是懸絕七年無人見性後的第一人，她於2009年的見性報告刊於本書的第二輯中，為大眾證明佛性確實可以眼見；其後七年之中求見性者都屬解悟佛性而無人眼見，幸而又經七年後的2016冬初，以及2017夏初的禪三，復有三人眼見佛性，希冀鼓舞四眾佛子求見佛性之大心，今則具載一則於書末，顯示求見佛性之事實經歷，供養現代佛教界欲得見性之四眾弟子。全書四百頁，售價300元。

我的菩提路第四輯：由陳晏平等人著。中國禪宗祖師往往有所謂「見性」之言，所言多屬看見如來藏具有能令人發起成佛之自性，並非《大般涅槃經》中 如來所說之眼見佛性。眼見佛性者，於親見佛性之時，即能於山河大地眼見自己佛性，亦能於他人身上眼見自己佛性及對方之佛性，如是境界無法爲尚未實證者解釋；勉強說之，縱使眞實明心證悟之人聞之，亦只能以自身明心之境界想像之，但不論如何想像多屬非量，能有正確之比量者亦是稀有，故說眼見佛性極爲困難。眼見佛性之人若所見極分明時，在所見佛性之境界下所眼見之山河大地、自己五蘊身心皆是虛幻，自有異於明心者之解脫功德受用，此後永不思證二乘涅槃，必定邁向成佛之道而進入第十住位中，已超第一阿僧祇劫三分有一，可謂之爲超劫精進也。今又有明心之後眼見佛性之人出於人間，將其明心及後來見性之報告，連同其餘證悟明心者之精彩報告一同收錄於此書中，供養眞求佛法實證之四衆佛子。全書380頁，售價300元。

鈍鳥與靈龜：鈍鳥及靈龜二物，被宗門證悟者說爲二種人：前者是精修禪定而無智慧者，也是以定爲禪的愚癡禪人；後者是或有禪定、或無禪定的宗門證悟者，凡已證悟者皆是靈龜。但後來被人虛造事實，用以嘲笑大慧宗杲禪師，說他雖是靈龜，卻不免被天童禪師預記「患背」痛苦而亡：「鈍鳥離巢易，靈龜脫殼難。」藉以貶低大慧宗杲的證量。同時將天童禪師實證如來藏的證量，曲解爲意識境界的離念靈知。自從大慧禪師入滅以後，錯悟凡夫對他的不實毀謗就一直存在著，不曾止息，並且捏造的假事實也隨著年月的增加而越來越多，終至編成「鈍鳥與靈龜」的假公案、假故事。本書是考證大慧與天童之間的不朽情誼，顯現這件假公案的虛妄不實；更見大慧宗杲面對惡勢力時的正直不阿，亦顯示大慧對天童禪師的至情深義，將使後人對大慧宗杲的誣謗至此而止，不再有人誤犯毀謗賢聖的惡業。書中亦舉證宗門的所悟確以第八識如來藏爲標的，詳讀之後必可改正以前被錯悟大師誤導的參禪知見，日後必定有助於實證禪宗的開悟境界，得階大乘眞見道位中，即是實證般若之賢聖。全書459頁，售價350元。

維摩詰經講記：本經係 世尊在世時，由等覺菩薩維摩詰居士藉疾病而演說之大乘菩提無上妙義，所說函蓋甚廣，然極簡略，是故今時諸方大師與學人讀之悉皆錯解，何況能知其中隱含之深妙正義，是故普遍無法爲人解說；若強爲人說，則成依文解義而有諸多過失。今由平實導師公開宣講之後，詳實解釋其中密意，令維摩詰菩薩所說大乘不可思議解脫之深妙正法得以正確宣流於人間，利益當代學人及與諸方大師。書中詳實演述大乘佛法深妙不共二乘之智慧境界，顯示諸法之中絕待之實相境界，建立大乘菩薩妙道於永遠不敗不壞之地，以此成就護法偉功，欲冀永利娑婆人天。已經宣講圓滿整理成書流通，以利諸方大師及諸學人。全書共六輯，每輯三百餘頁，售價各250元。

真假外道：本書具體舉證佛門中的常見外道知見實例，並加以教證及理證上的辨正，幫助讀者輕鬆而快速的了知常見外道的錯誤知見，進而遠離佛門內外的常見外道知見，因此即能改正修學方向而快速實證佛法。游正光老師著　。成本價200元。

勝鬘經講記：如來藏爲三乘菩提之所依，若離如來藏心體及其含藏之一切種子，即無三界有情及一切世間法，亦無二乘菩提緣起性空之出世間法；本經詳說無始無明、一念無明皆依如來藏而有之正理，藉著詳解煩惱障與所知障間之關係，令學人深入了知二乘菩提與佛菩提相異之妙理；聞後即可了知佛菩提之特勝處及三乘修道之方向與原理，邁向攝受正法而速成佛道的境界中。平實導師講述，共六輯，每輯三百餘頁，售價各250元。

楞嚴經講記：楞嚴經係密教部之重要經典，亦是顯教中普受重視之經典；經中宣說明心與見性之內涵極爲詳細，將一切法都會歸如來藏及佛性—妙眞如性；亦闡釋佛菩提道修學過程中之種種魔境，以及外道誤會涅槃之狀況，旁及三界世間之起源。然因言句深澀難解，法義亦復深妙寬廣，學人讀之普難通達，是故讀者大多誤會，不能如實理解佛所說之明心與見性內涵，亦因是故多有悟錯之人引爲開悟之證言，成就大妄語罪。今由平實導師詳細講解之後，整理成文，以易讀易懂之語體文刊行天下，以利學人。全書十五輯，全部出版完畢。每輯三百餘頁，售價每輯300元。

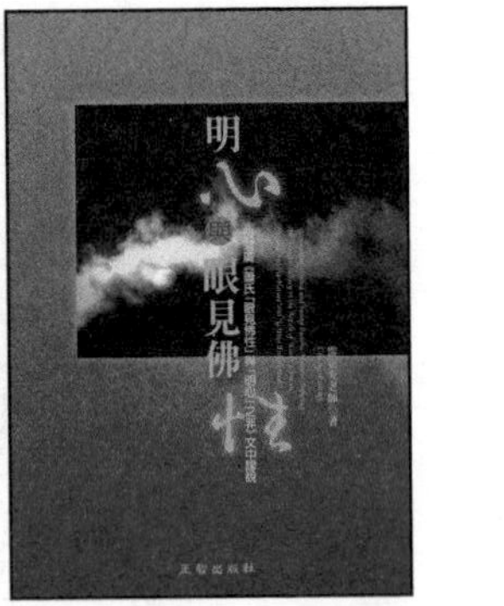

明心與眼見佛性：本書細述明心與眼見佛性之異同，同時顯示了中國禪宗破初參明心與重關眼見佛性二關之間的關聯；書中又藉法義辨正而旁述其他許多勝妙法義，讀後必能遠離佛門長久以來積非成是的錯誤知見，令讀者在佛法的實證上有極大助益。也藉慧廣法師的謬論來教導佛門學人回歸正知正見，遠離古今禪門錯悟者所墮的意識境界，非唯有助於斷我見，也對未來的開悟明心實證第八識如來藏有所助益，是故學禪者都應細讀之。游正光老師著　共448頁　售價300元。

菩薩底憂鬱CD：將菩薩情懷及禪宗公案寫成新詞，並製作成超越意境的優美歌曲。1.主題曲〈菩薩底憂鬱〉，描述地後菩薩能離三界生死而迴向繼續生在人間，但因尚未斷盡習氣種子而有極深沈之憂鬱，非三賢位菩薩及二乘聖者所知，此憂鬱在七地滿心位方才斷盡；本曲之詞中所說義理極深，昔來所未曾見；此曲係以優美的情歌風格寫詞及作曲，聞者得以激發嚮往諸地菩薩境界之大心，詞、曲都非常優美，難得一見；其中勝妙義理之解說，已印在附贈之彩色小冊中。2.以各輯公案拈提中直示禪門入處之頌文，作成各種不同曲風之超意境歌曲，值得玩味、參究；聆聽公案拈提之優美歌曲時，請同時閱讀內附之印刷精美說明小冊，可以領會超越三界的證悟境界；未悟者可以因此引發求悟之意向及疑情，眞發菩提心而邁向求悟之途，乃至因此眞實悟入般若，成眞菩薩。3.正覺總持咒新曲，總持佛法大意；總持咒之義理，已加以解說並印在隨附之小冊中。本CD共有十首歌曲，長達63分鐘，附贈二張購書優惠券。每片280元。

禪意無限CD：平實導師以公案拈提書中偈頌寫成不同風格曲子，與他人所寫不同風格曲子共同錄製出版，幫助參禪人進入禪門超越意識之境界。盒中附贈彩色印製的精美解說小冊，以供聆聽時閱讀，令參禪人得以發起參禪之疑情，即有機會證悟本來面目，實證大乘菩提般若。本CD共有十首歌曲，長達69分鐘，每盒各附贈二張購書優惠券。每片280元。

金剛經宗通：三界唯心，萬法唯識，是成佛之修證內容，是諸地菩薩之所修；般若則是成佛之道（實證三界唯心、萬法唯識）的入門，若未證悟實相般若，即無成佛之可能，必將永在外門廣行菩薩六度，永在凡夫位中。然而實相般若的發起，全賴實證萬法的實相；若欲證知萬法的眞相，則必須探究萬法之所從來，則須實證自心如來—金剛心如來藏，然後現觀這個金剛心的金剛性、眞實性、如如性、清淨性、涅槃性、能生萬法的自性性、本住性，名爲證眞如；進而現觀三界六道唯是此金剛心所成，人間萬法須藉八識心王和合運作方能現起。如是實證《華嚴經》的「三界唯心、萬法唯識」以後，由此等現觀而發起實相般若智慧，繼續進修第十住位的如幻觀、第十行位的陽焰觀、第十迴向位的如夢觀，再生起增上意樂而勇發十無盡願，方能滿足三賢位的實證，轉入初地；自知成佛之道而無偏倚，從此按部就班、次第進修乃至成佛。第八識自心如來是般若智慧之所依，般若智慧的修證則要從實證金剛心自心如來開始；《金剛經》則是解說自心如來之經典，是一切三賢位菩薩所應進修之實相般若經典。這一套書，是將平實導師宣講的《金剛經宗通》內容，整理成文字而流通之；書中所說義理，迥異古今諸家依文解義之說，指出大乘見道方向與理路，有益於禪宗學人求開悟見道，及轉入內門廣修六度萬行。講述完畢後結集出版，總共9輯，每輯約三百餘頁，售價各250元。

空行母—性別、身分定位，以及藏傳佛教：本書作者爲蘇格蘭哲學家，因爲嚮往佛教深妙的哲學內涵，於是進入當年盛行於歐美的假藏傳佛教密宗，擔任卡盧仁波切的翻譯工作多年以後，被邀請成爲卡盧的空行母（又名佛母、明妃），開始了她在密宗裡的實修過程；後來發覺在密宗雙身法中的修行，其實無法使自己成佛，也發覺密宗對女性岐視而處處貶抑，並剝奪女性在雙身法中擔任一半角色時應有的身分定位。當她發覺自己只是雙身法中被喇嘛利用的工具，沒有獲得絲毫應有的尊重與基本定位時，發現了密宗的父權社會控制女性的本質；於是作者傷心地離開了卡盧仁波切與密宗，但是卻被恐嚇不許講出她在密宗裡的經歷，也不許她說出自己對密宗的教義與教制下對女性剝削的本質，否則將被咒殺死亡。後來她去加拿大定居，十餘年後方才擺脫這個恐嚇陰影，下定決心將親身經歷的實情及觀察到的事實寫下來並且出版，公諸於世。出版之後，她被流亡的達賴集團人士大力攻訐，誣指她為精神狀態失常、說謊……等。但有智之士並未被達賴集團的政治操作及各國政府政治運作吹捧達賴的表相所欺，使她的書銷售無阻而又再版。正智出版社鑑於作者此書是親身經歷的事實，所說具有針對「藏傳佛教」而作學術研究的價值，也有使人認清假藏傳佛教剝削佛母、明妃的男性本位實質，因此洽請作者同意中譯而出版於華人地區。珍妮・坎貝爾女士著，呂艾倫 中譯，每冊250元。

霧峰無霧—給哥哥的信　本書作者藉兄弟之間信件往來論義，略述佛法大義；並以多篇短文辨義，舉出釋印順對佛法的無量誤解證據，並一一給予簡單而清晰的辨正，令人一讀即知。久讀、多讀之後即能認清楚釋印順的六識論見解，與真實佛法之牴觸是多麼嚴重；於是在久讀、多讀之後，於不知不覺之間提升了對佛法的極深入理解，正知正見就在不知不覺間建立起來了。當三乘佛法的正知見建立起來之後，對於三乘菩提的見道條件便將隨之具足，於是聲聞解脫道的見道也就水到渠成；接著大乘見道的因緣也將次第成熟，未來自然也會有親見大乘菩提之道的因緣，悟入大乘實相般若也將自然成功，自能通達般若系列諸經而成實義菩薩。作者居住於南投縣霧峰鄉，自喻見道之後不復再見霧峰之霧，故鄉原野美景一一明見，於是立此書名為《霧峰無霧》；讀者若欲撥霧見月，可以此書為緣。游宗明　老師著　售價250元。

假藏傳佛教的神話—性、謊言、喇嘛教：本書編著者是由一首名叫「阿姊鼓」的歌曲為緣起，展開了序幕，揭開假藏傳佛教—喇嘛教—的神秘面紗。其重點是蒐集、摘錄網路上質疑「喇嘛教」的帖子，以揭穿「假藏傳佛教的神話」為主題，串聯成書，並附加彩色插圖以及說明，讓讀者們瞭解西藏密宗及相關人事如何被操作為「神話」的過程，以及神話背後的真相。作者：張正玄教授。售價200元。

達賴真面目—玩盡天下女人：假使您不想戴綠帽子，請記得詳細閱讀此書；假使您不想讓好朋友戴綠帽子，請您將此書介紹給您的好朋友。假使您想保護家中的女性，也想要保護好朋友的女眷，請記得將此書送給家中的女性和好友的女眷都來閱讀。本書爲印刷精美的大本彩色中英對照精裝本，爲您揭開達賴喇嘛的眞面目，內容精彩不容錯過，爲利益社會大眾，特別以優惠價格嘉惠所有讀者。編著者：白志偉等。大開版雪銅紙彩色精裝本。售價800元。

童女迦葉考—論呂凱文〈佛教輪迴思想的論述分析〉之謬：童女迦葉是佛世率領五百大比丘遊行於人間的歷史事實，是以童貞行而依止菩薩戒弘化於人間的大菩薩，不依別解脫戒（聲聞戒）來弘化於人間。這是大乘佛教與聲聞佛教同時存在於佛世的歷史明證，證明大乘佛教不是從聲聞法中分裂出來的部派佛教的產物，卻是聲聞佛教分裂出來的部派佛教聲聞凡夫僧所不樂見的史實；於是古今聲聞法中的凡夫都欲加以扭曲而作詭說，更是末法時代高聲大呼「大乘非佛說」的六識論聲聞凡夫極力想要扭曲的佛教史實之一，於是想方設法扭曲迦葉菩薩爲聲聞僧，以及扭曲迦葉童女爲比丘僧等荒謬不實之論著便陸續出現，古時聲聞僧寫作的《分別功德論》是最具體之事例，現代之代表作則是呂凱文先生的〈佛教輪迴思想的論述分析〉論文。鑑於如是假藉學術考證以籠罩大眾之不實謬論，未來仍將繼續造作及流竄於佛教界，繼續扼殺大乘佛教學人法身慧命，必須舉證辨正之，遂成此書。平實導師 著，每冊180元。

末代達賴—性交教主的悲歌：簡介從藏傳僞佛教（喇嘛教）的修行核心—性力派男女雙修，探討達賴喇嘛及藏傳僞佛教的修行內涵。書中引用外國知名學者著作、世界各地新聞報導，包含：歷代達賴喇嘛的祕史、達賴六世修雙身法的事蹟，以及《時輪續》中的性交灌頂儀式……等；達賴喇嘛書中開示的雙修法、達賴喇嘛的黑暗政治手段；達賴喇嘛所領導的寺院爆發喇嘛性侵兒童；新聞報導《西藏生死書》作者索甲仁波切性侵女信徒、澳洲喇嘛秋達公開道歉、美國最大假藏傳佛教組織領導人邱陽創巴仁波切的性氾濫，等等事件背後眞相的揭露。作者：張善思、呂艾倫、辛燕。售價250元。

黯淡的達賴—失去光彩的諾貝爾和平獎：本書舉出很多證據與論述，詳述達賴喇嘛不為世人所知的一面，顯示達賴喇嘛並不是真正的和平使者，而是假借諾貝爾和平獎的光環來欺騙世人；透過本書的說明與舉證，讀者可以更清楚的瞭解，達賴喇嘛是結合暴力、黑暗、淫欲於喇嘛教裡的集團首領，其政治行為與宗教主張，早已讓諾貝爾和平獎的光環染污了。　本書由財團法人正覺教育基金會寫作、編輯，由正覺出版社印行，每冊250元。

第七意識與第八意識？—穿越時空「超意識」：「三界唯心，萬法唯識」是佛教中應該實證的聖教，也是《華嚴經》中明載而可以實證的法界實相。唯心者，三界一切境界、一切諸法唯是一心所成就，即是每一個有情的第八識如來藏，不是意識心。唯識者，即是人類各各都具足的八識心王——眼識、耳鼻舌身意識、意根、阿賴耶識，第八阿賴耶識又名如來藏，人類五陰相應的萬法，莫不由八識心王共同運作而成就，故說萬法唯識。依聖教量及現量、比量，都可以證明意識是二法因緣生，是由第八識藉意根與法塵二法為因緣而出生，又是夜夜斷滅不存之生滅心，即無可能反過來出生第七識意根、第八識如來藏，當知不可能從生滅性的意識心中，細分出恆審思量的第七識意根，更無可能細分出恆而不審的第八識如來藏。本書是將演講內容整理成文字，細說如是內容，並已在〈正覺電子報〉連載完畢，今彙集成書以廣流通，欲幫助佛門有緣人斷除意識我見，跳脫於識陰之外而取證聲聞初果；嗣後修學禪宗時即得不墮外道神我之中，得以求證第八識金剛心而發起般若實智。平實導師 述，每冊300元。

中觀金鑑—詳述應成派中觀的起源與其破法本質：學佛人往往迷於中觀學派之不同學說，被應成派與自續派所迷惑；修學般若中觀二十年後自以為實證般若中觀了，卻仍不曾入門，甫聞實證般若中觀者之所說，則茫無所知，迷惑不解；隨後信心盡失，不知如何實證佛法；凡此，皆因惑於這二派中觀學說所致。自續派中觀所說同於常見，以意識境界立為第八識如來藏之境界，應成派所說則同於斷見，但又同立意識為常住法，故亦具足斷常二見。今者孫正德老師有鑑於此，乃將起源於密宗的應成派中觀學說，追本溯源，詳考其來源之外，亦一一舉證其立論內容，詳加辨正，令密宗雙身法祖師以識陰境界而造之應成派中觀學說本質，詳細呈現於學人眼前，令其維護雙身法之目的無所遁形。若欲遠離密宗此二大派中觀謬說，欲於三乘菩提有所進道者，允宜具足閱讀並細加思惟，反覆讀之以後將可捨棄邪道返歸正道，則於般若之實證即有可能，證後自能現觀如來藏之中道境界而成就中觀。本書分上、中、下三冊，每冊250元，全部出版完畢。

人間佛教—實證者必定不悖三乘菩提：「大乘非佛說」的講法似乎流傳已久，卻只是日本人企圖擺脫中國正統佛教的影響，而在明治維新時期才開始提出來的說法；台灣佛教、大陸佛教的淺學無智之人，由於未曾實證佛法而迷信日本人錯誤的學術考證，錯認為這些別有用心的日本佛學考證的講法為天竺佛教的眞實歷史；甚至還有更激進的反對佛教者提出「釋迦牟尼佛並非眞實存在，只是後人捏造的假歷史人物」，竟然也有少數人願意跟著「學術」的假光環而信受不疑，於是開始有一些佛教界人士造作了反對中國佛教而推崇南洋小乘佛教的行為，使佛教的信仰者難以檢擇，導致一般大陸人士開始轉入基督教的盲目迷信中。在這些佛教及外教人士之中，也就有一分人根據此邪說而大聲主張「大乘非佛說」的謬論，這些人以「人間佛教」的名義來抵制中國正統佛教，公然宣稱中國的大乘佛教是由聲聞部派佛教的凡夫僧所創造出來的。這樣的說法流傳於台灣及大陸佛教界凡夫僧之中已久，卻非眞正的佛教歷史中曾經發生過的事，只是繼承六識論的聲聞法中凡夫僧依自己的意識境界立場，純憑臆想而編造出來的妄想說法，卻已經影響許多無智之凡夫僧俗信受不移。本書則是從佛教的經藏法義實質及實證的現量內涵本質立論，證明大乘佛法本是佛說，是從《阿含正義》尚未說過的不同面向來討論「人間佛教」的議題，證明「大乘眞佛說」。閱讀本書可以斷除六識論邪見，迴入三乘菩提正道發起實證的因緣；也能斷除禪宗學人學禪時普遍存在之錯誤知見，對於建立參禪時的正知見有很深的著墨。　平實導師　述，內文488頁，全書528頁，定價400元。

喇嘛性世界—揭開假藏傳佛教譚崔瑜伽的面紗：這個世界中的喇嘛，號稱來自世外桃源的香格里拉，穿著或紅或黃的喇嘛長袍，散布於我們的身邊傳教灌頂，吸引了無數的人嚮往學習；這些喇嘛虔誠地為大眾祈福，手中拿著寶杵（金剛）與寶鈴（蓮花），口中唸著咒語：「唵．嘛呢．叭咪．吽……」，咒語的意思是說：「我至誠歸命金剛杵上的寶珠伸向蓮花寶穴之中」！「喇嘛性世界」是什麼樣的「世界」呢？本書將為您呈現喇嘛世界的面貌。當您發現眞相以後，您將會唸：「噢！喇嘛．性．世界，譚崔性交嘛！」作者：張善思、呂艾倫。售價200元。

見性與看話頭：黃正倖老師的《見性與看話頭》於《正覺電子報》連載完畢，今結集出版。書中詳說禪宗看話頭的詳細方法，並細說看話頭與眼見佛性的關係，以及眼見佛性者求見佛性前必須具備的條件。本書是禪宗實修者追求明心開悟時參禪的方法書，也是求見佛性者作功夫時必讀的方法書，內容兼顧眼見佛性的理論與實修之方法，是依實修之體驗配合理論而詳述，條理分明而且極爲詳實、周全、深入。本書內文375頁，全書416頁，售價300元。

實相經宗通：學佛之目的在於實證一切法界背後之實相，禪宗稱之爲本來面目或本地風光，佛菩提道中稱之爲實相法界；此實相法界即是金剛藏，又名佛法之祕密藏，即是能生有情五陰、十八界及宇宙萬有（山河大地、諸天、三惡道世間）的第八識如來藏，又名阿賴耶識心，即是禪宗祖師所說的眞如心，此心即是三界萬有背後的實相。證得此第八識心時，自能瞭解般若諸經中隱說的種種密意，即得發起實相般若——實相智慧。每見學佛人修學佛法二十年後仍對實相般若茫然無知，亦不知如何入門，茫無所趣；更因不知三乘菩提的互異互同，是故越是久學者對佛法越覺茫然，都肇因於尚未瞭解佛法的全貌，亦未瞭解佛法的修證內容即是第八識心所致。本書對於修學佛法者所應實證的實相境界提出明確解析，並提示趣入佛菩提道的入手處，有心親證實相般若的佛法實修者，宜詳讀之，於佛菩提道之實證即有下手處。平實導師述著，共八輯，已全部出版完畢，每輯成本價250元。

真心告訴您（一）**——達賴喇嘛在幹什麼？**這是一本報導篇章的選集，更是「破邪顯正」的暮鼓晨鐘。「破邪」是戳破假象，說明達賴喇嘛及其所率領的密宗四大派法王、喇嘛們，弘傳的佛法是仿冒的佛法；他們是假藏傳佛教，是坦特羅（譚崔性交）外道法和藏地崇奉鬼神的苯教混合成的「喇嘛教」，推廣的是以所謂「無上瑜伽」的男女雙身法冒充佛法的假佛教，詐財騙色誤導眾生，常常造成信徒家庭破碎、家中兒少失怙的嚴重後果。「顯正」是揭櫫眞相，指出眞正的藏傳佛教只有一個，就是覺囊巴，傳的是 釋迦牟尼佛演繹的第八識如來藏妙法，稱爲他空見大中觀。正覺教育基金會即以此古今輝映的如來藏正法正知見，在眞心新聞網中逐次報導出來，將箇中原委「眞心告訴您」，如今結集成書，與想要知道密宗眞相的您分享。售價250元。

法華經講義：此書為平實導師始從2009/7/21演述至2014/1/14之講經錄音整理所成。世尊一代時教，總分五時三教，即是華嚴時、聲聞緣覺教、般若教、種智唯識教、法華時；依此五時三教區分為藏、通、別、圓四教。本經是最後一時的圓教經典，圓滿收攝一切法教於本經中，是故最後的圓教聖訓中，特地指出無有三乘菩提，其實唯有一佛乘；皆因眾生愚迷故，方便區分為三乘菩提以助眾生證道。世尊於此經中特地說明如來示現於人間的唯一大事因緣，便是為有緣眾生「開、示、悟、入」諸佛的所知所見——第八識如來藏妙真如心，並於諸品中隱說「妙法蓮花」如來藏心的密意。然因此經所說甚深難解，真義隱晦，古來難得有人能窺堂奧；平實導師以知如是密意故，特為末法佛門四眾演述《妙法蓮華經》中各品蘊含之密意，使古來未曾被古德註解出來的「此經」密意，如實顯示於當代學人眼前。乃至〈藥王菩薩本事品〉、〈妙音菩薩品〉、〈觀世音菩薩普門品〉、〈普賢菩薩勸發品〉中的微細密意，亦皆一併詳述之，開前人所未曾言之密意，示前人所未見之妙法。最後乃至以〈法華大意〉而總其成，全經妙旨貫通始終，而依佛旨圓攝於一心如來藏妙心，厥為曠古未有之大說也。平實導師述　已於2015/5/31起開始出版，每二個月出版一輯，共25輯。每輯300元。

西藏「活佛轉世」制度——附佛、造神、世俗法：歷來關於喇嘛教活佛轉世的研究，多針對歷史及文化兩部分，於其所以成立的理論基礎，較少系統化的探討。尤其是此制度是否依據「佛法」而施設？是否合乎佛法真實義？現有的文獻大多含糊其詞，或人云亦云，不曾有明確的闡釋與如實的見解。因此本文先從活佛轉世的由來，探索此制度的起源、背景與功能，並進而從活佛的尋訪與認證之過程，發掘活佛轉世的特徵，以確認「活佛轉世」在佛法中應具足何種果德。定價150元。

真心告訴您(二)—達賴喇嘛是佛教僧侶嗎？補祝達賴喇嘛八十大壽：這是一本針對當今達賴喇嘛所領導的喇嘛教，冒用佛教名相、於師徒間或師兄姊間，實修男女邪淫，而從佛法三乘菩提的現量與聖教量，揭發其謊言與邪術，證明達賴及其喇嘛教是仿冒佛教的外道，是「假藏傳佛教」。藏密四大派教義雖有「八識論」與「六識論」的表面差異，然其實修之內容，皆共許「無上瑜伽」四部灌頂為究竟「成佛」之法門，也就是共以男女雙修之邪淫法為「即身成佛」之密要，雖美其名曰「欲貪為道」之「金剛乘」，並誇稱其成就超越於（應身佛）釋迦牟尼佛所傳之顯教般若乘之上；然詳考其理論，則或以意識離念時之粗細心為第八識如來藏，或以中脈裡的明點為第八識如來藏，或如宗喀巴與達賴堅決主張第六意識為常恆不變之真心者，分別墮於外道之常見與斷見中；全然違背 佛說能生五蘊之如來藏的實質。售價300元。

涅槃—解說四種涅槃之實證及內涵：真正學佛之人，首要即是見道，由見道故方有涅槃之實證，證涅槃者方能出生死，但涅槃有四種：二乘聖者的有餘涅槃、無餘涅槃，以及大乘聖者的本來自性清淨涅槃、佛地的無住處涅槃。大乘聖者實證本來自性清淨涅槃，入地前再取證二乘涅槃，然後起惑潤生捨離二乘涅槃，繼續進修而在七地心前斷盡三界愛之習氣種子，依七地無生法忍之具足而證得念念入滅盡定；八地後進斷異熟生死，直至妙覺地下生人間成佛，具足四種涅槃，方是真正成佛。此理古來少人言，以致誤會涅槃正理者比比皆是，今於此書中廣說四種涅槃、如何實證之理、實證前應有之條件，實屬本世紀佛教界極重要之著作，令人對涅槃有正確無訛之認識，然後可以依之實行而得實證。本書共有上下二冊，每冊各四百餘頁，對涅槃詳加解說，每冊各350元。

修習止觀坐禪法要講記：修學四禪八定之人，往往錯會禪定之修學知見，欲以無止盡之坐禪而證禪定境界，卻不知修除性障之行門才是修證四禪八定不可或缺之要素，故智者大師云「性障初禪」；性障不除，初禪永不現前，云何修證二禪等？ 又：行者學定，若唯知數息，而不解六妙門之方便善巧者，欲求一心入定，未到地定極難可得，智者大師名之爲「事障未來」：障礙未到地定之修證。又禪定之修證，不可違背二乘菩提及第一義法，否則縱使具足四禪八定，亦不能實證涅槃而出三界。此諸知見，智者大師於《修習止觀坐禪法要》中皆有闡釋。作者平實導師以其第一義之見地及禪定之實證證量，曾加以詳細解析。將俟正覺寺竣工啓用後重講，不限制聽講者資格；講後將以語體文整理出版。欲修習世間定及增上定之學者，宜細讀之。平實導師述著。

解深密經講記：本經係 世尊晚年第三轉法輪，宣說地上菩薩所應熏修之唯識正義經典，經中所說義理乃是大乘一切種智增上慧學，以阿陀那識—如來藏—阿賴耶識爲主體。禪宗之證悟者，若欲修證初地無生法忍乃至八地無生法忍者，必須修學《楞伽經、解深密經》所說之八識心王一切種智；此二經所說正法，方是眞正成佛之道；印順法師否定第八識如來藏之後所說萬法緣起性空之法，是以誤會後之二乘解脫道取代大乘眞正成佛之道，尚且不符二乘解脫道正理，亦已墮於斷滅見中，不可謂爲成佛之道也。平實導師曾於本會郭故理事長往生時，於喪宅中從首七開始宣講，於每一七各宣講三小時，至第十七而快速略講圓滿，作爲郭老之往生佛事功德，迴向郭老早證八地、速返娑婆住持正法。茲爲今時後世學人故，將擇期重講《解深密經》，以淺顯之語句講畢後，將會整理成文，用供證悟者進道；亦令諸方未悟者，據此經中佛語正義，修正邪見，依之速能入道。平實導師述著，全書輯數未定，每輯三百餘頁，將於未來重講完畢後逐輯出版。

阿含經講記—小乘解脫道之修證：數百年來，南傳佛法所說證果之不實，所說解脫道之虛妄，所弘解脫道法義之世俗化，皆已少人知之；從南洋傳入台灣與大陸之後，所說法義虛謬之事，亦復少人知之；今時台灣全島印順系統之法師居士，多不知南傳佛法數百年來所說解脫道之義理已然偏斜、已然世俗化、已非眞正之二乘解脫正道，猶極力推崇與弘揚。彼等南傳佛法近代所謂之證果者多非眞實證果者，譬如阿迦曼、葛印卡、帕奧禪師、一行禪師……等人，悉皆未斷我見故。近年更有台灣南部大願法師，高抬南傳佛法之二乘修證行門爲「捷徑究竟解脫之道」者，然而南傳佛法縱使眞修實證，得成阿羅漢，至高唯是二乘菩提解脫之道，絕非究竟解脫，無餘涅槃中之實際尚未得證故，法界之實相尚未了知故，習氣種子待除故，一切種智未實證故，焉得謂爲「究竟解脫」？即使南傳佛法近代眞有實證之阿羅漢，尚且不及三賢位中之七住明心菩薩本來自性清淨涅槃智慧境界，則不能知此賢位菩薩所證之無餘涅槃實際，仍非大乘佛法中之見道者，何況普未實證聲聞果乃至未斷我見之人？謬充證果已屬逾越，更何況是誤會二乘菩提之後，以未斷我見之凡夫知見所說之二乘菩提解脫偏斜法道，焉可高抬爲「究竟解脫」？而且自稱「捷徑之道」？又妄言解脫之道即是成佛之道，完全否定般若實智、否定三乘菩提所依之如來藏心體，此理大大不通也！平實導師爲令修學二乘菩提欲證解脫果者，普得迴入二乘菩提正見、正道中，是故選錄四阿含諸經中，對於二乘解脫道法義有具足圓滿說明之經典，預定未來十年內將會加以詳細講解，令學佛人得以了知二乘解脫道之修證理路與行門，庶免被人誤導之後，未證言證，干犯道禁，成大妄語，欲升反墮。本書首重斷除我見，以助行者斷除我見而實證初果爲著眼之目標，若能根據此書內容，配合平實導師所著《識蘊眞義》《阿含正義》內涵而作實地觀行，實證初果非爲難事，行者可以藉此三書自行確認聲聞初果爲實際可得現觀成就之事。此書中除依二乘經典所說加以宣示外，亦依斷除我見等之證量，及大乘法中道種智之證量，對於意識心之體性加以細述，令諸二乘學人必定得斷我見、常見，免除三縛結之繫縛。次則宣示斷除我執之理，欲令升進而得薄貪瞋痴，乃至斷五下分結…等。平實導師述，共二冊，每冊三百餘頁。每輯300元。

＊喇嘛教修外道雙身法，墮識陰境界，非佛教＊

＊弘揚如來藏他空見的覺囊派才是真正藏傳佛教＊

總經銷： 飛鴻 國際行銷股份有限公司

231 新北市新店區中正路 501 之 9 號 2 樓

Tel.02－82186688（五線代表號） Fax.02-82186458、82186459

零售：1.**全台連鎖經銷書局：**

三民書局、誠品書局、何嘉仁書店

敦煌書店、紀伊國屋、金石堂書局、建宏書局

諾貝爾圖書城、墊腳石圖書文化廣場

2.**台北市：**佛化人生 **大安區**羅斯福路 3 段 325 號 6 樓之 4　台電大樓對面

3.**新北市：**春大地書店 **蘆洲區**中正路 117 號

4.**桃園市：**御書堂 **龍潭區**中正路 123 號

5.**新竹市：**大學書局 **東區**建功路 10 號

6.**台中市：**瑞成書局 **東區**雙十路 1 段 4 之 33 號

佛教詠春書局 **南屯區**永春東路 884 號

文春書店 **霧峰區**中正路 1087 號

7.**彰化市：**心泉佛教文化中心 南瑤路 286 號

8.**高雄市：**政大書城 **苓雅區**光華路 148-83 號

明儀書局 **三民區**明福街 2 號\

青年書局 **苓雅區**青年一路 141 號

9.**宜蘭市：**金隆書局　中山路 3 段 43 號

10.**台東市：**東普佛教文物流通處 博愛路 282 號

11.**其餘鄉鎮市經銷書局：**請電詢總經銷**飛鴻**公司。

12.**大陸地區請洽：**

香港：樂文書店

旺角店 :香港九龍旺角西洋菜街 62 號 3 樓

電話 : (852) 2390 3723 email: luckwinbooks@gmail.com

銅鑼灣店 :香港銅鑼灣駱克道 506 號 2 樓

電話 : (852) 2881 1150 email: luckwinbs@gmail.com

廈門：廈門外圖臺灣書店有限公司

地址：廈門市思明區湖濱南路809 號 廈門外圖書城3 樓 郵編：361004

電話：0592-5061658（臺灣地區請撥打 86-592-5061658）

E-mail：JKB118＠188.COM

13.**美國：世界日報圖書部：**紐約圖書部　電話 7187468889#6262

洛杉磯圖書部　電話 3232616972#202

14.**國內外地區網路購書：**

正智出版社 書香園地　http://books.enlighten.org.tw/

（書籍簡介、經銷書局可直接聯結下列網路書局購書）

三民 網路書局　http://www.sanmin.com.tw

誠品 網路書局　http://www.eslitebooks.com

博客來 網路書局　http://www.books.com.tw
金石堂 網路書局　http://www.kingstone.com.tw
飛鴻 網路書局　http://fh6688.com.tw

附註：1.請儘量向各經銷書局購買：郵政劃撥需要八天才能寄到（本公司在您劃撥後第四天才能接到劃撥單，次日寄出後第二天您才能收到書籍，此六天中可能會遇到週休二日，是故共需八天才能收到書籍）若想要早日收到書籍者，請劃撥完畢後，將劃撥收據貼在紙上，旁邊寫上您的姓名、住址、郵區、電話、買書詳細內容，直接傳眞到本公司 02-28344822，並來電 02-28316727、28327495 確認是否已收到您的傳眞，即可提前收到書籍。 2.因台灣每月皆有五十餘種宗教類書籍上架，書局書架空間有限，故唯有新書方有機會上架，通常每次只能有一本新書上架；本公司出版新書，大多上架不久便已售出，若書局未再叫貨補充者，書架上即無新書陳列，則請直接向書局櫃台訂購。 3.若書局不便代購時，可於晚上共修時間向正覺同修會各共修處請購（共修時間及地點，詳閱**共修現況表**。每年例行年假期間請勿前往請書，年假期間請見共修現況表）。 4.郵購：郵政劃撥帳號 19068241。 5.正覺同修會會員購書都以八折計價（戶籍台北市者爲一般會員，外縣市爲護持會員）都可獲得優待，欲一次購買全部書籍者，可以考慮入會，節省書費。入會費一千元（第一年初加入時才需要繳），年費二千元。**6.尚未出版之書籍，請勿預先郵寄書款與本公司，謝謝您！** 7.若欲一次購齊本公司書籍，或同時取得正覺同修會贈閱之全部書籍者，請於正覺同修會共修時間，親到各共修處請購及索取；**台北市讀者**請洽：103 台北市承德路三段 267 號 10 樓（捷運淡水線 圓山站旁）請書時間：週一至週五爲 18.00~21.00，第一、三、五週週六爲 10.00~21.00，雙週之週六爲 10.00~18.00 請購處專線電話：25957295-分機 14（於請書時間方有人接聽）。

敬告大陸讀者：

大陸讀者購書、索書捷徑（尚未在大陸出版的書籍，以下二個途徑都可以購得，電子書另包括結緣書籍）：

1.廈門外國圖書公司：廈門市思明區湖濱南路 809 號 廈門外圖書城 3F
郵編：361004　電話：0592-5061658　網址：http://www.xibc.com.cn/

2.電子書：正智出版社有限公司及正覺同修會在台灣印行的各種局版書、結緣書，已有『**正覺電子書**』陸續上線中，提供讀者於手機、平板電腦上購書、下載、閱讀正智出版社、正覺同修會及正覺教育基金會所出版之電子書，詳細訊息敬請參閱『正覺電子書』專頁：http://books.enlighten.org.tw/ebook

關於平實導師的書訊，請上網查閱：
成佛之道　http://www.a202.idv.tw
正智出版社 書香園地　http://books.enlighten.org.tw/

中國網採訪佛教正覺同修會、正覺教育基金會訊息：

http://big5.china.com.cn/gate/big5/fangtan.china.com.cn/2014-06/19/content_32714638.htm

http://pinpai.china.com.cn/

★ 正智出版社有限公司售書之稅後盈餘，全部捐助財團法人正覺寺籌備處、佛教正覺同修會、正覺教育基金會，供作弘法及購建道場之用；懇請諸方大德支持，功德無量。

★ 聲　明 ★

本社於 2015/01/01 開始調整本目錄中部分書籍之售價，以因應各項成本的持續增加。

＊ 喇嘛教修外道雙身法、墮識陰境界，非佛教 ＊

＊ 弘揚如來藏他空見的覺囊派才是真正藏傳佛教 ＊

售後服務—換書啓事（免附回郵）　　2017/12/05

《楞伽經詳解》第三輯初版免費調換新書啓事：茲因 平實導師弘法早期尚未回復往世全部證量，有些法義接受他人的說法，寫書當時並未察覺而有二處（同一種法義）跟著誤說，如今發現已將之修正。茲爲顧及讀者權益，已開始免費調換新書；敬請所有讀者將以前所購第三輯（不論第幾刷），攜回或寄回本公司免費換新；郵寄者之回郵由本公司負擔，不需寄來郵票。因此而造成讀者閱讀、以及換書的不便，在此向所有讀者致上萬分的歉意，祈請讀者大眾見諒！

《楞嚴經講記》第 14 輯初版首刷本免費調換新書啓事：本講記第 14 輯出版前因 平實導師諸事繁忙，未將之重新閱讀而只改正校對時發現的錯別字，故未能發覺十年前所說法義有部分錯誤，於第 15 輯付印前重閱時才發覺第 14 輯中有部分錯誤尚未改正。今已重新審閱修改並已重印完成，煩請所有讀者將以前所購第 14 輯初版首刷本，寄回本公司免費換新（初版二刷本無錯誤），本公司將於寄回新書時同時附上您寄書來換新時的郵資，並在此向所有讀者致上最誠懇的歉意。

《心經密意》初版書免費調換二版新書啓事：本書係演講錄音整理成書，講時因時間所限，省略部分段落未講。後於再版時補寫增加 13 頁，維持原價流通之。茲爲顧及初版讀者權益，自 2003/9/30 開始免費調換新書，原有初版一刷、二刷書籍，皆可寄來本公司換書。

《宗門法眼》已經增寫改版爲 464 頁新書，2008 年 6 月中旬出版。讀者原有初版之第一刷、第二刷書本，都可以寄回本公司免費調換改版新書。改版後之公案及錯悟事例維持不變，但將內容加以增說，較改版前更具有廣度與深度，將更能助益讀者參究實相。

換書者**免附回郵**，亦無截止期限；舊書請寄：111 台北郵政 73-151 號信箱 或 103 台北市承德路三段 267 號 10 樓 正智出版社有限公司。舊書若有塗鴨、殘缺、破損者，仍可換取新書；但缺頁之舊書至少應仍有五分之三頁數，方可換書。所有讀者不必顧念本公司是否有盈餘之問題，都請踴躍寄來換書；本公司成立之目的不是營利，只要能眞實利益學人，即已達到成立及運作之目的。若以郵寄方式換書者，免附回郵；並於寄回新書時，由本公司附上您寄來書籍時耗用的郵資。造成您不便之處，再次致上萬分的歉意。

正智出版社有限公司 啓

換書及道歉公告

《法華經講義》第十三輯，因謄稿、印製等相關人員作業疏失，導致該書中的經文及內文用字將「**親近**」誤植成「清淨」。茲為顧及讀者權益，自 2017/8/30 開始免費調換新書；敬請所有讀者將以前所購第十三輯初版首刷及二刷本，攜回或寄回本社免費換新，或請自行更正其中的錯誤之處；郵寄者之回郵由本社負擔，不需寄來郵票。同時對因此而造成讀者閱讀、以及換書的困擾及不便，在此向所有讀者致上最誠懇的歉意，祈請讀者大眾見諒！錯誤更正說明如下：

一、第 256 頁第 10 行~第 14 行：【就是先要具備「**法親近處**」、「**眾生親近處**」；法**親近**處就是在實相之法有所實證，如果在實相法上有所實證，他在二乘菩提中自然也能有所實證，以這個作為第一個**親近**處——第一個基礎。然後還要有第二個基礎，就是瞭解應該如何善待眾生；對於眾生不要有排斥或者是貪取之心，平等觀待而攝受、親近一切有情。以這兩個**親近**處作為基礎，來實行其他三個安樂行法。】。

二、第 268 頁第 13 行：【具足了那兩個「**親近處**」，使你能夠在末法時代，如實而圓滿的演述《法華經》時，那麼你作這個夢，它就是如理作意的，完全符合邏輯去完成這個過程，就表示你那個晚上，在那短短的一場夢中，已經度了不少眾生了。】

正智出版社有限公司 敬啓

國家圖書館出版品預行編目(CIP)資料

法華經講義 / 平實導師述. -- 初版. -
- 臺北市 ： 正智, 2015.05 面 ； 公分

ISBN 978-986-56553-0-3 (第一輯：平裝)
ISBN 978-986-56554-6-4 (第二輯：平裝)
ISBN 978-986-56555-6-3 (第三輯：平裝)
ISBN 978-986-56556-1-7 (第四輯：平裝)
ISBN 978-986-56556-9-3 (第五輯：平裝)
ISBN 978-986-56557-9-2 (第六輯：平裝)
ISBN 978-986-56558-2-2 (第七輯：平裝)
ISBN 978-986-56558-9-1 (第八輯：平裝)
ISBN 978-986-56559-8-3 (第九輯：平裝)
ISBN 978-986-93725-2-7 (第十輯：平裝)
ISBN 978-986-93725-4-1 (第十一輯：平裝)
ISBN 978-986-93725-6-5 (第十二輯：平裝)
ISBN 978-986-93725-7-2 (第十三輯：平裝)
ISBN 978-986-94970-3-9 (第十四輯：平裝)
ISBN 978-986-94970-7-7 (第十五輯：平裝)
ISBN 978-986-94970-9-1 (第十六輯：平裝)
ISBN 978-986-95830-1-5 (第十七輯：平裝)
ISBN 978-986-95830-4-6 (第十八輯：平裝)
ISBN 978-986-95830-9-1 (第十九輯：平裝)
ISBN 978-986-96548-1-4 (第二十輯：平裝)
ISBN 978-986-96548-5-2 (第二十一輯：平裝)
ISBN 978-986-97233-0-5 (第二十二輯：平裝)
ISBN 978-986-97233-2-9 (第二十三輯：平裝)

1. 法華部

221.5 104004638

法華經講義——第二十一輯

著述者：平實導師
音文轉換：章乃鈞、高惠齡、劉惠莉、蔡正利、黃昇金
校對：章乃鈞 陳介源 孫淑貞 傅素嫻 王美伶
出版者：正智出版社有限公司
電話：○二 28327495 28316727（白天）
傳眞：○二 28344822
111台北郵政 73-151 號信箱
郵政劃撥帳號：一九○六八二四一
正覺講堂：總機○二 25957295（夜間）
總經銷：飛鴻國際行銷股份有限公司
231 新北市新店區中正路 501-9 號 2 樓
電話：○二 82186688（五線代表號）
傳眞：○二 82186458 82186459
初版首刷：二○一八年九月三十日 二千冊
初版三刷：二○一九年二月十七日 二千冊
定價：三○○元